Ex Libris
Herbert Hoover

主 编：陈 恒

光启文库

光启随笔

光启文库

光启随笔	光启讲坛
光启学术	光启读本
光启通识	光启译丛
光启口述	光启青年

主 编：陈 恒

学术支持：上海师范大学光启国际学者中心

策划统筹：鲍静静

责任编辑：陈 雯

本行内外

李伯重学术随笔

李伯重　著

商务印书馆
The Commercial Press

图书在版编目（CIP）数据

本行内外：李伯重学术随笔 / 李伯重著. — 北京：
商务印书馆，2023
（光启文库）
ISBN 978 - 7 - 100 - 22260 - 0

Ⅰ. ①本⋯　Ⅱ. ①李⋯　Ⅲ. ①社会科学 — 文集
Ⅳ.①C53

中国国家版本馆 CIP 数据核字（2023）第059442号

本 行 内 外
李伯重学术随笔

李伯重 著

商 务 印 书 馆 出 版
（北京王府井大街36号 邮政编码 100710）
商 务 印 书 馆 发 行
山 东 临 沂 新 华 印 刷 物 流
集 团 有 限 责 任 公 司 印 刷
ISBN 978 - 7 - 100 - 22260 - 0

2023年7月第1版　　　开本 889×1194　1/32
2023年7月第1次印刷　　印张 13
定价：88.00元

出版前言

梁启超在《清代学术概论》中认为，"自明徐光启、李之藻等广译算学、天文、水利诸书，为欧籍入中国之始，前清学术，颇蒙其影响"。梁任公把以徐光启（1562—1633）为代表追求"西学"的学术思潮，看作中国近代思想的开端。自徐光启以降数代学人，立足中华文化，承续学术传统，致力中西交流，展开文明互鉴，在江南地区开创出海纳百川的新局面，也遥遥开启了上海作为近现代东西交流、学术出版的中心地位。有鉴于此，我们秉承徐光启的精神遗产，发扬其经世致用、开放交流的学术理念，创设"光启文库"。

文库分光启随笔、光启学术、光启通识、光启讲坛、光启读本、光启译丛、光启口述、光启青年等系列。文库致力于构筑优秀学术人才集聚的高地、思想自由交流碰撞的平台，展示当代学术研究的成果，大力引介国外学术精品。如此，我们既可在自身文化中汲取养分，又能以高水准的海外成果丰富中华文化的内涵。

文库推重"经世致用"，即注重文化的学术性和实用性，既促进学术价值的彰显，又推动现实关怀的呈现。文库以学术为第一要义，所选著作务求思想深刻、视角新颖、学养深厚；同时也注重实用，收录学术性与普及性皆佳、研究性与教学性兼顾、传承性与创新性俱备的优秀著作。以此，关注并回应重要时代议题与思想命题，推动中华文化的创造性转化与创新性发展，在与国外学术的交流对话中，努力打造和呈现具有中国特色的价值观念、思想文化及话语体系，为夯实文化软实力的根基贡献绵薄之力。

文库推动"东西交流"，即注重文化的引入与输出，促进双向的碰撞与沟通，既借鉴西方文化，也传播中国声音，并希冀在交流中催生更绚烂的精神成果。文库着力收录西方古今智慧经典和学术前沿成果，推动其在国内的译介与出版；同时也致力收录汉语世界优秀专著，促进其影响力的提升，发挥更大的文化效用；此外，还将整理汇编海内外学者具有学术性、思想性的随笔、讲演、访谈等，建构思想操练和精神对话的空间。

我们深知，无论是推动文化的经世致用，还是促进思想的东西交流，本文库所能贡献的仅为涓埃之力。但若能成为一脉细流，汇入中华文化发展与复兴的时代潮流，便正是秉承光启精神，不负历史使命之职。

文库创建伊始，事务千头万绪，未来也任重道远。本文库涵盖文学、历史、哲学、艺术、宗教、民俗等诸多人文学科，需要不同学科背景的学者通力合作。本文库综合著、译、编于一体，也需要多方助力协调。总之，文库的顺利推进绝非仅靠一己之力所能达成，实需相关机构、学者的鼎力襄助。谨此就教于大方之家，并致诚挚谢意。

清代学者阮元曾高度评价徐光启的贡献，"自利玛窦东来，得其天文数学之传者，光启为最深。……近今言甄明西学者，必称光启"。追慕先贤，知往鉴今，希望通过"光启文库"的工作，搭建东西文化会通的坚实平台，矗起当代中国学术高原的瞩目高峰，以学术的方式阐释中国、理解世界，让阅读与思索弥漫于我们的精神家园。

上海师范大学光启国际学者中心

2020年3月

小　序

多蒙陈恒教授的盛意，邀请我向"光启文库"丛书献上一本拙作。我承应了，但随后即发现这是一项不好做的工作。我从自己的处女作《北宋方腊起义》的写作（该书于1975年出版）算起，投身史学研究已近半个世纪。在这个漫长的时期内，写了不少书文，绝大部分是专业的史学研究论著，但也有一些漫谈、随感、忆旧的文章，以及一些讲演稿、采访稿之类的文字。但是"学术随笔"却没有写过，因为依照一般的理解，随笔是一种文学体裁，属于散文的一种，是作者随手记录的一种感悟或所思所想。我素乏文才，因此极少写散文。虽然偶尔兴之所至，也写一点比较轻松的文字，但不知道是否算是"学术随笔"。幸而陈恒教授告知此丛书所说的"学术随笔"，包括已发表的文章和未刊发的文章以及有关准学术、轻学术的长短文章，展现有灵魂的、有趣味的学术过程，体裁不限，文体不限，并可把已经发表的书评、评论、序跋、感想、访谈、交往等，按照一个主线编排出来。有了这个关于"学术随笔"的指引，我才敢于接受这项邀请，从过去写的各种类型的文字中，选出一些读者可能感兴趣的文章，编成这本小书。

在挑选旧文时，又遇到新的问题。如前所述，我过去写的东西，绝大部分专业性较强，大多数非专业读者读起来可能感到枯燥无味。因此，要从以往写出的东西中挑出一些不那么枯燥的文章，确实有些难度。为此，我反复挑选，编成书稿后，发现不合适，又另起炉灶，从头再来，因此是数易其稿。选中的文章，基本上保持原貌，但也需要做一些改动，例如对那些过于详细的脚注进行精简甚至删除，把一些文章中原有的文中注改为页下注，对少数文章做了一些增补或者删节，并把个别文章进行了合并，等等。此外，引文出处也重新进行了核实。这些工作颇为耗费时间，所以拖了许久才勉强完成，虽然最后完成的书稿，我仍然感到不满意，也不知是否符合陈恒教授为这套"光启文库"丛书设立的高标准。但我自觉已尽力，再久拖下去，实在有负陈恒教授的盛情。因此只好呈上，以供读者的批评。倘若这本小书中的文章能够给读者提供一些新的东西，激发他们去思考问题，开拓眼界，那么我的目的也就达到了。由此而言，可以说也不负陈恒教授组织这套丛书的苦心了。

李伯重

2020年5月4日于燕园

目
录

历史：经济史

历史：经济史之外

文化：文明交流与融合

学术：为人与为学

他山之石：美国学界见闻

杂谭：中文史地

历　史

经 济 史

曲辕犁与铁搭

我国地域辽阔，历史悠久，自古以农业立国，因此农具种类之丰，在世界上也罕有其俦。近年来，随着农业现代化的迅速推进，许多农具也逐渐退出历史舞台。为了保存这一份珍贵的历史遗产，中国农业出版社最近推出的《中华农器》，以大量珍贵的照片资料，向世界展现了我国数千年历史上出现过的各种农器，为世人探讨中华物质文明提供了极为重要的直观素材，可谓功德无量之举。这里我仅就该书中所收录的两种农具——曲辕犁和铁搭，简单谈谈我国古代在农具的发明和运用方面的一些问题。

我国的曲辕犁出现于唐代，其代表是发明于唐代后期的江南（即长江三角洲）一带的江东犁。这种耕犁很先进，在世界农业史上占有划时代的重要地位。到了北宋时期，江南地区又出现了另外一种农具——铁搭，在明代中期后成为这一地区最主要的耕具。因此可以说，这两种耕具都属于过去两千年中江南地区最重要的技术发明。然而，以往学界对于这两种发明的评价却天差地别。江东犁一向受到高度评价，而铁搭则备受轻视。前者的出现被视为"中古经济革命"（或曰"唐宋变革"）的主要物质基础之一；而后者的广泛使用却被当作"封建社会走向没落阶段"（或曰"明清停滞"）农业生产力停滞不前乃至衰落的重要证据。然而，如果从一个新的视角来看，铁搭的重要性并不逊于江东犁，其对江南农业经济发展所起的实际作用甚至更大。

从技术的层面来说，江东犁确实十分先进，但是就江南大部分地区而言，它显然不很适合这里特定的水田生产条件。首先，其规制十分庞大，必须双牛才能牵挽。按照陆龟蒙《耒耜经》中所说的尺寸，该犁长达二三丈，比近代宁波一带使用的曲辕犁长出1/3，超过今日河西走廊还在使用的二牛抬杠长直辕犁。这么大的犁，在田块狭小的江南水田中作业显然并不很实用。《齐民要术·耕田第一》说：若犁身长大，则转弯幅度必大，"回转至难、费力"。《王祯农书》卷二《垦种篇第四》则说："中原地皆平旷，旱田陆地，一犁必用两牛、三牛或四牛。……南方水田泥耕，其田高下、阔狭不等，一犁用一牛挽之，作业回旋，惟人所便。此南北地势之异宜也。"其次，它在结构上也还有缺陷，需要加以改进（例如精简策额、压镵等部件）。再次，正如农史学家陈恒力、游修龄先生所指出的那样，江南（特别是太湖地区）的水田土壤黏重，而在黏重的水田中深耕，一般牛耕既浅而又不匀，效果并不理想。正因如此，我们并未在史籍中发现关于江东犁用于生产实践的确凿的证据。不过，江东犁未得到广泛使用本身，并不意味着它未在农具发展中起过重大作用。从楼璹《耕织图》和邝璠《便民图纂》中的牛耕图等今天仅见的宋代、明代江南使用的耕犁的具体形状，以及《中华农器》收录的照片所显示的近代南方各地耕犁形状来看，宋代以后江南使用的耕犁虽然与江东犁有颇大差别，但在主要原理上却一脉相承，因此可以说后世江南所使用的曲辕犁是由江东犁演化出来的，或者说是受到江东犁的启发而发明出来的新式耕犁。在此意义上，我们也可以说江东犁的出现开辟了曲辕犁使用的新时代。

铁搭又名带齿镬，是一种用人力耕地的工具。早在战国时代就出现了二齿镬，汉代又出现了三齿镬，但是后世江南所用的四齿镬却出现较晚。从考古发掘材料来看，与后世铁搭形状相似的四齿镬，到了北宋才出现于扬州一带。不过，从现有记载来看，一直到明代中期，铁搭的使用才普遍起来，以至于明代后期人朱国桢做出"今江南皆用之"的概括。这种铁搭"制如锄而四齿"，结构简单，但却很适于在黏重的水田中翻地。用铁搭翻地，可翻得很深，工作质量明显优于耕犁。

曲辕犁和铁搭这两种明清江南主要使用的耕具，在优劣方面可以说各有千秋。曲辕犁的优点是工作效率高，清代江南农书《浦泖农咨》说在松江一带，"中等之牛，日可犁田十亩"。但是如前所述，在黏重的水田中翻地，牛耕的工作质量不理想。同时，养牛费用很高，即如明末宋应星所言，"会计牛值与水草之资，窃盗死病之变，不若人力亦便"。因此大多数农户不能养牛。与此相反，铁搭的工作效率大大低于牛犁，依照正德《松江府志》卷七《俗业》所说，用铁搭翻地，大约"每人日可一亩，率十人当一牛"，到了道光时，《浦泖农咨》也说松江仍是"无牛者用铁搭垦之，一日一人可锄一亩，大率十人当一牛"。铁搭耕翻效率比牛犁低得多，但是耕翻质量较高，而且购买和维修铁搭不需花费多少钱，农民人人都可以配备。

这两种耕具，各有自己的优点和缺点。如何把二者的优点结合起来，同时又避免二者的缺点，对于农民来说是一件非常有意义的工作。在明代中期，江南农民找到了这样一种方法，把这两种农具配合使用，从而尽去其长而避其短。这种方法首先见于正德《松江府志》卷七《俗业》，该志说当时松江的农民整地，通常是"牛犁之后，复以刀耕，制如锄而四齿，俗呼为铁搭，每人日可一亩，率十人当牛"。到了清初，江南学者陆世仪说："今江南农家犁则有之，未见用耙。……农家种稻，耕犁之后，先放水浸田，然后集众用铁搭土块，谓之摊，亦谓之削，亦谓之落别（江南呼土地为别），用力颇众。"由此可知明清江南农民采取的办法是无牛农民向有牛农民借牛耕耙，而有牛农民则招无牛农民使用铁搭为之摊田（即把翻地后的土块打碎平整）。这样一来，牛犁的使用就大大突破了一家一户现有耕地的局限，而牛耕的弊端也可以通过使用铁搭摊田而得以克服，因此这是一种非常聪明和经济的方法，体现了一种技术进步的新模式。

最后，我们顺带说一下，关于"技术进步"，并没有一个放之四海而皆准的模式。农史学家白馥兰（Francesca Bray）指出东亚传统水稻农业技术与西欧旱地农业技术之间存在本质的差别，即前者主要是一种"技巧趋向型"技术（skill-oriented technologies），而后者则主要是一种"机械型"技术（mechanical technologies）。由于这个差别，在研究东亚水稻农业变化时，就不应把某种节省劳动的新农具视为引起农业重大进步的关键因素。以往中国经济史研究中常常过分强调某种高效率、节省劳动的新农具（例如江东型）所起的作用，无疑是受到西欧经验的影响。而从曲辕犁和铁搭的使用情况来看，只有把各种的发明根据实际需要结合起来，配合使用，才能收到最好的效果。

（原载《光明日报》2002年5月28日"理论周刊·历史"）

粪土重于万户侯

1925年秋，湘江橘子洲头，已过而立之年的毛泽东追忆起多年前学生时代的生活，写下了"指点江山，激扬文字，粪土当年万户侯"的诗句。粪土至贱，万户侯至贵。视万户侯为粪土，显示了这位农家少年睥睨权贵的傲气和坚持一生的"造反有理"的信念。但是，倘若从经济史的角度来看，粪土却比万户侯更为重要，因此可以说是粪土重于万户侯。

清初酌元亭主人所作小说《掘新坑悭鬼成财主》[1]，大概是中国文学史上唯一以厕所为题材的作品。通过这篇作品，我们可对粪土（主要是人粪）在经济史上的重要性，获得生动而直观的了解。兹不避烦碎，将有关内容摘引如下：

清初的湖州乌程县义乡村，位在"山凹底下"。"那些种山

---

1 收于酌元亭主人：《照世杯》，上海古籍出版社，1985年。

田的，全靠人粪去栽培。又因离城穹远，没有水路通得粪船，只好在远近乡村田埂路上，拾些残粪。这粪倒比金子还值钱。”村中有一穆太公，颇有经济头脑，“想出一个计策来，道：‘我在城中走，见道旁都有粪坑。我们村中就没得，可知道把这些宝贝汁都狼藉了！我却如今想出个制度来，倒强似做别样生意。’随即去叫瓦匠，把门前三间屋掘成三个大坑，每一个坑都砌起小墙隔断，墙上又粉起来”；“又分外盖起一间屋，掘一个坑，专放妇人进去随喜”。盖好后，穆太公“忙到城中亲戚人家，讨了无数诗画斗方，贴在这粪屋壁上”。又请镇上塾师，为粪屋命名“齿爵堂”。装修毕，“恐众人不晓得”，央塾师书写海报百十张，大书“穆家喷香粪坑，奉迎远近君子下愿，本宅愿贴草纸”，四处粘贴。消息传出，“那乡间人最爱小便宜，……见有现成草纸，怎不动火？又且壁上花花绿绿，最惹人看。登一次新坑，就如看一次景致。莫讲别的，只那三间粪屋，粉得雪洞一般，比乡间人卧室还不同些”。于是“老老幼幼，尽来鉴赏新坑”。穆太公“每日五更起床，给放草纸，连吃饭也没工夫。到夜里便将粪屋锁上，恐怕人家偷粪换钱”。因有粪，“一时种田的庄户，都来他家趸买，每担是价银一钱。更有挑柴、运米、担油来兑换的。太公以买粪坑之后，倒成个富足人家”，号“新坑穆家”。后来村中有人与穆家作对，另建一坑“抢生意”，于是酿成人命案。

清代江南人民对人粪收集的重视，也给来华的外国人以深刻的印象。早在明代后期，葡萄牙人加里奥特·佩雷拉（Galeote Pereira）在其《关于中国的一些情况：1553—1563》中就已注意到:"这里的人粪也值钱,我们以为那是由于缺少牲畜的缘故,其实不然,因为全中国都在利用这种东西。男子们在街上捡粪,如果对方愿意,就用蔬菜或柴作交换购粪。从保持城市良好卫生来说,这是一个好习惯,城市极其干净,因为没有这些脏东西。"[1]著名的乾隆时期来华的英国马嘎尔尼使团成员斯当东爵士来到浙江宁波一带后,在其所撰的访华见闻录中写道:"中国人非常注意积肥。大批无力做其他劳动的老人、妇女和小孩,身后背一个筐,手里拿一个木耙,到街上、公路上和河岸两边,到处寻找可以做肥料的垃圾废物。……在中国农民家庭中,任何老弱残废的人都有用处,他们干不了别的劳动,但他们能积肥弄肥";"除了家禽粪而外,中国人最重视人的尿粪……中国人把这种粪便积起来,里面攥进坚硬壤土做成块,在太阳下晒干。这种粪块可以作为商品卖给农民";同时,农民"在田地里或公路道边安放一些大缸,埋在地里,供来往行人大小便。在村庄附近或公路旁边有时搭一个厕所,里面安放粪缸。在缸里面随时把一些稻草放在上层,借以阻止蒸发消耗"。[2]到了清代后期,在上海、厦门生活了半个世纪的英国传教士麦高温(John Macgowan)对中国农民使用和收集粪肥的情况做了详细的记述:

　　　　中国的人口十分稠密,而农田却相对稀少,这使统治

1　费尔南·门德斯·平托:《葡萄牙人在华见闻录:十六世纪手稿》,王锁英译,澳门文化司署、东方葡萄牙学会、海南出版社、三环出版社,1998年,第37页。

2　斯当东:《英使谒见乾隆纪实》,叶笃义译,商务印书馆,1963年,第471—472页。

者不允许对任何土地实行休耕，因为这样做就意味着给许多家庭带来饥饿。这个难题由于充分和明智地使用肥料而得以解决。

什么东西最好同时又是最经济实用的呢？这是中国人在很久以前就开始讨论的问题，这种东西就是粪便，古人们认为它是任何别的东西都无法比拟的好东西。后代们也赞同祖先的观点，所以直至今天粪便仍然是农民所用的肥料中最好的，因为它既物美又价廉。没有粪便就没有中国的今天，这一点是毋庸置疑的。

在城市里，有相当数量的贫苦人是靠捡拾粪便维生的。官方没有采取任何措施来解决城市的卫生问题。他们将这件重要的事务交由民间去做，处理污物这个行业能够带来可观的收益，这对那些有能力胜任此项工作的私人企业具有相当的吸引力。事实上，拥有足够资本的人都会向这个行业投资，因为它确确实实是一个能赚钱的行当。他们在大街、小巷、街角及客流量大的主要干道上都修建了厕所。

除此之外，每天早晨还有人专门走街串户地去收购粪便。不管人们怎样看待，这种工作并没有什么不光彩的。粪便交易是在公开场合下进行的。居民们也能够容忍那时时传入耳鼓的讨价声。随后，他们将收购来的粪便转运到一个中心厕所贮存起来，再定期将其运走。

农民们每月从郊区驾船进城一次，他们在方便的地方停泊，再将粪便运到庄稼地里。这项工作是在一天中最热闹的时候进行的，街上人群拥挤，买卖也进行得热火朝天。那些收粪人带着敞开盖子的便在窄窄的街道上乱窜，仿佛这街就成了他们自己的，这些人吆喝的声音整条街都听得见，他们还威胁说如果谁要不躲开就把他撞倒。这样的威胁很有效，拥挤的人群很快就散开了，人们一声不吭地站在街两旁，目视着这帮收粪人快速地从自己身边跑过。

　　就内地城市而言，农民或者是他们的妻儿每天都要进城将粪便运回到地里。在一座我十分熟悉的拥有十万人口的城市里，一天，我正在城郊散步，迎面走来一长队妇女，其中有几位还相当年轻。她们看起来十分轻松快活，而且身体强壮，精神饱满，一路上都撒下了她们的欢声笑语。见到这样多的妇女都露出欢快的笑脸，实在太让我舒心了。她们就像是一群轻轻松松出来度假的女学生。每位妇女的左肩上都挑着两只桶，里面装着从城里购得的粪便。这些人看上去都是些农家女，她们与自己的丈夫或父亲一样对农活了如指掌。事实上，我在经过询问之后才知道，她们的丈夫都想法子出去挣钱了，而将地里的庄稼活留给她们去照管。面对如此沉重的农活，她们并不觉得苦恼。她们中的一些人必须挑着担子走上几英里，但这并不能对她们的精神产生什么打击，也不能禁锢那发自内心的笑语。[1]

在清末的1910年，美国农业部土壤管理局的主任、著名土壤

---

[1] 麦高温：《中国人生活的明与暗》，中华书局，2006年，第256—257页。

科学家富兰克林·金（Franklin Hiram King）来到中国，在中国农业最为集约的东部沿海地区（广东、江南、山东，特别是江南）进行了为期六个月紧张而艰苦的考察，对中国农民在肥料的收集、加工、运输、使用等方面的情况做了第一手的描述，并认为这是中国农业得以可持续并且养活众多人口的关键之一：中国所取得的"非凡的农业实践成就"都可归因于普遍地保存和利用人类通常遗弃的一切垃圾和废物。特别是在江南，他看到"中国人总是沿着乡间小路或者公路搜寻动物的粪便，当我们走在城市的大街上时，也经常看到有人迅速将地上的粪便捡起，然后将它们小心地埋在地下，尽量避免因为透水以及发酵而造成的养分损失"[1]。这些外国观察者的目击记录，证实了酌元亭主人小说中所说并非子虚乌有。

从上述故事和记录可以看到：在清代江南，至卑至贱的人粪受到高度重视。为什么会这样呢？原因很简单：土地连续耕种将会导致肥力减退，古人早已从生产实践中认识到了这一点。宋末农书《种艺必用》说："地久耕则耗。"[2]陈旉《农书》说："土敝则草木不长，气衰则生物不遂。凡田种三五年，其力已乏。"[3]土地肥

---

[1] 富兰克林·金：《四千年农夫：中国、朝鲜和日本的永续农业》，东方出版社，2011年，第119页。

[2] 转引自中国农业科学院中国农业遗产研究室编：《中国古代农业科学技术史简编》，江苏科学技术出版社，1985年，第159页。该书作者录为吴怿，但据王毓瑚《中国农书综录》第105页，应为吴缵。

[3] 陈旉：《陈旉农书·粪田之宜篇》，收于张履祥：《补农书》，陈恒力校释、王达参校本，即《补农书校释》，农业出版社，1983年。

力减退，作物收成就要下降。清初人梁清远已注意到这一现象，说："昔日人有记：嘉靖时，垦田一亩，收谷一石。万历间不能五斗。粪非不多，力非不勤，而所入不当昔之半。……乃今十年来，去万历时又不同矣，亩收二三耳，始信昔人言之果然也。"[1]嘉庆时，松江人钦善听到"八十以上老农之言曰：'往昔肶苗，亩三石粟；近日肶苗，亩三斛谷。泽革内犹是，昔厚今薄，地气使然'"[2]。要制止土地肥力下降，就必须施肥，以保持和增进土地肥力。因此清初学者张履祥说："人畜之粪与灶灰脚泥，无用也，一入田地，便将化为布帛菽粟。"[3]

虽然今天人人都知道施肥的重要性，但是在江南，直到南宋，农田施肥的情况才开始比较清楚。从《陈旉农书》和楼璹《耕织图诗》，我们得知南宋江南已使用人粪作为肥料。到了明清，随着对肥料的需求不断增加，人粪也变得更加重要。因此人粪的收集与加工，也达到空前未有的程度。

在江南农村，早在宋代就已有收集人粪的记载。《陈旉农书》已说到建造粪屋、粪池收集人粪尿。王祯、袁黄也说元明两代的江南农家"各家皆置坑厕，满则出而窖之，家中不能立窖者，田首亦可置窖，拾乱砖砌之，藏粪于中"（《王祯农书·农桑通诀集之三·粪壤篇》，《了凡杂著》卷五《劝农书》）。但事实上，一直

1　梁清远：《雕丘杂录》卷十五，咸丰六年（1856）正定府署重刻本。

2　钦善：《松问》，收于贺长龄等编：《皇朝经世文编》卷二十八，道光六年（1826）思补楼重校印善化贺氏原本。

3　张履祥：《补农书·补农书后》。

至明代后期，江南许多地方对人粪的收集工作做得还很不够。到了清初，人粪的收集才受到高度重视，以至于出现了穆太公一类的有心人不惜斥重金在农村兴建公厕以收集人粪。

城镇人粪的收集又是另一回事。城镇人口密集，而人多则粪多，粪多则肥多，肥多则田沃，田沃则谷多。故徐光启说："田附廓多肥饶，以粪多故。村落中民居稠密处亦然。"（《农政全书》卷七《营治下》）但是城镇肥源分散，且距离稻田较远，因此要把城镇人粪肥送到田间，还需要做好两方面的工作：一是收集保存，二是运送下乡。

早在南宋时，杭州就已有专人收集和运送城市人粪。吴自牧说杭州"户口繁伙，街巷小民之家，多无坑厕，只用马桶，每日自有出粪人瀽去，谓之'倾脚头'。各有主顾，不敢侵夺。或有侵夺，粪主必与之争，甚者经府大讼，胜而后已"。吴氏还说："更有载垃圾粪土之船，成群搬运而去。"（吴自牧《梦粱录》卷十三"诸色杂买"条，卷十二"河舟"条）到了明清，城镇人粪肥的收集、运输工作有很大改进。在收集方面，不仅有"挑粪担的，每日替人家妇女倒马桶，再不有半点憎嫌，只恨那马桶里少货"，而且城中"道旁都有粪坑（即公共厕所）"（上引《掘新坑悭鬼成财主》）。这种粪窖往往租给乡下富农，被后者视为"根本之事"（《沈氏农书》"运田地法"条）。此外，清代中叶苏州还备有专船，"挨河收粪"，包世臣建议南京亦仿效之，将所收之粪卖与农民（《安吴四种》卷二十六，《齐民四术》卷二农二《答方葆岩尚书书》）。在运输方面，有专业的粪船（粪舡），"粪舡上的人，饮食坐卧，朝夕不离，还唱山歌儿作乐"（上引《掘新坑悭鬼成财主》）。运载粪肥时，如何装载过坝以减少损失，亦有一定之规（《沈氏农书》"运田地法"条）。明清江南城镇分布广，水路运输方便，因此徐光启说江南"凡通水处多肥饶，以粪壅便故"（徐光启《农政全书》卷七《农事》）。

人粪收集起来后，还需要加工。人粪直接施用还会伤害庄稼。陈旉已指出这样会"瓮腐芽蘖"（《陈旉农书·善其根苗篇》）；元代王祯也说："若骤用生粪及布粪太多，粪力峻热，即杀伤物。"（《王祯农书》卷八《农桑通诀粪壤篇》）清代奚诚则说："人粪虽肥而性热，多用害稼，暴粪尤酷。"（《耕心农话·山树巍法台计卢十四条》第四条）只有腐熟后施用，才能避免峻热伤苗之弊。

在宋代江南，人粪大多是直接施用。但是到了元代，农民已普遍使用腐熟的方法，"于田头置砖槛，窖熟而后用之"（王祯《农书》）。但是这种自然腐熟法费时颇多，通常是"水粪（即新粪）积过半年以上"，方成可以使用的"熟粪"（《农政全书》）。为了加快腐熟，而且避免暴露田间丧失养分，明代江南开始使用"蒸粪法"。此法据是在冬天地气回暖时挖深潭聚粪，封闭沤熟；或在空地建茅房，凡粪尿、灰土、垃圾、糠秕、藁秆、落叶皆可堆积其中，以土覆盖，关闭门户，使之在屋内发热腐熟。所得熟粪，又称"蒸粪"（《了凡杂著》）。明末江南农民还通用一种人粪加工法，即"于白露前，日中锄连泥草根，晒干成堆，用穰草起火，将草根煨过。约用浓粪挠和，加河泥，复堆起，顶上作窝，如井口。秋冬间，将浓粪再灌三次"，所得的"粪灰泥"，用作油菜基肥（《农政全书》）。到了清代中叶，苏州人潘曾沂和奚诚又分别创造出"煨粪法"和"窨粪法"，以加速人粪腐熟并增加养分。前者是"先用浓粪拌泥，筑一土堆，空了这当中，放柴草在内烬烧，烧得四周都有热气，便住"。经过这种"拌泥烧用，以解热毒"，即可施用（《潘丰豫庄本书》）。后者则是"于秋冬农隙时，深掘大坑，投入树叶、乱草、糠秕等物，用火煨过，乘热倒下粪秽、垃圾，以河泥封面，谓之窨粪。来春用此垫底下种，则（棉）花、（水）稻之精神，都在蕊穗之上"。此外，奚诚还提出另一种方法，即"如窨粪不及备而用热粪者，其法将柴草、砻糠作堆，用火煨过半，以稠粪拌泥覆之，令其中外蒸透，以解郁毒而滋生发也"（《耕心农话》同上）。此外，据斯当东目击，在浙江舟山一带，"他们所施的肥料不是兽粪，而是一种更难闻的东西。英国田地里不大使用这种东西。这种肥料是用一个大缸埋在地下盛着的，里面还盛着性质相同的液体肥料。在播种之前先将这种肥料加在土地里，据说可以帮助生长，也可以防止虫害"。在浙江另外地方，农民购买了粪块之后，"不成块使用它。他们首先造一个大池子存放这种粪块以及其他各种粪便。他们还积存各种植物的残根、残梗和叶子，运河上的泥土，甚者理发匠修剪下来的须发等等废物，加上尿便或者清水使之冲淡，然后积存起来使它腐烂发酵。他们就用它作为肥料进行耕种"。[1] 前一种方法，

1　斯当东：《英使谒见乾隆纪实》，第471—472页。

就是传统的沤粪法；而后一种方法，则显然就是上面所说的"蒸粪法"。

不论如何加工，上述方法都有几个共同缺点，即加工出来的粪肥体积大，分量重，单位肥料养分含量相对较低，使用、运输均不便等。为了克服这些缺点，明清江南农学家们进行各种尝试，以图制出高效的浓缩肥料。首先有这种想法的人是袁黄（号了凡），他设计了一种"煮粪法"，即把粪便放入大锅，加进人发或动物骨头，一起煮熟。然后取一些田土晒极干，加鹅黄草、黄蒿、苍耳子所烧成之灰，拌和煮熟之粪，所得晒极干，又洒熟粪水再晒干，即得高效肥料。袁氏自称"亲曾试验，凡依法布种，则一亩可收三十石；只用熟粪而不用草灰，可收二十余石；凡不煮粪、不用草灰，其收皆如常，不能加多"（《了凡杂著》卷五《劝农书》"地利第二"条）。徐光启也说使用这种肥料"依法播种，则一亩可收三十石"，"树虽将枯，灌之立活"。这些说法当然不免夸大，但袁氏希图用加料煮熟的方法提取并补充养分的想法，却值得注意。在此基础上，徐氏又提出了一种更富于想象力的设想，即用"烧酒法"（蒸馏法）来提取人粪中的养分。运用这种方法所得的蒸馏物，肥力"百倍金汁"（"金汁"指蒸煮熟的粪）。他还提出另一法，即"锅煮法"：用三四个缸砌成连灶，缸内放入"真粪"，盖好，烧数沸，并不时搅拌，所得物肥效也很高。徐氏另外还在前人"粪丹法"基础上，设计了一种高效混合肥料，即用人粪、畜粪、禽粪、麻渣、豆饼、黑豆、动物尸体及内脏毛血等，再加入药物如黑石凡、砒信、硫黄等，一同混合，收入土坑或大缸里密封，腐熟后取出晾干，敲碎施用，"每一斗，可当大粪十石"。[1]当然，情况是否如此尚待研究，但这种"粪丹"内含多种成分，肯定会有显著肥效和杀虫作用。[2]这些构想虽未为生产实践所采纳，但作为当时人们努力探求肥料制作新技术的努力，是非常可贵的。

正是江南农民在人粪和其他肥料的收集和加工、使用方面的努力，才使得江南成为富甲天下的锦绣河山，当然也成为国家赋税的主要来源地。嘉靖时，礼部尚书顾鼎臣说："苏、松、常、镇、嘉、湖、杭七府，财赋甲天下。"（《明世宗实录》卷二〇四）康熙初年的江苏巡抚韩世琦则说："财赋之重，首称江南，而江南之中，惟苏、松为最。"（《请减浮粮疏》，收于乾隆《苏州府志》卷十《田赋》）他们所言，绝非危言耸听，而是确凿不移的事实。通计有明一代，江南田地仅占全国6%强，而税粮却占全国近22%。也就是说，在明代，各地上交给朝廷的税粮，每五石就有一石多是由江南提供的。其中江南的苏、松、常、嘉、湖五府特别要运送17.4万余石号称"天庭玉粒"的白粮。[3]还要指出的是，漕粮运到北京，耗米、过江费、承运费以及征收运输途中的抑勒等各种附加费，往往数倍于正粮，"有二三石纳一石者，有四五

1　徐光启：《农书草稿·袁了凡农书载熟粪法》，收于朱维铮、李天纲主编：《徐光启全集》（伍），上海古籍出版社，2010年，第456页。
2　参阅中国农业科学院中国农业遗产研究室：《中国古代农业科学技术史简编》，第140—142页；曹恭隆：《肥料史话》，第39—40页。
3　范金民：《明清江南重赋问题述论》，《中国经济史研究》1996年第3期。

石纳一石者,有遇风波盗贼者"。苏州府额粮270万余石,"加征至八百万石"(乾隆《江南通志》卷一一一《职官志》引况钟语)。江南其他地方的情况也大体如是,故正德时松江人顾清感慨地说:"是正税一石,而征八石有奇,从古及今,未闻有此制也。"(《与翁太守论加税书》,《明经世文编》卷一一二)

马克思说:"赋税是官僚、军队、教士和宫廷的生活源泉,一句话,它是行政权力整个机构的生活源泉。强有力的政府和繁重的赋税是同一个概念。"[1]早在唐代中后期,王朝存亡就已命系来自江南的税粮了。贞元二年(786),禁军因缺粮,在大街上脱巾大呼:"拘吾于军而不给粮,吾罪人也!"德宗惶恐万状。这时李泌上奏,韩滉从浙西(本文所说的江南)运米三万斛已至陕(今河南三门峡市),德宗大喜,当即到东宫对太子说:"米已至陕,吾父子得生矣!"命人于坊市取酒庆祝,并将此消息通知禁军各部,士兵都欢呼万岁。[2]自此以后,巨额的江南税粮成为历代王朝赖以生存的基础。

在江南,稻米是用人粪滋育出来的。而正是这些人粪滋育出来的粮食,养活了端居禁中的至尊天子和住在京城的天潢贵胄、王公贵族、文武百官,养活了拱卫京师和捍卫边疆的百万貔貅之士。而正是在这些依靠江南粮食活命的人中,有少数雄心与才具兼具者,扮演出了一幕幕威武雄壮、动人心弦的历史剧,而其中

1　马克思:《路易·波拿巴的雾月十八日》,收于《马克思恩格斯选集》第4卷,人民出版社,1995年,第585页。

2　司马光:《资治通鉴》卷二三二,中华书局,1962年,第7469页。

一些人更是风云际会，"李将军遇高皇帝，万户侯何足道哉"，实现了"万里觅封侯"的追求。如果没有江南的粪土，就没有源源不断运到京城和各地的漕粮；而没有漕粮，也就没有这些威武雄壮的历史剧，当然也不会有这些历史剧涌现出的万户侯了。麦高温说："在贫困地区，土地相对贫瘠和低产，如果没有粪便，许多地方就会荒芜；许多家庭培养出了优秀的儿子，他们成了这个帝国的卓越人士，如果没有粪便，这些伟大人物也可能就被埋没了。"[1]

从此意义而言，粪土确实重于万户侯。至于那些仅只依靠祖宗荫庇或者行贿跑官而得到的万户侯，本来就一钱不值。从在历史上的所起的作用和所具有的地位而言，这些酒囊饭袋、行尸走肉的万户侯，与粪土这一支撑帝国大厦的基础相比，更是天差地别。在此意义上而言，将他们等同于粪土，还是大大抬举了他们。

（原载《历史学家茶座》2007年第9期）

1　麦高温：《中国人生活的明与暗》，第256页。

均田令中的
"桑田二十亩"与"课种桑五十株"

　　历代均田令都规定一个普通农户（一丁户）可受桑田（或永业田）20亩,[1]并被课种桑50株。但是"桑田20亩"与"桑树50株"之间究竟是什么关系？到底是这50株桑树种在20亩桑田上，还是这20亩桑田每亩都种桑50株？……对于这些问题，学者们意见纷纭，迄今尚无定论。唐长孺、杨志玖、松井秀一等先生认为20亩桑田总共种桑50株，而王仲荦、宫崎市定等先生则认为是20亩桑田每亩都种桑树50株。[2]前说的主要依据是《魏书·食货志》、《隋

1　据《文献通考》卷二《历代田赋之制》所引武德七年（624）均田令："永业之田，树以榆、桑、枣及所宜之木。"情况与北魏桑田同。

2　分见唐长孺：《北魏均田制中的几个问题》（收于唐长孺：《魏晋南北朝史论丛续编》，生活·读书·新知三联书店，1959年）；杨志玖：《论均田制的实施及其相关问题》（刊于《历史教学》1962年第4期）；王仲荦：《魏晋南北朝初唐史》上册（上海人民出版社，1979年），第380页；松田秀一：《中国律令制期の蠶桑に关する若干问题について》（刊于《史学雜誌》第90编第1号）；宫崎市定：《晋武帝の戶調式の就て》（刊于《東アジア经济研究》第19卷第4号）。

书·食货志》、《唐律疏议》卷一三《户婚律》所引北朝与唐初的均田令;而后说的主要依据则是《通典》卷二《田制》下、《册府元龟》卷四九五《邦计部·田制门》以及《山堂群书考索》前集卷六五《地理门·田制类》所引的唐开元二十五年(737)均田令。唐长孺、古贺登先生认为《通典》等记载有误,衍入了"每亩"二字;相反宫崎市定先生则认为《魏书》等脱漏了"每亩"二字。[1]但是双方都未能提出有力的证据来证实其说。

我认为,要判别这两种意见究竟孰是孰非,除了需要在版本校勘方面做进一步的努力外,更重要的是应把这两种意见放到均田制时代的历史环境中,用当时蚕桑业生产的实践来加以检验,然后再得出结论。为此必须了解:(1)当时一个普通农户一般种桑多少株?(2)当时一亩桑地一般种桑多少株?(3)均田令中关于桑田与桑树之间关系的规定上的歧义是怎么产生的?反映了什么问题?如果把这三个问题都弄清楚了,前面所争论的问题也自然就有了答案。下面就顺次讨论这三个问题。

一、一个普通农户一般种桑多少株?

均田制时代的一个普通农户一般种桑多少株?是50株还是1000株?[2]由于史料缺乏,不可能找到直接的证据。但是我们可根据距离均田制时代还不太久的五代时期的材料,对均田令的有关

---

1 详阅上引唐长孺、宫崎市定文,以及古贺登:《夏税·秋税的源流》。

2 桑田20亩,每亩种桑50株,共种1000株。

规定进行对比,看看一个普通农户究竟种桑多少。

后汉乾祐二年(949),太子中允侯仁宝上言:"诸州府长吏,劝课农桑,随户人力胜栽荫桑枣,小户岁十本至二十本,中户三十至四十,大户五十至一百,如能广栽,不限本数。"(《册府元龟》卷六三六)这个建议被采纳与否不得而知。稍后的后周在显德三年(956)正式下令:"课民种植,每县定民籍为五等,第一种杂木百,每等减二十为差,桑枣半之。"(《续资治通鉴长编》卷二)嗣后北宋建隆二年(961)又再度申明此令。据此可知,五代宋初,华北农村五等户岁课种桑树为10株(枣亦10株),四等户20株(枣亦20株)。课种年限令文未言,但依照以前历朝惯例,当为三年。因此四、五等户课种桑树的总数应在30—60株之间。后周、北宋的乡村四、五等户主要是小自耕农。他们一户种桑30—60株,平均45株。而北魏至唐初均田制下的一丁户,其经济地位与后周、北宋的乡村四、五等户差近;他们一户若种桑50株,当在情理之中。可见,北魏至唐初均田令中所说的"课桑五十株",应是一户农民通常种桑之数。在这个时期,有桑千株的,只是如唐初李袭誉那样的贵族官僚者流。[1]

那么,农民在20亩桑田上,每亩都种桑树50株,从而共种桑1000株,是否有可能呢?在讨论这个问题之前,我们先来看一看此说所本的开元二十五年均田令的有关令文。此令最初出现于

---

[1] 《旧唐书》卷五九《李袭誉传》:袭誉自称"近京城有赐田十顷,耕之可以充食;河内有赐桑千树,蚕之可以充衣"。

《通典》卷二《田制》下,其文为:"丁男给永业田二十亩。……诸户内永业田,每亩课种桑五十株以上,榆、枣各十株以上,三年种毕。"这段令文只谈到永业田每亩课种桑、榆、枣树之数,并未明确地说明这20亩永业田是否全部都要拿来种桑、榆、枣,因此我们难以确知此令究竟要求农民在20亩永业田上种桑、榆、枣各多少株。

但是可以肯定的一点是,此令绝对没有要求农民在20亩永业田上共种桑1000株以上及榆、枣各200株以上的意思,因为一个只有一丁的小农户,既无此必要,也无此能力种植如此多的树木。同时,榆、枣都是高大的乔木,不能修剪为低矮的树型,根据《齐民要术》所谈的种枣法,每亩地仅可种枣2.7株,[1] 榆大约也差不多。唐制一亩仅当北魏制0.75亩,[2] 因此绝不可能在一唐亩土地上除种枣、榆各10株以上,再种桑50株以上。我们认为这段令文的意思应当是:永业田若种桑,每亩应种50株以上,若种榆、枣,则应各种10株以上;至于在20亩永业田中拿出几亩来种桑或榆、枣,则未做统一规定,但至少为一亩。换言之,政府要求农民种桑树的下限是50株,多于此数者则未加限制,亦即北魏均田令中"于桑、榆地分杂莳余果及多种桑、榆者不禁"之意。如果农民把20亩永业田中的19亩拿来种桑(余1亩种榆、枣),则可种桑950株以上,这样,一户农民的种桑树就在50—950株之间,概言之,即

1　据《齐民要术》卷四四《种枣第三十三》,当时种枣"三步一树,行欲相当",即株行距皆为3步,按口字形排列。因此每亩地可种枣2.7株。
2　参阅李伯重:《唐代江南农业的发展》,农业出版社,1990年,第13页。

一户农民种桑数十株至数百株不等。

一户农民种桑数百株，在明清长江下游地区并不足为奇，但是在均田制时代却尚未发现例证。均田制时代结束后不久的中晚唐时期，倒有一些诗文反映了这种情况。《全唐诗》卷五九九所收的于濆《田翁叹》就描写了一个"手种千树桑"的农民，因徭役繁重，不得不将这些桑树卖给"富家郎"。诗中所言"千树桑"不一定是确数，但肯定为数不少，而且诗中两次提到，可见未必完全是袭用典故。总之，透过此诗我们可以看到，在唐代后期，农民一户种桑数百株的情况是存在的。更为有力的证据是五代十国时期的情况。据陆游《南唐书》卷一《烈祖记》，南唐升元三年（939），李昇下诏："民三年艺桑及三千本者，赐帛五十匹；每丁垦田及八十亩者，赐钱二万。皆五年勿收租税。"诏中所说的"民"，与"丁"并举，当以户为单位。一户种桑3000株，当然不是一般农户所能达到的。[1] 种桑3000株，盖为农村中大户方能胜任。不过由此我们可以断定南唐统治下的江淮地区一般农户种桑之数，虽然未必能达3000株之多，但肯定也远在50株以上。否则，李昇劝农民种桑3000株，就完全不可思议了。

由此而言，从开元二十五年均田令中推得的一个农户种桑数十至数百株的说法，也是可以成立的。不过从时间上和地域上来看，这种情况当主要是存在于唐代中期以后长江下游的一些地区。

---

[1] 明代后期湖州长工人可治桑4—7亩，每亩种桑200株左右（参阅李伯重：《关于沈氏农书中一段文字之我见》，《中国农史》1984年第2期）。因此即使是在明代后期浙江湖州地区，一个男劳动力也仅可治桑1000株上下。

这样，我们便可以得出结论：在整个均田制时代（以后一直到宋初），华北地区一般农户每户通常种桑50株左右；而在均田制时代末期以来（以后一直到五代），长江下游地区一般农户一般则种桑数十至数百株。[1]

二、一亩桑地种桑多少株？

一亩桑地可以种多少株桑树？这要取决于许多因素，其中最主要的是桑树的种植方式。

从农艺学的角度来看，桑树的种植方式主要有两种：在隙地野地上的随意散种和在桑园中有规则的种植。桑园，根据经营目的的不同又分为两种：一种是以桑叶生产与粮菜等作物生产并重的间作桑园，另一种则是以桑叶生产为主的专业桑园。这两种桑园中的桑树，其种植方式也不相同。

从《齐民要术》卷五《种桑柘第四十五》来看，北魏时的华北地区一般采用的是桑粮间作制，因此均田令把这种间作桑园径称为"桑田"。为了兼顾桑田上的间作作物，桑树的株行距都相当大，一般是"十步一树"。桑树的排列方式，常见的有口字形与品字形两种（后者为北魏时的创新）。品字形排列，用贾思勰的话来说即"行欲小掎角，不用正相当"；后代的《蚕桑萃编》更明确地解释为"栽宜分行布列，不宜对栽，如品字形最好。第

1　开元二十五年均田令未提到长江下游，这一点，在后文中还要说明。

一行与第三行对栽，第二行与第四行对栽，余皆仿此"。据上述株行距，每亩地可种桑2.4株。

桑粮间作制一直到盛唐、中唐时代仍在华北行用，这在储光羲、韩愈、李翱等人的诗文里都有反映。[1]李翱在《平赋书》中特别指出，禾田种桑，密度要适中，否则桑"太寡则乏于帛，太多则暴于田"。适中的种桑密度究竟是多少？李翱未说，不过与《平赋书》差不多同时期的元和七年（812）四月诏则说得很清楚："诸道州府有田户无桑处，每检一亩，令种桑两根，勒县令专勾当。"[2]可见当时种桑密度是每亩2株左右，折合北魏制每亩2.7株左右，与北魏一般种桑密度（每亩2.4株）接近。此诏虽是发向全国，也未确言桑种于田中，但据诏书所说"如闻闾里之间，蚕织尤寡，所宜劝课，以利于人"之语来看，其所针对的范围主要是华北朝廷政令所及之地，因为在这时朝廷实际控制地区中，关中向来蚕桑业不发达，而江淮、剑南早已是政府主要的绢帛征收地，不会"蚕织尤寡"了。据元和时人韩愈、李翱的诗文，我们知道华北还实行着桑粮间作。因此，元和七年四月诏书主要是针对华北地区的，而此时华北地区的桑树种植方式与《齐民要术》所言没有多大差别，种桑密度仍在每亩2—3株之间。

长江下游地区以水田生产为主，而"桑地宜高平而不宜低湿。低湿之地，积潦伤根，（桑树）万无活理"（《广蚕桑说辑要》

---

1 详阅《全唐诗》卷一三七储光羲《行次田家澳梁作》，《韩昌黎集》卷六《过南阳》，以及李翱《平赋书》。
2 此诏收于《册府元龟》卷七〇《帝王部·务农门》。

卷上《桑地说》），因而桑树不能像华北那样种在田中实行桑粮间作，只能在隙地野地散植，或在少数排水良好的高平之地建立专业桑园密植。同时，长江下游地区气候温暖，降雨充沛，桑树年生长期长，生产速度快，可多加修剪，养成低矮树型，从而提高种植密度。

每亩种桑50株的桑园是一种种植密度尚不很高的专业桑园。但是在南宋以前，除王褒《僮约》外，我们尚未发现有关这种专业桑园种桑情况的记载。据《僮约》，东汉时蜀地桑树种植情况为："种植桃、李、梨、柿、柘、桑，三丈一树，八赤（尺）为行，果类相从，纵横相当。"亦即株距8尺，行距3丈，按口字形排列。汉代亩制是6尺为步，240步为亩，据上述株行距及排列方式，每亩可种桑36株。东汉行用汉大亩，1亩约当唐制0.8亩，[1]每东汉亩种桑36株，合每唐亩45株，与开元二十五年均田令中所说的每亩种桑50株以上相差已不远。但是《僮约》所言在汉代文献中找不到旁证。因此我们仅能说东汉时蜀地可能已经出现了密植的专业桑园。至于其普及情况如何？以及是否延续了下来？则因史料缺乏，难以知晓。

到了南宋时期，密植的专业桑园的种桑情况方比较清楚地为人所知。据成于绍兴十九年（1149）的《陈旉农书》卷下《种桑之法篇》，南宋初年江浙一带的种桑方法是："先行列作穴，每相距二丈许，穴广各七尺，穴中填以碎瓦石，约六七分满，乃下肥

---

1 参阅李伯重：《唐代江南农业的发展》，第13页。

火粪三两担于穴中所填碎瓦石上，然后于穴中央植一株，下土平填紧筑。"文中"行列作穴，每相距二丈许"，当指桑树行距，而"穴广各七尺"，则应为行内株距。¹株距7尺，行距2丈，则每亩可种桑约42.9株。绍熙三年（1192）朱熹在福建漳州教民种桑，所作《劝农文》说："蚕桑之务，亦是本业。而本州从来不宜桑柘，盖缘民间种不得法。今仰人户常于冬月多往外路买置桑栽，相地之宜，逐根相去一二丈间，深开窠窟，多用粪壤，试行栽种。"²如果逐根相去（即株行距）以1.5丈计，每亩可种桑26.6株。漳州农民原不会种桑，此时才学种，种植密度比江浙稍低，也是很自然的。可见，南宋初年长江下游一些地区每亩种桑之数在40—50株之谱。

唐代桑园种桑是否已经达到了这样的密度？由于史料缺乏，我们难以做出明确的回答。不过可以肯定的一点是：盛唐以来，长江下游的若干地区已经具备了实行桑树密植所必需的技术条件和社会经济条件，因而开元二十五年均田令中的"每亩课种桑五十株以上"之说是有其现实背景依据的。

桑树密植很大程度上取决于人工剪定养型技术。若不能把桑树剪养成低矮的树型，任其自然长成，就不能密植。唐代以前，尚不知此项技术，因此桑树都很高大，采叶时"必须长梯高机，数人一树（原注：梯不长，高枝折；人不多，上下劳）"（《齐民要术》卷五《种桑柘第四十五》），自然很难进行密植。到了唐

---

1 《僮约》说东汉蜀地种桑是"三丈一树，八赤（尺）为行"；《沈氏农书》则说明代湖州桑树"种法以稀为贵，纵横各七尺"。可见说株距7尺左右，应当不致过谬。
2 此文收于《朱文公集》卷一〇〇。

代，人工剪定养型技术出现了。成于唐代后期、主要反映长江下游地区生产情况的农书《四时纂要》首次记载了这项新技术："每年及时科斫，以绳系石，坠四向枝，令婆娑，中心亦屈却，勿令直上难采。"[1]经过这样的处理，桑株变得低小，从而为密植奠定了基础。此项技术在唐末已见于农书，则其发明和传布当在此前很久。因此可以说，在唐末以前很久，长江下游一带农民就已知道桑树人工剪定养型技术。换言之，密植所必需的主要技术条件已经具备。

桑树密植还需要一定的社会经济条件，其中相对充裕的劳动人手是一个重要内容，因为管理密植的桑园是一种劳动集约程度较高的生产活动，所需投入的劳动很多。唐代以前，长江下游地区种桑不多。例如南齐时，沈璃为建德令，"课一丁种桑十五株，女丁半之，人咸悦，顷之成林"（《梁书》卷五三及《南史》卷七〇《沈瑀传》）。一夫一妇仅种桑22.5株，尚不及同时代北方一丁户课种数的一半。种桑如此之少，散植于隙地野地即可，自无必要建立专业桑园实行密植。其所以然的原因之一，就在于当时长江下游地区土旷人稀，劳动力缺乏。入唐以后，经过百余年的休养生息，到盛唐时，长江下游地区已非昔日之旧。自贞观十三年至天宝元年（639—742）的一个世纪中，在润、常、苏、湖、杭、越、明七州，户数竟增加了3.4倍，而同期全国总户数增加不到2

---

1 《四时纂要》记当时种桑"五步一树"，松井秀一已指出此记载有误，不足为凭（参阅上引松井秀一文）。以下引文参阅《四时纂要》卷一《正月》。

倍。[1] 安史之乱后，长江下游地区在籍户口虽有减少，但仍保持着相当高的密度。例如浙西苏、杭、湖、润、常、睦六州，元和时的户数比天宝元年的户数减少了约60%，尽管如此，户均田亩数仍达18.5亩（15市亩弱），相当于明万历六年（1578）苏州府的户均田亩数。[2] 在这种人口密度下，劳动人手相对充裕。同时，唐代长江下游地区农、工、商业（特别是丝织业）迅速发展，也为桑业的迅速发展提供有利条件。因此，在长江下游平原地区宜桑之地有限而劳动力相对充裕的条件下，桑业的发展必然走密植之路。

在上述技术与社会经济条件下，唐代长江下游地区桑树密植达到了什么水平呢？明代后期长江下游地区的密植水平（每亩200株左右）看来还达不到，但南宋初年江浙一带的水平（每亩大约50株）应当是达得到的。[3] 开元二十五年均田令中"每亩课种桑五十株以上"的规定恰恰出现于此时，绝非偶然。把它与上述背景及南宋时的情况联系起来看，是有现实根据的。

因此，我们可以下结论说：北魏以来，直至中唐，华北地区通行桑粮间作制，在桑粮间作田上，每亩种桑2—3株；而自盛唐以来，长江下游一些地区出现并普及了密植的专业桑园，其种桑密度大约为每亩50株，直到南宋，情况犹然。

1　李伯重：《唐代江南农业的发展》，第69页。

2　元和时户均田亩数参阅李伯重：《唐代江南农业的发展》，第153页。万历六年苏州府的户均田亩数参阅梁方仲：《中国历代人口、田地、田赋统计》，上海人民出版社，1980年，第435页。唐亩与明亩折算参阅李伯重：《唐代江南农业的发展》，第13页。

3　明代江南主要种植的湖桑等适于密植的桑树品系唐宋时尚未培育出，另外唐宋时人工桑树剪定养型技术也较明代原始。

三、均田令中关于桑田与桑树之间关系的规定

现在，我们以上面两节所论为基础，看一看文首所引关于均田令的两种解释，究竟哪一种正确。

第一种看法（即桑田20亩共种桑树50株）无疑是正确的。既然自北魏至五代，华北普通农户一户一般种桑50株左右，而自北魏至中唐，华北桑地一般一亩种桑2—3株，那么种桑50株，需地大约20亩，这是很明了的。也正是因为在这个时期内，华北地区农民桑业生产的情况变化不大，因而自北魏至唐初的历次均田令关于桑田与桑树的规定也大致相同。当然，小的差异还是有的。例如北朝及隋以6尺为步，240步为亩；而唐以5尺为步，240步为亩。除去各朝尺度的变化不计外，从规定上来说，唐亩的面积已比以前减少了1/6，因此唐代种桑实际密度有所提高；又，唐初均田令中对桑田上课种榆、枣树的数目也比北魏多出1.5倍以上，[1]这对种桑当然也有一定影响。

那么，第二种看法（即桑田每亩种桑50株）错了吗？也不然，既然盛唐以来长江下游一些地区农民种桑者一户可种桑树数十至数百株不等，而每亩大约可种50株，因而开元二十五年均田令仅对种桑密度做出规定，而不言及种桑亩数及课种桑树总数，这无疑是符合当时长江下游一带农民桑业生产实情的。因此此种看法也是可以成立的。

1　北魏均田令规定桑田种枣5株、榆3株。而唐初均田令规定桑田种榆、枣各10株以上。

这里，我们要强调上述看法的时空局限性。第一种看法虽然
在整个均田制时代基本上都可以说是正确的，但其范围仅限于华
北，出了华北就未必正确了；第二种看法则仅对均田制时代末期
的长江下游来说是正确的，超出了这个范围，正确也会变为谬误。

最后，我们还要看看均田令中关于桑田与桑树规定的两种不
同令文是怎么出现的？它反映了什么样的问题？

唐以前的令文基本一致，原因已如上述。唐初的均田令有关
令文（见于永徽四年《唐律疏议》）也大略同于前代。这固然是
由于唐初统治集团本出于北朝及隋系统，制度多遵前代之旧，但
更主要的是由于当时的实际情况。当时华北以外地区蚕桑业不发
达，故唐初均田令有关规定虽然面向全国，但实质针对华北并依
据华北蚕桑业生产的实际，而华北蚕桑业生产情况又与前代无大
异，所以袭用前代令文是必然的。

开元二十五年均田令，原文已不可见，所见者系杜佑追述，[1]
时已相隔六十余年。[2] 如上所述，在盛唐时代的长江下游地区出现
每亩种桑50株左右的专业桑园是可能的，因此这种情况被反映到
法令里也是可能的。但是无论如何，以此为据来制定全国性法令
是绝不可能的。盛唐时专业桑园仅限于长江下游一些地区，而在
这些地区蚕桑业虽有发展，但其地位尚不能与华北相匹。成于开
元二十五年的《大唐六典》对均田制做了最为详细完备的记载，

1 《册府元龟》《山堂群书考索》成书较晚，或袭杜氏之文。

2 《通典》成书于贞元十七年（801）。

但其中恰恰没有关于永业田与桑树之间关系的规定。这一点是很耐人寻味的。我认为正是盛唐时代南北农民种桑情况差异甚大，已不可能对此做出统一的规定，因而《大唐六典》的修撰者有意将此付之阙如。

那么，杜佑所追述的开元二十五年均田令的有关条文是不是子虚乌有呢？我认为也不是。作为一个治学严谨的学者和精通典章的理财专家，杜佑不会凭空杜撰出这样的条文。一种可能的解释是：在开元时代，由于南北种桑情况差异日大，已不可能做出统一规定，因而朝廷曾对华北和长江下游两大蚕桑区的种桑情况分别做了规定：前者基本沿用旧令，后者则据其时出现的新情况而制定了新令。[1] 到了半个多世纪之后杜预修《通典》时，情况已非盛唐之旧。此时华北的主要蚕桑区关东地区，大部为藩镇所据，且饱经战争摧残，桑业已不复如昔日之盛。长江下游地区虽亦几经战乱，但破坏较小，蚕桑业有颇大发展，因而成为朝廷的主要的绢帛征收地。杜佑在撰成《通典》之前，长期任职于长江流域各地，《通典》一书也是在扬州写成的。华北主要蚕桑区关东，杜佑并未曾亲履其地，关西则又历来蚕桑寡少。因此他所习见的，主要是以扬州为中心的长江下游一带的桑业生产情况。这样，他在撰写《通典》时，便不觉把专谈南方的开元二十五年新令当作全国性法令来追述了。

均田制时代末期长江下游地区蚕桑业的兴起，是我国古代经

---

[1] 因其制定于开元二十五年，故被称为"开元二十五年令"。

济史上的一件大事。尔后，这一地区的蚕桑业日益发展，逐渐成为全国蚕桑业之中心所在。与此同时，华北地区的蚕桑业却日渐衰微。因此长江下游地区的种桑技术继续在发展，而华北的种桑技术则停滞不前或者甚至倒退。因此以太湖地区为代表的密植桑园，成了明清中国桑树种植的代表，而华北曾经流行的种桑方式则为人忽视。不过，从近代中国桑园地理分布情况来看，其格局仍然基本同于均田制末期的盛唐时代，即在黄河流域以间作桑园为主，而在长江流域则以专业桑园为主。可见，后代蚕桑业的发展，仍是均田制时代末期蚕桑业发展的继续。由此而言，透过均田令来了解我国蚕桑业生产的变化与发展，了解唐代在我国古代经济史上的重要地位，将是十分有意义的。

（原载《历史教学》1984年第2期）

明清中国的市场经济与生态农业

本文涉及三个主要内容，即（1）资本主义、市场经济与生态农业；（2）明清江南的生态农业；（3）明清江南生态农业与市场经济的关系。下面，就对这些问题逐一进行讨论。

一、资本主义、市场经济与生态农业

"资本主义""市场经济"与"生态农业"这三个名词，都是当今使用频率最高的热门词汇。然而人们对这些名词的理解，却往往因人而异，因此有必要在此先做一简要讨论。

1. 资本主义

我的研究领域是19世纪中期以前的江南经济史。过去中国史学界认为"资本主义萌芽"主要出现在这个时期的这个地区，但

是近年来这个观点受到越来越多的质疑。一个重要原因是对于
"什么是资本主义",尚未能有一个大家都接受的看法。

被称为20世纪中叶英语世界最重要的马克思主义文化批评
家、文化研究的重要奠基人之一的雷蒙·威廉斯(Raymond Henry
Williams),对"资本主义"一词进行了考证,结果如下:

> Capitalism这个词汇意指特别的经济体系,从19世纪初期
> 开始出现在英文里。其出现在法文与德文里的时间几乎与英
> 文同时。Capitalist(资本家)当作名词来使用,时间上则更
> 早一点。扬格(Arthur Young)在其期刊《法国旅游》(*Travel
> in France*,1792年)中使用这个词,但是意义相当松散。⋯⋯
>
> Capital(资本)这个词汇的经济意涵从17世纪起出现在
> 英文里,到了18世纪其经济意涵更加明确。⋯⋯
>
> 从资本主义(Capitalism)这个词可以看出词义的演变
> 史。这个词一直被用来指涉一种特殊的、历史性的经济制
> 度,而不是指涉任何一般的经济制度。capital及最初使用的
> capitalist是任何经济体系的专门术语。后来,capitalist的词
> 义用法在特殊的历史发展阶段里具有特别的意涵。就是这种
> 用法,capitalism的概念得以明确化。Capitalist这个词汇包含
> 下列意涵:在生产者之间,其被视为无用但具有掌控能力的
> 调解人;capitalist亦可解释为劳工的雇主;或定义为生产资
> 料的拥有者。这些意涵的形成终究与capital与capitalism在意
> 涵上的区分有关(在马克思的著作里尤为可见):capital被

定义为一种正式的经济范畴，capitalism被定义为一种"生产资料集中占有"的特别形式（含有工资—劳动体系）。就此而言，capitalism便是"发展中资产阶级社会"之产物。资本主义的生产（capitalist production）模式很早就存在，但是资本主义作为一种制度，其时间——马克思称为"资本主义时期"（the capitalist era）——仅能溯自16世纪，且一直要到18世纪末期与19世纪初期才达到"工业资本主义"（industrial capitalism）阶段。

上述这些细节仍存有许多争议。当然，关于制度本身的优点及运作也有无数的争议。然而，从20世纪初期开始，在大多数的语言里，capitalism的词义是指一种独特的经济制度，有别于其他制度。"资本主义"作为一个专门术语，其时间似乎不会早于1880年代，那时它开始被用在德国社会主义的著作里，并且扩及非社会主义的著作。英文及法文的最早用法似乎只能追溯至20世纪初年。在20世纪中叶，为了对抗社会主义的论述，资本主义拥护者经常用"private enterprise"（私人企业）与"free enterprise"（自由企业）来取代"capitalism"与"capitalist"这两个词。"私人企业"与"自由企业"这些语汇令人回忆起早期资本主义的概况。这些语汇很快地适用到极大型的或是具跨国性的"民间"企业，或者适用于被这些企业所控制的经济体系。然而，在其他时刻里，资本主义仍以目前通用的名称capitalism来使用，后来发展出"后资本家"（post-capitalist）及"后工业主义"（post-capitalism）之语汇，用来描述制度上的可能变更，例如从对股东的监督转移到对专业管理部门的监督，或者是允许某些"国有化的"（nationalized）或"国有的"（state-owned）企业同时存在，这些描述是经过挑选，用来修正资本主义的概念。这些叙述的可信性端视其对资本主义的定义而定。虽然它们很明显修正了某些派别的资本主义，但是就其中心意涵而言，它们仍然不是主流的论述。"国家资本主义"（state-capitalism）这个新语汇在20世纪中叶相当流行，它保留了20世纪初期capitalism的部分意涵；这个语汇描述各种形式的国有化，其中关于capitalism的原初定义（意指由生产资料集中占有产生的工资—劳动体系）并未改变。

我们也有必要去注意另一种趋势：将capitalist的形容词用法延伸扩大，用来描述整体的社会——"资本主义的经济体系"（capitalist economic system）所主导的社会——或是社会的特色。Capitalist与Bourgeois（资产阶级分子，参见本书）这两个词的词义有很大的重叠，且偶尔也会造成困惑。从严格的马克思用法来说，capitalist是用来描述一种生产的模式，而 *bourgeois* 是用来描述一种社会形态。关于"生产模式"与"社会形态"之间究竟存在何种关系，这是一个争论性的问题。就是这种争议引起词义的重叠。[1]

由此可见，"资本主义"这个名词，自产生以来，其意涵就

1　雷蒙·威廉斯：《关键词：文化与社会的词汇》，生活·读书·新知三联书店，2005年，第33—35页。

在不断地变化，因此对于"什么是资本主义"，学界也有不同的看法。这里要指出的是，亚当·斯密（Adam Smith）和马克思，都从未使用过"capitalism"这个名词。[1]这个名词的含义都是后人加上的，而他们对此的看法有很大差异。

因为对"资本主义"这个概念未能达成共识，因此中国历史上的"资本主义萌芽"问题当然也就无从谈起。因此，在"资本主义萌芽"研究方面成就最大的吴承明先生，晚年也提出"中国实际上就没有一个资本主义时代，我们把它越过去了。因此，我想提出，在历史研究上，不要提研究资本主义萌芽。与其说资本主义萌芽，不如叫近代化经济的萌芽"[2]。近代化经济就是市场经济，因此我的发言就避开"资本主义"这个有争议的话题，而转为讨论市场经济与生态农业的问题。

2. 生态农业

"生态农业"（ecological agriculture）这个概念是20世纪中后期发达国家中出现的一种针对现代农业的弊端而提出的新农业理念。所谓"现代农业"，也称"石油农业""化学农业"或"石化农业"，其主要特点是通过资源、技术的大量投入和生产的集约化，获取更多产量和经济收入。由于现代农业片面强调农业生产效率而轻视生态环境保护，因此在实现大幅度增长的同时，也使

1　关于这个问题，参阅本书收入的《中国经济史学中的"资本主义萌芽情结"》。

2　吴承明：《要重视商品流通在传统经济向市场经济转换中的作用》，《中国经济史研究》1995年第2期。

得环境污染逐步升级，土壤受侵蚀、退化，农产品质量下降，而大量的投入也使农业背上了沉重的包袱。这种人口与环境、资源与生态、经济与社会之间的不平衡，迫使人们重新思考农业与人口、环境、资源之间的关系，使得农业生产与生态环境彼此协调，以求农业的可持续性发展，并且保证人类生存环境的改善。于是生态农业应运而生。

狭义的"生态农业"概念是土壤学家阿尔布雷奇（W. Albreche）于1970年首先提出的。农学家沃星顿（M. Worthington）于1981年对"生态农业"做出明确的定义，即"生态上能自我维持，低输入，经济上有生命力，在环境、伦理和审美方面可接受的小型农业"。在今天，按照比较普遍的理解，生态农业指的是以生态经济系统原理为指导建立起来的资源、环境、效率、效益兼顾的综合性农业生产体系。在这种生产体系中，把现代科学技术的成就与传统农业技术的精华有机结合，把农业生产、农村经济发展、生态环境治理与保护、资源的培育与高效利用融为一体，具有生态合理性，能够功能良性循环，实现高产、优质、高效与持续发展目标，达到经济、生态、社会三大效益统一。生态农业由于这种优越性，被视为农业现代化的必由之路。[1]

3. 市场经济

市场经济是一种经济制度。任何一种经济制度的根本问题，

---

1 李伯重：《低投入，高产出：明清江南的生态农业》上篇，《中国经济史研究》2003年第4期。

都是要优化资源配置，以产生良好的经济效益。如何配置资源就
成为经济运行的基本内涵。资源配置是否优化，是否合理，最终
表现为社会宏观经济效益。市场经济就是这样一种制度，其核心
也是追求资源配置的优化。而资源配置优化，必然会带来资源效
益优化。[1]

市场经济的核心是市场。萨缪尔森（Paul Samuelson）对"市
场"下的定义是："市场指买者和卖者相互作用以决定商品价格和
交易数量的一种安排（市场是市场经济的心脏。一切按照公开价
格交易的领域都可称为市场）。在市场这种经济组织形式中，企
业受利润最大化意愿的驱动，购买原材料、进行生产并且销售产
品；而居民则拥有要素收入，他们在市场中决定对商品的需求。
最后，企业的供给和居民的需求二者相互作用，共同决定商品的
价格和数量。"企业受利润最大化意愿的驱动，但是通过市场机
制，企业追求利润最大化的努力最终会达到一种合理的状态。这
一点，亚当·斯密在《国富论》中早已做了阐释，他认为人的本
性是利己的，追求个人利益是人民从事经济活动的唯一动力。同
时人又是理性的，作为理性的经济人，人们能在个人的经济活
动中获得最大的个人利益。经由价格机制这只"看不见的手"引
导，人们不仅会实现个人利益的最大化，还会推进公共利益。也
就是说，企业将其资源做最优化的配置，通过市场机制的作用，
最后造成整个经济资源配置的优化。

---

1 参阅方行：《中国封建经济的运行机制》，《中国经济史研究》1999年增刊。

在今天，全球生态破坏是一个引起大家关注的大问题，一些人把生态破坏乃至大众贫困都归咎于市场经济。例如库尔茨（Robert Kurz）说："如今众所周知的，全球市场体系造成的生态破坏不仅没有被列在需要支出的费用中，甚至被作为正值列入国民生产总值中，例如交通事故及其后果造成的费用，土地、水以及空气污染造成的开销（此外还有资本主义社会中的贫困资助）被看成'收入'。在资本主义社会中，不少人是以市场体系造成的恶果营生的。市场经济的占有欲促使它随着自身的历史发展过程逐渐剥夺了人自由并无偿使用自然资源的权利，并通过'世界的私有化'将整个人与自然的关系置于买卖关系的强制之下，这一点更是不言而喻的。"[1]

这种看法是建立在资本主义等同于市场经济这个前提下的。经济学家阿玛蒂亚·森（Amartya Sen）指出："究竟什么是资本主义？标准的定义似乎把经济交易对市场的依赖作为将经济制度视为资本主义的必要条件。同样地，对利润动机和对基于私有制的个人权利的依赖，也被视为资本主义的典型特征。"[2] 然而，正如布罗代尔等诸多学者指出的那样，市场经济并不等同于资本主义。因此资本主义给带来的负面影响，也不能都归咎于市场经济。相反，从某种意义上来说，只有市场经济发展到相当程度的时候，

1　罗伯特·库尔茨：《资本主义黑皮书——自由市场经济的终曲》，社会科学文献出版社，2003年，第2—3页。

2　阿玛蒂亚·森：《重读亚当·斯密：我们不需要新资本主义》，《经济管理文摘》2009年第7期。

人们才会更加重视生态系统的价值，认识到从长远的观点来看，在使用生态系统时，要使利益最大化，实现可持续性发展，就必须更好地保护生态系统，采用更加合理的方式使用生态系统。

二、明清江南的生态农业

1910年，美国农业部土壤管理局的主任、土壤科学家富兰克林·金来到中国，在中国的广东、江南、山东（特别是江南）进行了为期六个月紧张而艰苦的考察，记录了他所观察到了中国农业技术，写了《四千年农夫》（*Farmers of Forty Centuries: Organic Farming In China, Korea And Japan*）一书。在这本书中，他对中国农业做了第一手的描述，并认为这是中国农业可持续并且养活众多人口的关键之一。2011年，美国农业与贸易政策研究所所长郝克明（Jim Harkness）对这本书予以高度评价，说这本书在20世纪50年代成为美国有机农业运动的圣经，这本书的作者也成了引领那个时代的美国有机农业运动的先驱。这一点，表明了在农业生产高度市场化的美国，农业专家也深刻地认识到了合理利用生态系统以实现可持续性发展的重要性。

事实上，在中国，某种形式的生态农业很早就出现了。但是从现有的材料来看，到了16、17世纪，这种生态农业才在江南（即长江三角洲）地区发展到一个较高的水平，取得了良好的生态和经济效益，并且逐渐普及了开来。这种生态农业在不同的时期和地区，经营规模和经营方式都有所不同，但都具有以下明显的共同特点：

第一，改造原有自然资源。把生产能力不高的土地和沼泽，加以人工改造，使之成为具有更高生产能力的农业资源。有的（如常熟谭氏）把原来相对平整的低洼土地改造为高低有别的池、塍、田，从而形成三种不同种类的农业资源。有的（如桐乡邬氏）农场的耕地地势较高，种稻困难，但如种旱地作物则又嫌高度不够。于是通过人工改造，将其改造为适合桑、豆、麦、果、竹等作物生长的旱地。

第二，利用废物。在上述经营中，农场上的不同生产活动被结合了起来。由于这种结合，一种生产活动所产生的废物（如猪、鸡、羊、鱼的粪便，或者枯桑叶等），便可作为另外一种生产活动所需要的资源，得到再利用。

这种生态农业取得良好的经济效益。这表现在土地和劳动是生产率都有明显提高。

1. 土地生产率

不论在大的还是小的农场上，采用这种新的经营方式后，土地（以及池塘）生产率都明显提高，农场的总产值都比原来增加了数倍之多。

2. 劳动生产率

这种新的经营方式可以充分利用农家各种劳动力，选择合适于这些劳动力的生产活动，并进行合理的安排，更好地利用闲散劳动力，从而提高了劳动生产率。

作为结果，农户净收入也明显增加了。依照一般情况，总产值的增加也常常意味着投资的增加。如果投资的增加超过总产值的增加，那么即使获得较高的总产值，其净产值也不会相应增加。因此生态农业是否真的有利可图，主要还要看其净产值增加的情况。对于像桐乡邬氏那样仅有瘠田10亩并且又没有成年男劳动力的贫弱小农户来说，若按照一般的经营方式则无法生存，但依照新的经营方式，改造并合理利用这些资源，不仅安享温饱，而且其子弟还可以读书求学，日后更可达到小康。因此在这种经营方式下，这个农场的净收入确实有显著的提高。[1]

此外，生态农业需要大量的有机肥料，而这些肥料主要是人畜粪便。人畜粪便如果不用作肥料，不仅浪费大量资源，而且造成严重的环境污染。这一点，前面我们提到的传教士麦高温就已清楚地指出了。他在谈到江南一带农民收集和使用人粪作为肥料时，说道："粪便带来了两方面的问题，一是造成环境污染，二是带来了处理粪便所需的财政开支，这两个问题都是致命的，以致要设计出一种复杂而完美的机器来对粪便进行收集。……官方没有采取任何措施来解决城市的卫生问题。他们将这件重要的事务交由民间去做，处理污物这个行业能够带来可观的收益，这对那些有能力胜任此项工作的私人企业具有相当的吸引力。事实上，

---

[1] 以上详阅李伯重：《低投入，高产出：明清江南的生态农业》下篇，《中国农史》2004年第4期。

拥有足够资本的人都会向这个行业投资，因为它确确实实是一个能赚钱的行当。他们在大街、小巷、街角及客流量大的主要干道上都修建了厕所。"[1]

事实上，这一点，早在几个世纪之前，葡萄牙人加里奥特·佩雷拉也注意到了："男子们在街上捡粪，如果对方愿意，就用蔬菜或柴作交换购粪。从保持城市良好卫生来说，这是一个好习惯，城市极其干净，因为没有这些脏东西。"[2]19世纪中后期，马克思和英国人科勃尔德（Robert Henry Cobbold）对中国垃圾和废弃物的处理方式也予以了高度的肯定。马克思说："消费排泄物对农业来说最为重要。在利用这种排泄物方面，资本主义经济浪费很大；例如，在伦敦，450万人的粪便，就没有什么好的处理办法，只好花很多钱来污染泰晤士河。"但"在小规模的园艺式的农业中，例如在伦巴第，在中国南部，在日本，也有过这种巨大节约"。[3]科勃尔德则说："去年（1859）夏天的大旱时节泰晤士河腐物遍布，臭气冲天，威胁到数以千计居住在河边的人的生命，引起了国会两院的关注，那些对此还记忆犹新的人们或许愿意花几分钟的时间听我讲讲中国城市的排污系统：……我们知道，（在）中国的城镇，……一排排的大土瓮子，每只高阔各约三英尺，半埋在拥挤不堪的街道两边，……上面搭着木棚，面朝路摆着；前面也没有门遮掩。在欧洲人看来这真是粗陋不堪。拾

1　麦高温：《中国人生活的明与暗》，第256页。

2　费尔南·门德斯·平托：《葡萄牙人在华见闻录：十六世纪手稿》，第37页。

3　马克思：《资本论》第3卷（1894年），《马克思恩格斯全集》第25卷，人民出版社，1975年，第116页。

粪的人用大桶把这些秽物挑到农村，卖给农民。……（这种情况）或许会引起英国农业家的注意。……的确，我们并不能采纳中国人最原始的方式；不仅如此，从某种程度上来说，用来存放住房及马厩所排污物的用石头或水泥砌的池子也应该统一规划在每座完整的建筑中。据估计，伦敦城每年流入泰晤士河的东西价值高达100万英镑，这每年100万的投资不但未改良土地，反而给我们带来了危害，至少危及到数千名被迫吸入有毒气体的人的生命。……中国人对他们这种原始、简单、有效但不雅观的处理有害物质的方式还应该感到自豪。"[1]

由此可见，江南农民确实化废为宝，不仅获得了宝贵的肥料，而且消除了因为粪便带来的环境破坏，因此他们的做法也得到社会各界的支持，成为能够持续发展的工作。

三、明清江南生态农业与市场经济

伊懋可（Mark Elvin）曾经提出："人们可以提出一个悖论性的命题：帝制晚期中国的农村是过度工业化（over-industrialized）和过度商业化（over-commercialized）了吗？"[2] 他在谈到这个问题时，引用的史料基本上是明清江南的，因此可以说上述问题主要是针对明清江南而言的。

---

1 转引自约·罗伯茨：《十九世纪西方人眼中的中国》，时事出版社，1999年，第120、123页。

2 Mark Elvin, *The Pattern of the Chinese Past—A Social and Economic Interpretation*, Stanford University Press (Stanford), 1973, p. 277.

用近代以前的标准来看，明代中期以后的江南经济确实已高度商业化了。到了19世纪初期，在江南东部的松江地区，市场已成为农村经济活动的中心，不仅人们的日常生活严重依赖市场，同时主要的生产要素（土地、劳动、资本）、货品和服务也都可以（或者必须）从市场获得。用时人姜皋的话说，就是"事事需钱"。这正是江南经济已经深深卷入市场经济的表现。[1]

明清江南地狭人稠，每平方公里人口数，明末（1620）为465人，清代中期（1850）则高达837人。与此相较，英国每平方公里人口数1500年仅为13—15人，1701年也才达到30人。其中人口最为稠密的英格兰与威尔士的每平方公里人口数，1700年也只有35人，直到工业革命前夕的1750年才增至41人，尚不及明末的9%或清代中期江南人口密度的5%。[2] 依照一些学者的说法，江南农业已经陷入"过密化"（involution）的陷阱，劳动的边际收益日益下降，农民生活仅能维持一种最低生活水准（minimum substance level）。

但是事实是，江南地区在这个时期经济有很大发展。以19世纪初期松江府的华亭—娄县地区为例，其耕地总面积仅为同期荷兰的耕地面积的3%，然而荷兰的农业附加值只是华亭—娄县地区的6倍左右，所以后者的土地生产率（land productivity）显然要高得多。两个地区农业劳动生产率的差异则很小。比较这两个地区

---

1 参阅李伯重：《中国的早期近代经济——1820年代华亭—娄县地区GDP研究》，中华书局，2010年。

2 以上参阅李伯重：《江南的早期工业化，1550—1850》，社会科学文献出版社，2000年。

农业的全要素生产率（total factor productivity），华亭—娄县地区大约比荷兰高75%。[1]

江南农业的这种高效率，很明显是受惠于江南地区发达的市场经济。市场经济不仅使得江南地区农业资源得以合理配置，而且也使得江南地区能够从日益扩大的中国全国市场乃至国际市场中最大限度地享受分工的好处。自16、17世纪开始，江南就依靠这种分工，逐渐形成了一种外向型的经济。江南农业也日益外向化，其耕地越来越多地从水稻转向桑、棉等经济作物，然后制成附加价值高的丝绸和棉布，大量输往国内和国际市场，而所需粮食则大量从外地输入。为了保持土地的肥力，除了充分收集和利用本地肥源外，又大量输入豆饼作为肥料。[2]当然，这些活动都以前面所谈到的不断完善的生态农业为基础。由此可见，市场经济不仅没有阻碍生态农业的发展，恰恰相反，它为生态农业的发展创造了更多的发展空间。

（本文原系2021年4月20日于中国人民大学举办的"资本主义与环境"线上会议［Capitalism and the Environment Online Symposium］上的发言提要，原题《近代早期中国的市场经济与生态农业》，今易为现名，并做了一些增补）

---

[1] 以上详阅Li Bozhong and Jan Luiten van Zanden, "Before the Great Divergence—Comparing the Yangzi Delta and the Netherlands at the Beginning of the Nineteenth Century", *The Journal of Economic History*, Vol. 72, No. 4 (December 2012), pp. 956−989.

[2] 以上参阅李伯重：《江南的早期工业化，1550—1850》；李伯重：《明清江南农业中的肥料问题》，收于李伯重：《千里史学文存》，杭州出版社，2004年。

"江南经济奇迹"的历史基础
——新视野中的近代早期江南经济

　　早在1986年，中国经济才开始起飞时，经济学家柏金斯（Dwight Perkins）就说道：18世纪中期工业革命在英国发生，随后横扫欧洲其他部分（包括苏联社会主义阵营）和北美，用了二百五十年的时间，才使这些地区实现工业化，提高了今天世界23%的人口的生活水平。而中国今天的经济发展倘若能够继续下去，将在四五十年内使得世界另外23%的人口生活在工业化世界中。考虑到中国工业化过程的规模之大和速度之快，中国的经济奇迹当然是世界历史上最大的经济奇迹。[1]这个经济奇迹为何会发生？为此问题寻找正确的答案，成为今天世界各国经济学家和历史学家的重大任务。

　　歌德曾说："我认为但丁伟大，但是他的背后是几个世纪的

---

[1]　Dwight Perkins, *China: Asia's Next Economic Giant?* University of Washington Press (Seattle), 1986.

文明；罗斯柴尔德家族富有，但那是经过不止一代人的努力才积累起来的财富。这些事全部隐藏得比我们想象的要深。"[1] 同样的道理，要认识中国今天的经济奇迹，就必须对19世纪中期西方到来以前中国经济的真实状况做全面深入的检讨。正如柏金斯所言，中国的现在是中国过去的延续；中国在最近几十年中发生了巨大变化，但是中国的历史依然映照着中国的今天，"过去"的影子可以见诸众多方面。[2] 因此，只有从历史的长期发展的角度出发，才能真正了解今天的中国经济奇迹。

一、"脱亚入欧"：今天的江南经济奇迹[3]

在过去一千年中，江南一直是中国经济最发达的地区。同时，江南也一直是中国文化最发达的地区，保留了最为丰富的经济史文献。因此之故，江南在中国经济史上也拥有特别的地位，在过去近一个世纪的中国经济史研究中，江南是研究最深入的地区。中国经济史中许多有影响的理论模式都来自江南经济史研究，或者以江南经济史研究作为这些理论的主要的经验研究基

---

1 转引自弗格森：《罗斯柴尔德家族》第一部《金钱的先知》，中信出版社，2009年，第43页。

2 Dwight Perkins, *China: Asia's Next Economic Giant?*

3 "脱亚入欧"本是日本明治维新的口号，表达了落后国家一种希望以西欧为榜样，推进近代化，从而进入世界先进国家行列的强烈愿望。中国虽然没有提出这个口号，但是鸦片战争以后，中国的变法、维新、革命的理念，与日本的"脱亚入欧"的企图，在本质上来说并无二致。在本文中的"脱亚入欧"一词，意思是在经济发展水平上追赶西方先进国家。

础。江南的情况往往被当作中国的"典型"或者"代表"，从中
得出相关的理论模式。

中国经济史研究中的"江南"地区，通常指的是长江三角
洲。但是对于长江三角洲的范围到底有多大，则有狭义和广义之
说。狭义的长江三角洲，即我过去界定的"江南"的范围，大体
包括东起今天的上海、西北至南京和西南至杭州的三角形地区。
而晚近学界和媒体所说的长江三角洲为广义的长江三角洲，包括
上海、苏州、杭州、无锡、宁波、南京、南通、绍兴、常州、台
州、嘉兴、扬州、镇江、泰州、湖州和舟山16个市（直辖市、副
省级市、地级市），范围比狭义的长江三角洲大得多。大致而言，
狭义的长江三角洲可以说是广义的长江三角洲的核心，而广义的
长江三角洲则是狭义的长江三角洲的放大。由于今天的经济统计
多以广义的长江三角洲为单位，因此本文所说的江南地区也指的
是广义的长江三角洲，而非我过去所界定的狭义的长江三角洲。

依照2002年的数字，江南地区面积大约为10万平方公里，实
际居住人口为8228万；[1] 人口密度高达每平方公里823人，为我国人
口密度最高的地区之一。江南地区也是我国城市化水平最高的地
区，城市化水平达52.63%，[2] 并拥有上海、南京、杭州三个特大城市
和苏州、无锡、宁波等大城市。

1　这是居住人口数。户籍人口数是7571万（2002年）。参阅香港投资推广署（InvstHK）
　　与广东省对外贸易经济合作厅编：《中国主要经济区主要经济指标》（M. J. Enright与E.
　　E. Scott计算），发布于 http://www.thegprd。

2　宁越敏：《"长三角"城市化应当打破行政阻隔》，发布于http://www.sh.xinhuanet.com/
　　zhuanti/csj/2008-01/02/content_12105102.htm。

　　虽然至少从宋代以来，江南一直是中国经济最发达的地区，但是在1979年经济改革以前，江南地区的经济发展水平远远低于西欧国家。而在1979年后的三十年（特别是在1992年以来的近二十年）中，江南经济发展迅猛。到了今天，尽管这个地区的面积和人口仅分别占全国总数的1%和5.9%，但其2009年国内生产总值却占到全国的17.8%，高达8786亿美元，而1978年仅为403亿美元，[1] 1992年也仅为654亿美元。[2] 在今天中国的经济奇迹中，江南扮演着领头的角色。

　　由于这个超高速增长，江南与西欧在经济发展水平方面的差距，在过去二十年中迅速缩小。就人均国内生产总值而言，江南1978年为大约1200美元，约当当年法国（9424美元）的1/8或者英国（5727美元）的1/5，仅及西欧最穷的国家葡萄牙（2349美元）的一半。[3] 然而到了2009年，江南的人均国内生产总值已上升到11600美元（依照官方汇率计算），比1978年几乎增加了9倍。由于西方经济学界普遍认为人民币对西方主要货币的实际汇率被严重低估，因此依照官方汇率计算的中国国内生产总值通常也被认为

1　1978年中国的GDP 3624.1亿元人民币（参阅《1978—2005年中国历年的GNP和GDP》，《小康》2006年第3期），而长江三角洲所占的比重为18.7%（陈建军：《长江三角洲地区产业结构与空间结构的转变》，《浙江大学学报》[人文社会科学版] 2007年第2期）。据此，长江三角洲当年的GDP是677.7亿元。当年人民币对美元的官方汇率为1.68元人民币=1美元（据NationMaster.com）。因此677.7亿元可折算为403.3亿美元。

2　吴国新：《FDI与长三角地区经济增长相关性分析及存在问题研究》，《国际商务研究》2006年第6期。

3　据NationMaster.com。

估计过低。为了了解中国经济的真实状况，国际上通常使用购买
力平价（PPP）的方法来计算中国的国内生产总值。使用PPP方法
计算2009年江南人均国内生产总值，得出的结果是为21190美元，[1]
相当于当年英国人均国内生产总值（35200美元）的60%，法国
（32800美元）的65%，而与葡萄牙（21800美元）持平，而大大高
于新近加入欧盟的匈牙利（18600美元）和波兰（17900美元），以
及前世界超级大国俄罗斯（15100美元）。[2]换言之，江南与欧洲发
达国家在经济发展水平方面的差距正在迅速缩小，呈现出了"江
南紧追西欧"的情景。在可以预见的将来一段时间内，江南的经
济成长还保持着10%上下的速度，而欧洲经济则还将长期低速成
长甚至出现停滞。因此，江南在人均国内生产总值方面赶上英法
等西欧主要国家，并非可望而不可即之事。

　　作为这个"赶超西欧"经济奇迹的一个表现，江南的经济中
心上海，也正在成为世界新的经济中心之一。上海是中国最重要
的海港，但就港口货物吞吐量而言，1980年上海在世界各海港中
仅名列第160位，但是自2006年起，已稳居世界第一的宝座。在
1979年以前，上海尚无现代意义上的金融业，但是最近二十年中，
上海金融业发展迅猛，在国际金融业中的地位也迅速提升，以至

1　依据http://factbook.lincon.com/geos/ch.html的数字，2009年用PPP和官方汇率计算的中
　国GDP的差距为1:1.826。如采用这个比例，则2009年长江三角洲人均GDP为21190
　美元。

2　欧洲国家的数字取自CIA World Factbook。这里我要强调：长江三角洲的人口，比上
　述任何一个欧洲国家的人口都多，仅只少于俄罗斯，而俄罗斯通常被认为是一个欧
　亚国家，而非只是欧洲国家。

于张五常等经济学家乐观地认为在未来几年中，上海将发展成为与纽约、伦敦鼎足而三的国际金融中心。

因此我们可以说，由于近二十年来的高速发展，到了今天，江南在经济发展水平方面正在迅速接近西方发达国家，换言之，正在实现先辈们"脱亚入欧"的梦想。

二、造就江南经济奇迹的因素

造就今日江南经济奇迹的因素，当然很多。按照一般的看法，这些因素中最重要的是1979年的经济改革、外资与先进技术和管理的大量引进等。这些因素确实极为重要，倘若缺乏其中任何之一，江南的经济奇迹都不可能发生。但是，仅只这些因素尚不足以解释江南经济奇迹的发生，因为这些因素不仅存在于江南，而且也存在于全国许多其他地区。事实上，在1992年以前，江南之外的一些地区，特别是广东和福建，从这些因素中受惠比江南更多。广东和福建不仅享有更为优惠的政策以及在吸引外资方面更为有利的地缘优势，而且上交给中央财政的税款也远低于江南，从而拥有相对较多的资源用于本地的经济发展。相对而言，江南在上述方面与中国大多数地区相比，处于颇为不利的地位。由于江南是中央政府最重要的财政来源地，中央政府对江南经济的控制也最为严格。在改革开放初期，中央决策者也不愿把这个至关重要的地区作为进行这场史无前例的伟大改革开放的实验之地。在改革开放的头十年中，江南地区的改革开放的步伐远比广东和福建慢，外资及先进技术与管理的引进规模也远比广东和福建小。因此之故，在改革开放的头十年中，江南经济发展速度甚至低于全国平均速度。[1] 与广东和福建相比，差距就更大了。特别是经济发展最快的广东，人口与江南大体相当，面积则比江南大得多，自然资源也更为丰富。[2] 由于广东享有更优惠的政策和吸引外资的地缘优势，因此经济发展速度远远快于江南。但是到了1992年以后，江南获得了与广东、福建相似的政策，于是江南的经济表现即超过了广东、福建和中国其他地区。在21世纪的头十年中，江南的国内生产总值比广东多出50%—60%。[3] 由这个事实可以清楚地看出：造就今日江南的经济奇迹的，不只是上述因素。

当然，1979年的经济改革（就江南来说，特别是1992年的进一步改革）是导致今日江南经济奇迹的直接原因或触发点。没有这些改革，就不可能有今天的经济奇迹。然而，从学理上来说，究竟什么是改革的要义？雷蒙·威廉斯，在其《关键词：文化与

---

1 在1980—1990年，长江三角洲GDP年均增长13.10%（以固定价格计），增速低于全国平均增速（14.96%）。参阅孙海鸣、赵晓雷：《长三角区域经济竞争格局、合作基础与区域共同市场建设》，收于孙海鸣、赵晓雷主编：《2005年中国区域经济发展报告——长江三角洲区域规划及统筹发展》，上海财经大学出版社，2005年，转载于http://www.pinggu.org/bbs/b55i178013.html。

2 2000年，广东省与长江三角洲的陆地面积分别为179757平方公里和100200平方公里，而户籍人口分别为7649万和7571万，实际居住人口则分别为8523万和8228万。参阅香港投资推广署（InvstHK）与广东省对外贸易经济合作厅编：《中国主要经济区主要经济指标》。

3 2002年广东和长江三角洲的GDP分别为1421.5亿美元和2309.8亿美元，2006年则分别为3256.9亿美元和4965.8亿美元。参阅香港投资推广署（InvstHK）与广东省对外贸易经济合作厅编：《中国主要经济区主要经济指标》。

社会的词汇》（*Keywords: A Vocabulary of Culture and Society*）一书中，对"改革"（reform）一词做了如下解释：

> 改革意即回复到事物的最初形式。从18世纪到20世纪70年代，改革一词通常用来温和于左派所青睐的政策，一方面反对革命的鼓吹者，另一方面则反对保守和反动的鼓吹者。自20世纪70年代到20世纪末，随着新自由主义的兴起，政策变化转了向，但是改革一词仍然继续在使用，尽管其所描绘的政策包括废除先前的改革。[1]

上述解释颇为符合江南的实际。1979年开始的经济改革，实际上是否定了以往改革中所推行的合作化、公社化、集体化、国有化、计划经济、城乡隔离、自给自足等政策，因为事实证明这些政策严重阻碍了江南经济的发展。具体而言，在1979年以前的三十年中的江南，传统的家庭农业和私营工商业被视为"落后"的生产组织形式而加以铲除，代之以"先进"的集体农业和集体与国营工商业，对外贸易也完全控制在国家手中，强调的是"自力更生，自给自足"。但是到了1979年以后，家庭农业得到恢复，对私营工商业的限制逐渐消除，对外贸易也受到鼓励，出现了一种被某些人士视为"倒退"的情况。[2]然后，这种"倒退"的结果，

1　Raymond Williams, *Keywords: A Vocabulary of Culture and Society*, Oxford University Press (Oxford), 1983, pp. 262-263.

2　有关争论，参阅马立诚：《交锋三十年——改革开放四次大争论亲历记》，江苏人民出版社，2008年。

是江南经济一改1979年以前长期发展缓慢的状况，出现了高速增长。因此从某种意义上可以说，今天江南的经济奇迹，是在新的条件下，把传统经济中有效的因素加以利用的结果。

简言之，由于拥有长期而发达的工商业发展的历史经历，江南比中国其他地区更适应于近代经济成长。1979年的经济改革给了江南一个机会，于是江南所蕴藏的潜力就得以释放，导致了江南经济奇迹的发生。这个奇迹是长期历史发展的结果，也证实了马克思的话："人们不能自由选择自己的生产力——这是他们的全部历史的基础，因为任何生产力都是一种既得的力量，以往的活动的产物。所以生产力是人们的实践能力的结果，但是这种能力本身决定于人们所处的条件，决定于先前已经获得的生产力，决定于在他们以前已经存在、不是由他们创立而是由前一代人创立的社会形式。"[1] 由于这种历史的延续性，在历史上没有，也不可能有一个地方是可以任凭人们凭主观去画"最新最美的图画"的"白纸"。

然而，这样一个看似简单的道理，在以往对造就中国特别是江南经济奇迹的深层原因的探索中，却被学界的传统看法所屏蔽。

三、西方中心论框架中的近代早期江南经济

本文中所说的"近代早期"，大致始于明嘉靖中后期，终于清道光末年，即大约自1550年至1850年的三个世纪。之所以做这

---

1 马克思：《致巴·瓦·安年柯夫（1846年12月28日）》，收于《马克思恩格斯选集》第4卷。

样的划定，主要原因是就江南而言，这三个世纪是近代经济最早
出现的时期。[1]同时，我们研究中国经济史离不开与西欧进行比较，
而在西欧这个时期（the early modern times）也是近代经济出现的
时期。因此之故，我们用"近代早期"这个名词。

从黑格尔以来，西方主流学术界把中国看成是一个没有变化
的"木乃伊式的国家"[2]。这种看法一直持续到第二次世界大战后才
出现重大变化。此时费正清（John Fairbank）提出了"冲击—回
应"理论，认为中国的社会经济在近代并未停滞，相反倒是发生
了很大变化，但主要是外力作用的结果。这种理论很快成为学界
的主流看法，并且又衍生出"传统平衡""高度平衡机制"等理
论。这些理论都认为：如果没有外力（即西方政治、军事、经济
力量）的介入，中国仍然处于一种停滞状态。越南战争后，西方
出现了"近代早期中国"论，认为中国社会经济在明清时期不仅
出现了变化，而且这种变化与西方在近代早期出现的变化颇为相
似。在我国，1949年以后确立了马克思主义的史学体系，虽然政
治观点与学术取向与西方史学有巨大差异，但是在对于过去几百
年中国经济状况的整体看法上，却与西方主流观点颇为一致，即

1　参阅李伯重：《江南的早期工业化，1550—1850》（修订版），中国人民大学出版社，
　　2010年；以及《中国的早期近代经济——1820年代华亭—娄县地区GDP研究》。
2　参阅周宁：《天朝遥远：西方的中国形象研究》下卷第四编第五章，北京大学出版社，
　　2006年；夏瑞春：《德国思想家论中国》，江苏人民出版社，1995年，第97页；马克
　　思：《中国革命和欧洲革命》，收于《马克思恩格斯选集》第1卷；阿兰·佩雷菲特：
　　《停滞的帝国——两个世界的撞击》，生活·读书·新知三联书店，2007年，扉页、
　　第3—5页。

认为在鸦片战争以前很长时间内，中国经济已陷于停滞甚至衰落，到了鸦片战争后，在西方的冲击下，中国社会经济才出现了重大的变化。[1] 在20世纪50年代，一些学者对上述看法提出质疑，提出了"中国资本主义萌芽"论，强调中国经济在明清时期有颇大发展，而且这个发展并非西方"冲击"所导致的"回应"。换言之，中国发生变化的动力在内部，按照其发展逻辑走下去，中国经济将来一定会走上与西方相似的资本主义近代化之路。[2]

"资本主义萌芽"论与西方的"近代早期中国"论彼此颇有类似之处，比起过去形形色色的"明清停滞"论，无疑是大大向前进了一步。但是，这两种理论都面临着一个无法回避的事实：中国（特别是中国经济最发达的江南地区）并未自行出现近代工业化，从而发展成为与西欧相似的近代经济。研究者们将未能如此归咎于各种内外因素，例如明清国家专制而腐败，不仅未采取措施积极促进经济的发展，而且还奉行传统的"重农抑商"政策，打压工商业的发展；中国的统治阶级对农民和手工业者剥削残酷，占有他们全部剩余劳动甚至部分必要劳动创造的价值，并将剥削所得全部用于挥霍靡费而非扩大社会再生产；明清中国的

1　这种看法，表现为"明清是没落的封建社会末期"、"万历到乾隆"是中国"从先进到落后的三百年"、"中国封建社会结构是超稳定系统"等说法。也正因为如此，鸦片战争也才被定为中国历史从"古代"转向"近代"的起点。

2　这种信念集中地表现在"资本主义萌芽"研究的指导思想中："中国封建社会内的商品经济的发展，已经孕育着资本主义的萌芽，如果没有外国资本主义的影响，中国也将缓慢地发展到资本主义社会。"（《毛泽东选集》合订本，人民出版社，1964年，第589页。）

法律制度不保障产权；儒家价值体系和教育制度抑制发明创造精神；明清（特别是清代）人口暴增，导致经济的"过密化"（或"内卷化"）；等等。所有这些，都使得明清中国不可能出现近代经济成长，即使曾经出现"资本主义萌芽"，也必定夭折或者永远处于萌芽状态。因此，尽管"资本主义萌芽"论和"近代早期中国"论反对先前的"明清停滞"论，结论依然与后者并无大异，都证实了黑格尔的看法：中国处于"世界精神"之外，不可能出现近代经济发展。在这些理论的构建方面，江南起了非常重要的作用，因为这些理论主要依据的是江南经济史研究的成果。换言之，江南经济史研究是这些理论的主要实证研究基础。

然而，对这些理论进行深入的分析，可以看到存在以下重大的问题。

首先，这些理论的基石都是西方中心论。这种西方中心论实际上是把西欧一些国家（主要是英国）的经历作为社会经济变化的"正常"模式，并把资本主义视为近代以前经济演变的最终归宿。将这种西欧中心论用作江南经济史研究的理论构架，导致了诸多问题。例如，新近的研究已经证明，在近代早期世界上经济发展水平相近的地区中，工业革命绝非普遍现象。[1] 相反，在这些

---

[1] 18世纪英国与西欧其他地区在发展道路方面出现了分道扬镳，被称为欧洲内部的"小分流"。参阅Robert Allen, *The British Industrial Revolution in Global Perspective*, Cambridge University Press (Cambridge, UK), 2009；Jan Luiten van Zanden, *The Long Road to the Industrial Revolution: The European Economy in a Global Perspective, 1000–1800*, Brill (Leiden and Boston), 2009。在这两部著作中，中国（特别是江南）也是重要讨论对象之一。

地区中，大多数地区的发展方向，更加类似荷兰和江南的经历所体现的方向。[1]事实上英国的经历绝非具有普遍性，同时也没有一种放之四海而皆准的"正常"模式。持有西欧中心史观的学者，他们更多关心的是江南经济史中"应当发生什么"，而较少真正关心江南经济史中"究竟发生了什么"。这种建立在西欧（特别是英国）经验基础之上的"资本主义"发展理论构架，对于江南经济史研究来说并无很大意义，因为在江南，近代资本主义的出现很晚，而且是外源性的。

其次，在上述理论框架中，由于研究的结论已经事先被确定，学者的研究也具有很大的局限性。这些理论的实证基础是以往对于明清中国社会经济的研究所得出的结论。其中有一些关键性的结论，如技术停滞、制度僵化、人口危机、国家和统治阶级极力阻碍经济发展等，导致了明清中国经济陷入一种恶性循环，不可能出现近代经济成长。然而，这些看法并未得到充分的证实，有些甚至只是一种"神话"[2]，而新近的研究表明其中许多是不能成立的。由于以上情况，我们可以说，上述理论构架限制了江南经济史研究，使得江南经济史研究建立在许多未经证实的假设之上。

因为理论基石和实证依据都有问题，因此这些理论的可靠性也就很值得怀疑了。

1　参阅 Charles Tilly, "Flows of Capital and Forms of Industry in Europe, 1500–1900", *Theory and Society*, Vol. 12, No. 1 (January 1983)。

2　例如关于人口变化的"马尔萨斯神话"，参阅 James Lee and Wang Feng, *Malthusian Mythology and Chinese Reality: The Population History of One Quarter of Humanity, 1700–2000*, Harvard University Press (Cambridge, MA., USA), 1999。

近年来，随着研究的深入，以往在中国经济史学界的一些"定论"正在动摇。例如，居于主流地位的"宋代高峰论"[1]，逐渐被摒弃，[2]我国经济史学界的主流看法是明清江南经济发展大大超过宋代，达到更高的水平。这些新的看法的提出，也使得我们重新审视和检讨明清江南经济的状况和特点的工作更加有必要。

四、新视野中的近代早期江南经济

上述以西方中心论为基础的各种理论，一直是国际（包括中国）学界关于明清中国（特别是江南）社会经济的主流看法。但是自20世纪70年代以来，这些理论受到全汉昇、克劳斯（Richard Kraus）、何炳棣、谢和耐（Jacque Gernet）、柯文（Paul Cohen）、罗威廉（William Rowe）、罗友枝（Evelyn Rawski）、魏丕信（Pierre Etienne Will）、艾尔曼（Benjamin Elman）、濮德培（Peter Perdue）、

1　参阅宫崎市定：《宋代における石炭と鉄》，《東方学》1957年第13辑；Mark Elvin, *The Pattern of the Chinese Past—A Social and Economic Interpretation*, Stanford University Press (Stanford), 1973；漆侠：《宋代社会生产力的发展及其在中国古代经济发展过程中的地位》，《中国经济史研究》1986年第1期；漆侠：《宋代经济史》，上海人民出版社，1987年；Angus Maddison, *Chinese Economic Performance in the Long Run* (second edition, revised and updated: 960–2030AD), Development Centre of the Organisation for Economic Co-Operation and Development (OECD) (Paris), 2007, pp. 25, 40。

2　关于对传统看法的批评，参阅李伯重：《有无"十三、十四世纪的转折"？——宋末至明初江南人口、耕地、技术与农民经营方式的变化》，收于李伯重：《多视角看历史：南宋后期至清代中期的江南经济》，生活·读书·新知三联书店，2002年；李伯重：《"选精"、"集粹"与"宋代江南农业革命"——对传统经济史研究方法的检讨》，《中国社会科学》2000年第1期；李伯重：《历史上的经济革命与经济史的研究方法》，《中国社会科学》2001年第4期等。

曾小平（Madeline Zelin）、王业键、梁其姿等学者的质疑。这些学者通过他们在不同领域里的研究，明确地指出：不能以欧洲的经验为出发点来看中国历史（特别是明清历史）。他们也推翻了以往学界对明清中国的许多看法，指出明清中国社会经济并未停滞，国家做了不少努力以促进经济发展和社会福利（例如鼓励农业、兴修水利、放宽对工商业的限制、维护国内正常的贸易秩序、消除国内贸易障碍、保障人民基本的人身和财产权利、赈灾、减免赋税等）。这些举措导致了工商业经济有很大发展，市场机制变得更加有效，人民生活水平有相当的提高，教育日益普及，社会流动加强，社会也变得更加平等，等等。

到了20世纪90年代后期，加州学派兴起，对以往的主流看法提出了进一步的质疑。属于该学派的学者们使用不同的方法，在人口史、社会史、经济史等不同的领域中，对近代早期中国史研究中的西方中心论进行了更加深入的批判，并提出了一种有异于传统看法的新视角，使得我们能够从新的角度来看世界历史，特别是看待近代早期非西方世界的历史。他们的观点在国际学界引起巨大的反响，成为目前正在兴起的挑战西方支配的"世界史"的"全球史"（Global History）史观的重要内容。由于加州学派的主要观点，集中反映在彭慕兰（Kenneth Pomeranz）的《大分流：中国、欧洲与近代世界经济的形成》（*The Great Divergence: China, Europe and the Making of the Modern World Economy*）一书中，因此"大分流"也就成了加州学派观点的代表。

加州学派指出：在近代早期，中国（主要是江南）与西欧之间，在人口行为、劳动生产率、生活水平等方面，差别并不如过去想象的那么大。用《大分流》中的话来说，在18世纪，欧亚大陆上有各种各样的核心区，如中国的长江三角洲、日本的关东平原、西北欧的英国和尼德兰、印度次大陆的古吉拉特等，它们共同拥有某些重要的特征（例如相对自由的市场、普遍的手工业、高度商业化的农业等），而这些特征是其他地区不具备的。在这些地区都出现了某种形式的近代经济成长，彼此的经济发展水平在1800年前后相对来说比较接近。但是自此之后，一个"大分流"出现了，英国以及其他西欧国家走到了前头，而其他地区则落到了后面。像长江三角洲这样的地区，虽然未能出现工业革命，但还是比世界上大部分地区为工业革命所导致的近代经济成长做了更好的准备。

对于江南经济史来说，上述观点使江南经济史研究得以摆脱以往的西方中心论的束缚，从而避免了把江南的实际削足适履地塞入西欧历史经验的模式之中，并且为江南经济史研究提供了一种更为宽广的视野。

上述观点的基础，是对中国经济史中许多重要问题的新研究成果，这些成果推翻了以往理论赖以建立的许多前提，并揭示了西方到来之前中国的真实状况。近来的研究已证实，明清中国人口增长并不比同期西北欧人口增长快，由此而言，以往的"清代人口暴增"之说根本不存在；明清中国在技术与制度方面，都出现了重要的进步，劳动生产率也有相当的提高；明清（特别是清代）中国地租和贷款利率大大低于以往所认为的水平，并未成为经济成长的严重障碍；明清（特别是清代）中国人民生活水平有相当的提高，可与当时的西欧富裕国家相比；明清（特别是清代）中国，国家在经济方面扮演的角色，并非都是负面的，在许多方面是积极的；与同时期的西欧相比，明清（特别是清代）中国的人均赋税的水平很低；明清（特别是清代）中国人口地域流动和社会流动都在加强，在一些方面比同时期的西欧更加进步；明清（特别是清代）中国国内区域市场之间的联系日益增强，导致了全国市场的出现与发展；等等。[1] 而在所有上述这些方面，江南都表现得比中国其他地区更好。

以这些更加可靠的研究为基础，学界也做出了更加可信的中西比较。一个最新的研究是我与范·赞登（Jan Luiten van Zanden）新近完成的19世纪初期江南与荷兰的经济的比较。[2] 这两个地区都属于近代早期欧亚大陆上经济最发达的地区，直到19世纪，这两个地区的劳动生产率仍然很高。荷兰虽然已经落后于英国，但是其人均GDP依然在世界上名列前茅；[3] 而江南也尽管落后于日本，但是其人均GDP也仍旧高于日本之外的任何地区。

正如德·弗理斯（de Vries）和范·德·伍德（van der Woude）在其《第一个近代经济：荷兰经济的成功、失败与坚持，1500—

1　这方面的工作，可参阅加州学派学者的著作，特别是本文所引用到的李中清（James Lee）与王丰、彭慕兰、王国斌（R. Bin Wong）等人以及我本人的著作。

2　Li Bozhong and Jan Luiten van Zanden, "Before the Great Divergence—Comparing the Yangzi Delta and the Netherlands at the Beginning of the Nineteenth Century", *The Journal of Economic History*, Vol. 72, No. 4 (December 2012).

3　Angus Maddison, *The World Economy—A Millennial Perspective*, Development Centre of OECD (Paris), 2006, p. 49.

1815》（*The First Modern Economy: Success, Failure, and Perseverance of the Dutch Economy, 1500-1815*）一书的标题所显示的那样，在1815年以前很久，荷兰的经济就已是"近代经济"了。

对于什么是"近代经济"（modern economy），学界一向有不同的理解。德·弗理斯和范·德·伍德的看法是"近代经济"不必具有20世纪工业经济的外观，而是包含了那些使得上述外观成为可能的普遍特征。这些特征中最重要者如下：

> 市场：包括商品市场和生产要素（土地、劳动和资本）市场，都相当自由和普遍；
>
> 农业生产率：足以支持一个复杂的社会结构和职业结构，从而使得意义深远的劳动分工成为可能；
>
> 国家：其决策和执行都关注产权、自由流动和契约合同，但同时对大多数人民的生活的物质条件则漠不关心；
>
> 技术与组织：一定水平的技术和组织，能够胜任持续的发展和提供丰富的物质文化以维持市场导向的消费行为。

他们接着指出：在用"近代经济"概念分析一个历史上的经济并将其与其他的近代经济进行富有成果的比较时，上述特征是很必要的。这些特征可能也存在于其他欧洲国家或者地区，但是荷兰经济由于其所具有的历史延续性和在建立经济近代性方面所处的领先地位，因此可以称为"第一个近代经济"。在17和18世纪的欧洲，荷兰不仅是欧洲的商品集散地，而且也有最高的全要素生产率。因此之故，麦迪森（Angus Maddison）称荷兰为"领先国家"，最为接近当时欧洲的技术前沿，并为决定这个技术前沿做了最多的贡献。直到18世纪末，它的这种地位才被英国取代。[1]

自1400年以来，荷兰经济成长在欧洲一直名列前茅。特别是自1579年从西班牙统治下独立出来之后，荷兰更进入了长达一个世纪的快速经济增长，创造出了经济史上的"荷兰奇迹"。史密茨（Jan-Pieter Smits）、德·荣（Herman de Jong）和范·阿克（Bart van Ark）认为17世纪的荷兰在生产率和技术上都是西方世界的领袖，[2] 麦迪森则指出自1400年至1700年间，荷兰的人均收入增长领先于欧洲各地，而自1600年至1820年，荷兰的人均收入水平一直是欧洲最高的。[3] 这个经济发展，使得荷兰经济已转型为"一种近代的、城市的、商业的经济"。然而，与19世纪工业革命之后的近代经济不同，荷兰的近代早期的经济发展仍然是建立在传统技术基础之上的，正如德·弗理斯所说："从一种国际视野来看，荷兰的经历表明：一种近代的、城市的、商业的经济，依然继续依靠前近代的农村、农业的技术，以根据其经济环境调节其人口。"[4] 这

1　Jan de Vries and Ad van der Woude, *The First Modern Economy: Success, Failure, and Perseverance of the Dutch Economy, 1500−1815*, Cambridge University Press (Cambridge. UK), pp. 693−694.

2　Jan-Pieter Smits, Herman de Jong and Bart van Ark, *Three Phases of Dutch Economic Growth and Technological Change, 1815−1997*, Research Memorandum GD-42, N. W. Posthumus Instituut/Groningen Growth and Development Centre.

3　Angus Maddison, *The World Economy—A Millennial Perspective*, Development Centre of OECD (Paris), 1995, p. 77.

4　Jan de Vries, "The Population and Economy of the Pre-industrial Netherlands", *Journal of Interdisciplinary History* (Cambridge, MA., USA), Vol. 15, No. 4 (1985).

种依靠前近代技术的近代经济，也就是我在拙著《江南的早期工业化，1550—1850年》一书中所说的那种"早期工业化"的经济。

与荷兰相似，自16世纪后期开始，江南经济日益商业化，城市化水平也明显提高。到19世纪初期，江南经济也已发展成为"一种近代的、城市的、商业的经济"[1]。德·弗理斯和范·德·伍德所归纳出来的"近代经济"的主要特征，在16世纪以来的江南也表现得很明显。由于近代早期江南与荷兰在经济发展方面有众多的相似，因此如果我们同意德·弗理斯和范·德·伍德的说法把1500—1815年的荷兰经济称为世界上"第一个近代经济"的话，那么我们也有充分的理由把同时期的江南经济同样称为世界上最早的近代经济之一。

也正是因为如此，到了19世纪中叶，西欧发达国家人士来到江南时，并未将其视为一个落后的地方。例如1845年法国政府派遣拉萼尼（Lagrené）使团来华，其中有丝织业代表耶德（Isidore Hedde）。他游历苏州之后，称之为"世界最大的都市"，并说："谚语说：'上有天堂，下有苏杭'，特别是苏州更是了不起。在那里耀眼的魅惑人的东西应有尽有。物产丰富，气候温和，举凡娱乐、文学、科学、美术的东西无一或缺。这里是高级趣味的工

---

[1] 参阅李伯重：《工业发展与城市变化：明中叶至清中叶的苏州》，2001年第3期，2002年第1、2期。商业所起的作用，则早已为众多学者的研究所证实。这种作用之大，以致"人们可以提出一个悖论性的命题：帝制晚期中国的农村是过度工业化和过度商业化了吗"（Mark Elvin, *The Pattern of the Chinese Past—A Social and Economic Interpretation*, p. 277）。Elvin（伊懋可）在此引用的史料基本上是江南的，因此他的这个问题也主要是针对江南而言。

艺和风靡全国的风尚的源泉地。这里一切东西都是可爱的、可惊叹的、优美的、高雅的、难得的美术品。这个都市是江南茶、丝之邦的首府，不仅是美术与风尚的女王，而且是最活跃的工业中心，又是最重要的商业中心、货物集散地。总之一句话，是世间的极乐土，使人深感古来诗人、史家和地理学者之言的确不假。"[1]这个评语是来自当时西欧发达国家的观察家对江南的直观感受。这种感受表明了江南经济绝非一种与西欧近代经济截然不同的落后经济。

在19世纪初期江南与西欧先进国家荷兰的经济的相似性如此明显，因此完全有理由说此时的江南经济也是一个"近代经济"。江南和荷兰都未能自行发生工业革命，但是后来荷兰逐渐追赶了上来，而江南在20世纪最后三十年也出现了快速的追赶。本文前文所说的江南在经济发展水平方面的"脱亚入欧"或者说与西欧的"大合流"，正是这种追赶的结果。先前的"大分流"，对于解释后来的"大合流"为何会发生，具有重要意义。

五、从昔日的"大分流"到今日的"大合流"

如前所述，在江南与西欧之间，在经济发展水平方面，三个世纪以前出现了"大分流"，而今天则又出现了"大合流"。要把这个"大分流"和"大合流"联系起来，关键是说明什么是近代

1　イヘデ：《万物解》。译文采用中国科学院历史研究所翻译组编译：《宫崎市定论文选集》上卷，商务印书馆，1963年，第233页。

经济成长。

关于历史上的经济成长方式的主要种类和变化，费维凯（Albert Feuerwerker）从理论上做了总结。他认为历史上的经济成长方式，主要有广泛性成长（extensive growth）、斯密成长（the Smithian Growth）和库兹涅兹成长（growth a la Kuznetz 或 the Kuznetsian Growth）三种。广泛性成长是近代以前主要的经济成长方式，斯密成长发生在工业革命以前的近代早期，而库兹涅兹成长则是工业革命的产物。就中国历史上的情况而言，广泛性成长是宋代以前的主要经济成长方式，斯密成长出现于宋代，但到明清时期才得到较为充分的发展；至于库兹涅兹成长，则是到19世纪后期才在中国少数地区开始出现。[1]

在中国的经济成长方式由广泛性成长向斯密成长转变的过程中，江南走在最前面。国内大多数明清经济史学者都认为到了明代后期江南出现了资本主义萌芽。尽管我对"资本主义萌芽"理论持保留态度，但是也同意"资本主义萌芽"学派的一个重要观点，即江南经济在明代后期（大体上是嘉靖中期到崇祯初期）出现了一系列由商业化推动的重要的变化。商业化推动的经济发展，正是斯密成长。[2] 斯密成长的动力是劳动分工和生产专业化（包括生产过程的分工与专业化，以及生产的地域分工与专业

1 Albert Feuerwerker, "Presidential Address: Questions about China's Early Modern Economic History that I Wish I Could Answer", *Journal of Asian Studies*, Vol. 51, No. 4 (1992), pp. 757–769.
2 依照"资本主义萌芽"理论，由于资本主义生产方式以分工和专业化为基础，因此以分工和专业化为动力的经济成长，就是所谓斯密成长。

化），而这种分工与专业化一直要到明代后期在江南才变得比较明显，而且成为此后江南经济发展的主要动力。换言之，只有到了此时，斯密成长才成为江南经济成长的主要方式。

斯密成长和库兹涅兹成长这两种近代经济成长方式之间的关系颇为复杂。

第一，这两种经济成长都属于近代经济成长。在上述三种经济成长方式中，广泛性成长是外延性扩大，主要通过同类型生产单位（例如农户）数量的增加实现，因此只有经济总量增加而无劳动生产率的提高；而斯密成长和库兹涅兹成长都有内涵性扩大，不仅有总量的增加，而且还有劳动生产率的提高。因此斯密成长和库兹涅兹成长都属于近代经济成长方式。[1]

第二，虽然斯密成长和库兹涅兹成长都属于近代经济成长，但是二者之间存在一道巨大的鸿沟。斯密成长依赖的是近代以前的和农村为主的机制和技术，主要由劳动分工和专业化推动。而库兹涅兹成长则建立在急剧的结构变化、制度创新和新技术的持续发展与使用的基础之上。由于这两种成长方式在上述方面存在巨大的差异，所以许多学者不承认以斯密成长为基础的经济也是近代经济。

第三，由斯密成长所导致的早期的近代经济不会自发地引起工业革命，因为工业革命只能由库兹涅兹成长导致。古典经济学家所谈的那种早期的近代经济成长与工业革命所导致的近代经济

---

1 Jan de Vries, "The Population and Economy of the Pre-industrial Netherlands", *Journal of Interdisciplinary History*, p. 682.

增长之间，并无必然的联系。[1]即使是英国，如果没有另外的条件，亚当·斯密时代的工业发展也并不会导致近代工业化。因为斯密成长和库兹涅兹成长这两种近代经济成长之间无必然联系，因此并非所有经历了斯密成长的地区都会出现库兹涅兹成长，反过来说，一个地区没有出现库兹涅兹成长，但却可能成功地经历了斯密成长。

第四，从历史上来看，库兹涅兹成长首先出现于英国，尔后传播到西欧其他地方和北美，资本主义也同时在这些地方发展起来。而在西欧（及北美）以外的一些地区，经济发展一直是斯密成长，但是并未有资本主义相伴。江南就属于这样的地区。库兹涅兹成长和资本主义相结合的分析架构，在研究江南经济史方面并无很大意义，因为在江南，库兹涅兹成长和真正的资本主义是很迟才从外部引进的。

然而，尽管斯密成长和库兹涅兹成长这两种近代经济成长之间没有必然的联系，但是它们之间仍然有某些关联，因为二者都属于近代经济成长。某些"经济近代性"（economic modernity）同样存在于这两种近代经济中。从近来的研究中，我们可以看到这些"经济近代性"表现在许多重要的方面。这里，姑列举市场、人力资源、经济结构等几个方面以言之。

1　E. A. Wrigley, "The Limits to Growth: Malthus and the Classical Economists", in Michael S. Teitelbaum and Jay M. Winter eds., *Population and Resources in Western Intellectual Traditions*, Cambridge University Press (Cambridge, UK), 1989, p. 34; E. A. Wrigley, *Continuity, Chance and Change: The Character of the Industrial Revolution in England*, Cambridge University Press (Cambridge, UK), 1987, p. 115.

第一，斯密成长将会导致一个整合的和功能完好的全国市场，而这个市场对于库兹涅兹成长也具有极为重要的意义，因为库兹涅兹成长只能在发达的市场经济条件下才能出现和发展。在中国，这个全国市场开始出现于16世纪中期，在以后的两个世纪中有很大发展，到19世纪中期，已发展为世界上规模最大、运作良好的全国市场。在这个巨大的市场中，江南处于中心地位，从而也从中受惠最大。[1]斯密成长的主要动力来自劳动分工和专业化的推动，而劳动分工和专业化又只能在良好的市场环境中才能充分发展。[2]这就部分地解释了为什么在19世纪中叶西方到来之前的三个世纪中，中国经济表现良好，[3]而江南更能在中国各地区中独领风骚。

第二，在西欧的斯密成长时期，发生了"勤勉革命"（the industrious revolution）。这个革命创造了一支勤劳苦干、容易培训和遵守纪律的劳动力大军，以及一大批企业家、专业人才以及精明的商人。这也正是库兹涅兹成长必需的人力资源。中国人本有刻苦耐劳、重视教育的传统和商业才能，这都是近代经济成长所需要的人力资源的特点。[4]而在中国各地区中，江南一向以其人力

1　Li Bozhong, "China's National Market, 1500—1840", paper presented to the 21st International Congress of the Historical Sciences, August 24—27, 2010, Amsterdam, the Netherlands.

2　参阅王国斌：《转变的中国：历史变迁与欧洲经验的局限》，江苏人民出版社，1998年，第33—55页。

3　Angus Maddison, *Chinese Economic Performance in the Long Run*, p. 44, Table 2.2a, Table 2.2b.

4　柏金斯说：中国人勤劳苦干、易于训练，而且拥有参与商业经济的经验。一旦近代经济成长到了，他们所具有的许多价值观和美德都为这个成长做好了准备。所有这些近代经济成长都出于他们在一个复杂的前近代社会中的经历。Dwight Perkins, ed., *China's Modern Economy in Historical Perspective*, Stanford University Press (Stanford), 1975, p. 7.

资源之优良而著称。到了近代早期，江南的人力资源更是在整个东亚也属于最优秀之列。[1]

第三，斯密成长会导致一个工业和服务业占重要地位的经济，而广泛性成长却只会导致一个农业占压倒优势的经济。库兹涅兹成长是以工业和服务业为主的经济，因此很难直接从一个农业经济中脱胎而出。而如我近来的研究所证实的那样，江南在19世纪中期以前就已是一个工业和服务业占主要的经济了。[2]

这些近代性因素，虽然并不能导致从斯密成长向库兹涅兹成长的转变，但是如果这种转变真的出现，它们却可以发挥很重要的作用。与欧亚大陆（包括中国自身在内）的其他许多地区相比，江南在上述方面享有明显的优势。这种优势使得江南一旦得到适当的机会，就比其他许多地区更加容易出现库兹涅兹成长。

那么，为什么江南在近代早期没有出现库兹涅兹成长呢？上面已经说得很清楚，斯密成长和库兹涅兹成长之间无必然联系。由于库兹涅兹成长建立在急剧的结构变化、制度创新和新技术的持续发展与使用的基础之上，因此所需要的条件也与主要依赖近代以前的和农村为主的机制和技术的斯密成长有很大的不同。这些库兹涅兹成长的必需条件很多，本文不能一一列举出来。这里仅只提出其中之一，即能源和金属矿物。能源和金属矿物对于库兹涅兹成长至为关键，以至于雷葛莱（Edward Anthony Wrigley）

1　李伯重：《江南的早期工业化，1550—1850》，第303—350页。

2　李伯重：《中国的早期近代经济——1820年代华亭—娄县地区GDP研究》，第270—271页。

认为"近代工业化是一个从发达的有机经济向以矿物为基础的经济的转变过程"[1]。但是在近代早期的江南，能源和金属矿物极为匮乏，仅仅这一点，就使得在近代早期的江南并不具备出现库兹涅兹成长必须具备的基本要素，因此江南出现库兹涅兹成长是不可能的。

然而，这些要素一旦获得，经历了充分的斯密型近代经济成长的江南，比未经历过同样成长的其他地区，当然更加容易出现库兹涅兹成长。这种可能性自19世纪后期以来逐渐变为现实。江南经历了几个世纪的斯密成长，这个经历留给我们的丰厚遗产，是中国其他任何地区乃至欧亚大陆大多数地区所无法相比的。这就是自19世纪以来，在近代工业化方面，江南比中国其他所有地区以及欧亚大陆大多数地区表现更为出色的主要原因之一。

在世界的经济近代化的实际过程中，这种经济近代性对于后发国家或地区具有重大意义。如果其他因素具备，一个斯密成长充分的经济转变为库兹涅兹成长相对比较容易。

斯密成长与库兹涅兹成长这两种近代经济成长方式之间的复杂关系，部分地解释了为什么自19世纪后期近代技术与制度从西方传入后，江南在经济近代化方面表现得比世界上大多数非西方地区更好。江南本身从以前长期发展中建立起来的基础，使得江南比其他地区具有一种特别的优势，从而为以近代工业化为特征

---

1 E. A. Wrigley, "The Limits to Growth: Malthus and the Classical Economists".

的近代经济发展做了更好的准备，从而也获得更大的成功。[1]这也解释了江南与西欧经济在19世纪初期以后的"大分流"以及近来的"大合流"。从此而言，我们可以确信"大分流"史观对于江南经济史研究确实非常重要，同时江南经济史研究对于"大分流"史观也至为关键。

在中国所有地区中，江南为近代经济成长所做的准备最为充分。这种柏金斯所说的"经验与复杂的组织和制度的预先积累"（prior-accumulation of experience with complex organizations or institutions），在19世纪中期西方到来之前已经进行了很久，形成了坚实的传统，以后长期的战争、内战、国内动乱乃至1949年以后一系列激进的"左"政策，虽然严重地破坏了这个传统，但是也未能摧毁之。而在江南，这个传统最为深厚，成为1979年以后（特别是1992年以后）经济起飞的主要基础之一。

六、结论：从新的视野出发
研究近代早期的江南经济

本文所得出的结论是，为了正确认识今天的江南经济奇迹，

---

1 在1933年，长江下游的江浙两省，人口占全国人口的12%，农业产量则占全国的15%，手工业占35%，近代工业占57%，财政收入占65%，而近代设施和服务占45%，综合而言，其国内生产净值（NDP）占全国的20%，人均NDP则为全国平均数的1.64倍（参阅 Debin Ma, "Modern Economic Growth in the Lower Yangzi in 1911–1937: A Quantitative, Historical and Institutional Analysis", http://www.fasid.or.jp/chosa/kenkyu/senryaku/kaihatsu/seika-discussion.html）。

就必须真正认识江南经济在长期的历史经历中所创造的历史基础；而要真正认识江南经济的过去，关键是正确认识江南在西方到来之间的经济状况；而要正确认识江南在西方到来之间的经济状况，又必须抛弃西方中心论，从新的视野出发研究近代早期江南经济。这对于改进我们关于西方到来之前中国"传统"经济的看法具有重要意义。

自鸦片战争以来，先进的中国人逐渐认识到要救国，就必须向西方学习，仿效西方，进行变法、维新乃至革命，"脱亚入欧"，建立一个西方式的近代国家，发展西方式的近代经济，把中国改造成为一个西方式的近代社会。马克思主义从俄国传入后，中国共产党人"以俄为师"，努力学苏联，力图把中国建成苏联式的近代社会。[1] 在这个学西方和学苏联的过程中，中国人也逐渐接受了当时盛行的西方中心论，把中国自己的过去看成一片黑暗。由于这种以西方中心论为基础的"现代人对过去的傲慢与偏见"盛行，"传统"一向被当作陈旧、过时和落伍的代名词。这种对传统的蔑视和敌视，到了"文革"时达到顶峰，被冠以"四旧"之名而尽力铲除。但是历史是割不断的，正如马克思所言："人们自己创造自己的历史，但是他们并不是随心所欲地创造，并不是在他们自己选定的条件下创造，而是在直接碰到的、既定的、从过去承继下来的条件下创造。"[2] 全盘否定中国历史所创

1　毛泽东在《论人民民主专政》中对这段历史做了总结，参阅《毛泽东选集》合订本，第1474页。

2　马克思：《路易·波拿巴的雾月十八日》，收于《马克思恩格斯选集》第4卷，第585页。

造出来的传统的结果，只能是形形色色的西方中心论和民族虚无主义的盛行。就江南经济史研究而言，这些错误的看法导致了前述近代早期江南经济停滞落后、与近代经济发展无缘的结论。

近年来国际经济史研究中的一个热点，是如何用新的眼光来看工业化以前（pre-industrial）的经济。随着对西方中心论批判的深入，我们过去对近代早期中国社会经济的许多看法也应当改变。当然，要做改变，就需要克服巴勒克拉夫（Geoffrey Barraclough）所指出的史学家的"根深蒂固的心理障碍"，不能"只满足于依靠继承下来的资本，继续使用陈旧的机器。这些机器尽管低于现代最先进的标准，却仍然能够使企业在尽可能少地追加资本的前提下，提供一定数量的拥有现成市场的老牌传统产品"。[1] 我们需要为社会提供关于中国过去经济表现的尽可能正确的知识，这也是中国经济史学者们义不容辞的任务。

（原载《清华大学学报》2011年第2期，收入本书时有删节）

---

[1] 杰弗里·巴勒克拉夫：《当代史学主要趋势》，上海译文出版社，1987年，第327、330—332页。

中国经济史学中的"资本主义萌芽情结"

在影响我们对历史看法的各种主观因素中，情结是主要者之一。所谓情结，乃是一种主观的愿望。从某种主观愿望去构想历史，就不可避免地会导致对历史的误解与歪曲。"资本主义萌芽"是中国经济史学中最重要的研究课题之一，而在关于资本主义萌芽的研究中，情结影响史学的情况也最为明显。因此我们对此进行分析，也最能清楚地看到问题之所在。

一、资本主义萌芽：
中国经济史学的永恒主题和中国史家的执着信念

资本主义萌芽问题，是我国史学工作者着力最多、争议最久的重要问题之一。早在中国经济史学创立之初，这个问题就已被提出。尔后对此问题展开的讨论和论争，至今已延续了大半个世纪,尽管近来讨论热度有所下降,但仍未有接近尾声的迹象,毫无疑问将伴随着我们进入下一世纪。有关这个问题的研究,不仅历时长久,而且波及面广。仅就过去几十年中的情况而言,不仅专门的研究论著汗牛充栋,而且但凡涉及中国近数百年历史的文章著作,也无不提到"萌芽"。关心这个问题的人士,更远远超出专业史学工作者的范围,以至于虽三尺童子,亦无人不知中国历史上有资本主义萌芽。此外,关于资本主义萌芽的讨论,还引发了20世纪80年代后期的关于"中国封建社会长期延续问题"的大争论,并且对90年代中国现代化问题的大讨论也具有重大影响。对一个问题的争论延续如此之长,论著如此之丰,参加者如此之多,影响面如此之广,在史学研究中实不多见。

然而,令人感到不解的是,随着讨论的进展,大家对这个问题的认识似乎不是越来越一致,反而是越来越有分歧。例如,在资本主义萌芽产生时间的判定方面,在50年代的第一次讨论高潮中,大致还只有"宋元说"和"明清说"两种,而到80年代的第二次讨论高潮中,却出现了"战国说""西汉说""唐代说""宋代说""元代说""明代说""清代说"等多种说法"百花齐放"的局面。而在资本主义萌芽的具体表现方面,早先多指手工工场,而在后来的一些论著中,"泛萌芽化"的现象却越来越甚,以至于形成"十步之内,必有萌芽"的盛况。尽管像吴承明等严谨的学者一再告诫资本主义萌芽不是指一事一物、一店一厂,但在许多论著中,但凡雇工或市场,都被冠以"萌芽"之名,以至于田舍翁多收了十斛麦拿去出卖,小作坊主雇了几个帮工在家织布，都被指为"萌芽"存在之证。马克思曾嘲笑"像摩姆孙那样的人"，在每一个货币经济里都可以发现已有资本主义，然而在我们的资本主义萌芽研究中，"像摩姆孙那样的人"却远非一二。既然百家争鸣到了如此的程度，要达到一种定于一尊的共识，看来不是短期之内可以做到的。

争论越久、分歧越大，遂使人们对于资本主义萌芽的认识也越来越混乱。一个对中国历史有兴趣的"行外"读者读了各家的论著之后，不免如堕九里雾中：既然从战国到鸦片战争的两千多年中，时时处处可见这个萌芽，而这个萌芽又一直长不成树，那么中国的水土是不是太过特殊？如果真的是水土不宜，那么我们又有什么根据来乐观地断定这个萌芽以后将一定会变成参天之木？因此对"萌芽"的讨论，必然转向对"水土"（即中国"封建社会"后期的社会经济条件）的讨论；而对"水土"的讨论，又势必再转向对外力（西方资本主义）作用的讨论。然而，研究资本主义萌芽的出发点是证明中国能够自己产生资本主义。[1]因此上述一系列讨论的最后结果却与初衷相违，因为它最后不得不承认外力在决定中国资本主义的命运上起了决定作用。正是因为讨论越深入，认识越糊涂，因此讨论也越有必要继续下去。因此之故，经君健先生风趣地说：资本主义萌芽之于中国经济史学，即如生与死、爱与恨之于文学，殆已成为永恒的主题。

1　典型的表述即毛泽东的"如果没有外国资本主义的影响，中国也将缓慢地发展到资本主义社会"之语。

　　绝大多数参加中国资本主义萌芽问题讨论的学者，都对"中国历史上确实有过资本主义萌芽"坚信不疑。海外有人认为国内关于中国资本主义萌芽的研究，源于毛泽东1939年所写的一段话："中国封建社会内的商品经济的发展，已经孕育着资本主义的萌芽，如果没有外国资本主义的影响，中国也将缓慢地发展到资本主义社会。"[1]因此它是一种"奉命史学"或"御用史学"。但是这种看法是不公正的，因为这段话所表述的观点并非毛泽东的个人见解，而是20年代和30年代大多数中国学者的共同看法。不仅马克思主义史学家（如邓拓、翦伯赞、吕振羽、李达、华岗等）提倡这种观点，而且大多数非马克思主义的爱国学者也默认这种观点，因为这个时代的大多数学者都深信：近代以前的中国已具有资本主义发展的因素，只要通过革命或改良，就必然会像欧美国家那样发展成为近代化的强国。因此毛泽东并未"发明"出这种观点，而是采纳了当时大多数马克思主义学者以及其他爱国学者的共同看法。也正是因为如此，到了1949年以后，随着马克思主义史学指导地位的确立和外国长期侵略的结束，上述观点也很快成了史坛共识。到了90年代，对资本主义萌芽问题的讨论热度有所下降，但是对"中国历史上确实有过资本主义萌芽"这一观点的确信，在大多数中国学者的心中，仍然一如既往。因此在近年来关于中国经济近代化等问题的讨论中，我们仍然能够看到这种

1　《毛泽东选集》合订本，第589页。

信念常常以不同的形式表现出来。[1] 因此，相信中国历史上确实有过资本主义萌芽，已成为几代中国学者坚定不移的信念。

二、为什么说对于资本主义萌芽的信念只是一种情结？

"情结"（complex）一词，本是一心理学术语，指的是一种深藏于无意识状态之中、以本能冲动为核心的愿望。但现在这个词汇的使用已超出心理学之外，可以用来泛指各种我们没有自觉意识到的内心强烈愿望。从这个意义上来说，我们对于某一事物的执着信念，也可以说只是一种情结，因为它可能只是一种我们没有自觉意识到的内心强烈愿望，而不一定是事实。例如，我们坚信中国历史上确实有过资本主义萌芽，可能只是我们强烈地希望如此，而不一定真是如此。在此意义上而言，我们对萌芽的信念，也就只是一种情结。

我们这样说，并不是因为我们认为中国历史上确实没有过资本主义萌芽，而是因为直到今天，我们甚至连"资本主义萌芽到底是什么"都还未完全弄清。没有首先弄清这一关键概念，自然也就无法正确地判断中国历史上究竟有无资本主义萌芽。在此情况下，"中国历史上确实有过资本主义萌芽"这一命题，也只能说是一种尚待证实的假设。以假设作为基础的信念，当然也就只

---

1 例如"如果"没有西人东来，中国也能出现自己的工业革命；"如果"中国自身的历史进程没有被打断，中国也会发展出自己的经济近代化，等等。

能是一种主观愿望，或一种情结。

可能有人会批评我们的这种说法是无知：经过几代学者的努力探索，"中国历史上确实有过资本主义萌芽"早已成为全民共识，怎么可能到了现在连"资本主义萌芽是什么"这一基本概念都还未弄清呢？！然而事实确是如此。

无论对资本主义萌芽的解释有多大的分歧，它毕竟指的是最早状态的资本主义。不清楚资本主义是什么，当然也就无从谈论资本主义萌芽是什么。然而，资本主义到底是怎么一回事，直到今日，在国际学坛上仍然是一个聚讼甚多、争论不休的问题。

尽管资本主义自产生之日到今天，在西方已存在了好几个世纪，但是到今天为止，西方学术界还没有人能够说清什么是资本主义。根据费尔南·布罗代尔（Fernand Braudel）的考证，"资本主义"（capitalism）一词，尽管是当代世界政治语汇中最重要和最常用的术语之一，但其含义却一向不很明确。此词最早出现于1753年版的法国《百科全书》，尔后又于1842年、1850年和1861年分别出现于J. B. 理查德（J. B. Richard）、路易·布兰克（Lewis Blanc）和普鲁东（Proudhon）等人的著作中，但各人给它下的定义都各不相同。最令人惊诧的是，马克思本人从未使用过这个词。一直到了20世纪初，这个词才忽然流行了起来，但是主要是作为一个政治术语来使用，所以保守的西方经济学家一直反对采用它。此后，这个词的运用越来越广泛，但是对它所下的定义仍然颇有分歧，莫能一是。在西方，比较具有代表性的定义，是1958年版《大英百科全书》所下的定义："（资本主义）是一种产品生产属于个人或私有企业的经济制度。"但是即使是这个颇为含糊的定义，也未被学者们普遍接受。1979年布罗代尔讨论这个问题时，仍认为到那时为止，还没有一个令人满意的定义。[1]尔后在80年代和90年代，在西方史坛上，关于"什么是资本主义"的论争仍然在继续，但是直到如今也还没有出现一个大家都能接受的定义。因此，在资本主义的西方，迄今为止，到底什么是资本主义，这仍然还是一个谁也说不清的概念。

我国学术界关于"资本主义"的概念来自西方，因此西方学术界在此问题上的含混不清，也同样出现在中国。后来从苏联引入了新的概念，但是从今天的眼光来看，苏联以及1979年以前的我国对于资本主义的认识，在许多重要的方面是很成问题，甚至是有严重错误的。例如，过去把资本主义和高度发达的商品经济（或市场经济）视为一对孪生兄弟，可是近年来的理论讨论已证明高度发达的商品经济并非为资本主义所得而专，社会主义也是建立在高度发达的商品经济之上的。我国今日改革开放后的实践还证实了：即使是雇佣劳动，同样可以存在于社会主义社会中，并为社会主义经济的发展起到一种积极的辅助作用，所以它也并不一定在任何条件下都是资本主义特有的劳动方式。换言之，一直到了晚近，随着我们对资本主义的认识有了进一步的发展，我们也才能把那些本不是资本主义的东西和资本主义分开来。总

---

1 Fernand Braudel, *The Wheels of Commerce—Civilization & Capitalism, 15th–18th Century*, Vol. 2, pp. 237–238.《读书》杂志刊登此文时，将所有脚注删去，遂使一些读者产生误会，以为上引语出诸我口，持不同意见的读者并就此发生一些争论。

而言之，中国改革开放以来的实践和理论都已表明：即使到了今天，到底什么是资本主义，也还是一个需要我们去深入研究的大课题，我们还不能说我们对这个问题已经完全弄清了。

由于没有完全弄清"什么是资本主义"的问题，那么对于"什么是资本主义萌芽"的问题当然也不可能有完满的答案。在过去很长一段时间内我国极"左"思潮的流行，更把我们对资本主义认识的错误推到极端，从而大大加剧了我们对"资本主义萌芽"理解的缺失。在那个连农村老太太到集市上卖几个鸡蛋都被认为是"资本主义尾巴"的时代，商品经济、雇佣劳动、私营企业更必定是资本主义无疑。由此出发去追溯根源，历史上的商品经济、雇佣劳动、私营手工作坊当然肯定也是"资本主义萌芽"了。因此，尽管大多数学者坚信中国历史上确实有过资本主义萌芽，但各人心目中的"资本主义萌芽"，其实际含义相差很大。虽然治学严谨的学者（如吴承明等）认为资本主义萌芽是资本主义生产关系的萌芽或资本主义生产方式的萌芽，但也有学者笼统地认为是资本主义制度、资本主义社会的萌芽。此外，在更多的论著中，资本主义萌芽实际上成了商品经济或雇佣劳动或工场手工业的代称。由于各人所说的并不是同一事物，无怪乎各家观点千差万别，彼此冲突，你说你的，我说我的。没有共同的出发点，讨论当然也难以达成共识。不过，如果根据我们今天所获得的认识，认为资本主义与商品经济、雇佣劳动、近代工业化等不是同义语，那么资本主义萌芽与商品经济、雇佣劳动、早期工业化（或工场手工业）也不应画等号。由此出发，以往许多学者对于资本主义萌芽的研究，研究的实际上是历史上的商品经济、雇佣劳动、早期工业化或者其他经济变化，而不是资本主义萌芽。但是，若是离开了商品经济、雇佣劳动、早期工业化，中国历史上的"资本主义萌芽"到底还存不存在？如果存在，它到底是怎么一回事？似乎没有人能说得清。可见，究竟什么是资本主义萌芽，我们直到现在也还没有完全弄清。

因此，在对"什么是资本主义萌芽"这一关键概念还没有完全弄清的时候，坚信"中国历史上确实有过资本主义萌芽"，只能是一种愿望，或一种情结。

三、"资本主义萌芽情结"：
感情基础和认识基础的剖析

情结是一种主观的产物。决定情结的因素，既有感情方面的，又有认识方面的。仔细分析中国经济史学中的"资本主义萌芽情结"，可以看到它建立在一种特殊的感情基础和认识基础之上。然而，近几十年来的变化，都向许多在过去被视为正确无误的东西提出了挑战。"资本主义萌芽情结"赖以建立的感情基础和认识基础，也因而发生了动摇。

首先，从感情基础来说，这种"资本主义萌芽情结"可以说是一种特定时期中国人民民族心态的表现。一个中国的史学家，首先是一个活生生的中国人，他绝不可能完全超脱于他所处时代的民族心态之外。而自20世纪初以来，与西方争平等正是中国人民的强烈愿望。这种愿望表现在史学研究中，就是"别人有，我们也有"的"争一口气"心态：中国人不比西方人低劣，西方能够自发产生资本主义，难道中国就不能吗？

然而，尽管中国人确实绝对不比西方人低劣（而且我们今天所取得的成就也有力地证明了：西方能做到的，我们也能做到），但是我们也要指出这种"争气"心态是有问题的。这种心态事实上默认了过去西方帝国主义者所宣扬的以种族主义为基础的僵化发展观，即一个民族的社会经济发展水平与这个民族的优劣彼此相关，以及"优等民族"和"劣等民族"在社会经济发展水平上的差异不可改变。如果我们不接受这种荒谬的观点，如果我们承认各个民族在某一历史时期中社会经济发展的差别并不意味着它们本身有优劣之分，那么我们也就应当承认：中国在过去几百年中比西方落后，并不能说明中国人劣于西方人，正如中国在历史上曾长期领先于其他民族，但也并不应因此而认为中国人优于其他民族。而且，各民族在社会经济发展水平方面的差异也不是一成不变的。从长期的历史发展的角度来看，并没有一个民族能够永远保持领先地位。不同的民族在社会经济发展方面"各领风骚数百年"，本是世界历史上的正常状况。以欧洲为中心的西方在近几百年中出尽风头，但"三十年河东，三十年河西"，现在人们已在讨论21世纪将是中国的世纪或亚太地区的世纪。对于中国在世界历史上的地位变化，我们也应持同样的观点。我们中国在很长的一个时期中比欧洲发达，是无可辩驳的事实，但是我们并不能从中得出结论，认为中国必然在任何时候都会如此；同样地，中国在过去一段时期中落后于西方，这也是事实，但这也不能说明中国以后必然落后。因此，一个民族是否产生过资本主义（从而在社会经济发展方面一时领先），并不具有该民族是优还是劣的价值判断意义，也不能决定它将永远先进或落后。我们的民族自尊心，不应影响到我们对于自己过去历史的判断。相反，如果一味地比附别人，难免会导致对自己历史的不尊重。历史虚无主义，从根本上来说，也是缺乏民族自信心的一种表现。如果我们这样看问题，那么我们可以说：由"别人有，我们也有"的"争气"心态引起的"资本主义萌芽情结"，是颇有问题的。

其次，从认识基础来说，"资本主义萌芽情结"是一种"单元—直线进化"史观的产物。按照这种史观，世界各民族都必然遵循一条共同的道路。资本主义是这条道路上不可回避的一个阶段，所以中国也必然要经历它。既然要经历它，当然就要有萌芽，否则就只能承认中国的资本主义完全是舶来品了。

近代中国的历史已证明了资本主义并非中国历史的必经阶段。在鸦片战争以后的一个世纪里，中国人学西方，追西方，竭力想把中国引上西方式的近代发展道路，但资本主义却一直未能在中国土地上蔚成气候；而自1949年以后，中国更进入了社会主义社会。中国从来没有经历资本主义的历史阶段这一历史事实，雄辩地证明了资本主义并非中国历史发展的必经阶段。如果我们尊重事实，不把资本主义视为中国历史发展的一个必经阶段，我们自然也就不必到历史中去苦苦地寻找中国资本主义的起源了。然而，为什么我们还要这么做呢？这就需要我们从更深的层面去寻找原因。

我们之所以这么做，主要原因是我们思想方法上的教条主义，使我们盲从于以欧洲经验为基础的历史发展模式。作为一个整体，人类社会的发展确实具有共同的规律，而史学最重要的任务，就是探索这种规律。近代史学起源于欧洲，由于历史条件的局限，过去欧洲史学家把欧洲经验作为人类社会发展的共同道路是不足为奇的。以黑格尔为代表的德国历史学派，在近代欧洲历史哲学的建立和发展方面起了重要的作用。黑格尔否定了过去那种认为历史变化无规律可言的旧史观，提出了历史发展是有规律的。他认为，人类历史的发展（即体现"世界精神"发展的"世界历史民族"发展），从低级到高级，经历了"东方王国""希腊王国""罗马王国"和"日耳曼王国"四个阶段，就是这种史观的集中表现。而作为最高阶段的所谓"日耳曼王国"阶段，正是资本主义阶段，所以人类社会必然走向资本主义，是不言而喻的，尽管领导人类进入这一阶段的使命只能由日耳曼民族来承担。马克思继承了黑格尔哲学中的合理部分，扬弃了黑格尔史观中西方（特别是日耳曼）至上论的糟粕，提出了人类社会的发展阶段论，从而为科学的唯物史观奠定了坚实的理论基础。限于历史条件，马克思关于人类社会发展阶段的理论，仍然是主要依据欧洲经验，但是他并未把这种以欧洲经验为基础的共同规律视为僵死的教条，认为无论哪个民族都必定走一条完全相同的历史发展道路。[1]然而到了斯大林，却将这种共同规律绝对化了，认定所

1　例如，马克思不认为包括中国在内的"东方国家"，会像欧美国家那样发展。

有的国家和民族都必定走一条从欧洲经验总结出来的发展道路，忽视甚至否认不同国家和民族的历史发展会具有各自的特点。把从欧洲经验得出的社会发展规律绝对化，从根本上来说，也是欧洲中心主义的一种形式。中国经济史学是从西方和苏联引进的，因此这些欧洲中心主义的观点也随之传入。而我们思想方法上的教条主义，却使得我们相信这种观点是无可置疑的真理。中国既是世界的一部分，自然也必定要按顺序经历这些阶段，所以资本主义也就成为中国历史的必经阶段。

很明显，坚信"西方有，我们也有"的民族心态和坚信"资本主义是中国历史发展的必经阶段"的信念，二者是有共同基础的，即认为中国应该而且必定能够按照欧洲近代发展的模式去发展。然而，中国近代历史的发展并未如此。因此这些心态和信念，只能是一种情结，而不是事实。至于"如果没有外国资本主义的影响，中国也将缓慢地发展到资本主义社会""如果没有洋人到来，中国也会出现自己的工业革命"一类的推论，则更明显地只是一种情结，因为它们都是完全无法证实的假设，而绝对不是事实。

四、摆脱史家旧情结，开创史学新局面

"资本主义萌芽情结"对中国经济史学的消极影响，一言以蔽之，就是妨碍了我们对中国历史的真实进行实事求是的了解。历史是过去确实出现过的事实。不论我们主观意志如何，事实就

是事实。因此历史不能假设，这是唯物史观的基本出发点。作为一门科学，史学所研究的对象，只能是过去确实发生过的事，而不能是按照某种逻辑或理念"应当"发生的事。史学可以探讨历史上可能出现的情况，但是不能根据某种假定对历史上没有发生的情况进行预测。所以，我们可以讨论中国是否出现过资本主义萌芽，但是却不能根据某种逻辑推定中国必然有过这个萌芽，更不能进而以此为基础去做"如果没有……，中国也将……"式的推论。在对中国自身发展规律和特点的探索中，别的国家发生过什么，只能是参照，而不能比附。而"资本主义萌芽情结"，实际上正是要按照欧洲的经验，来重新构建中国的历史。因此只有摆脱了这种情结，我们才能够不带偏见地、实事求是地来分析中国过去所发生的事，然后探索中国历史自身发展规律和特点。不仅如此，就是资本主义萌芽的问题本身，也只有在摆脱了"资本主义萌芽情结"这种预设结论的先验观之后才能真正弄清，因为任何正确的结论，都只能得之于研究之后，而不是之前。我们并不否认"中国历史上是否有资本主义萌芽"确实是一个值得深入探讨的重大问题。然而它之所以值得深入探讨，又正是因为我们现在还无法对此做出肯定或否定的结论。否则，如果已经有了结论，还有什么可值得探讨的呢？

现在不仅是应当摆脱"资本主义萌芽情结"的时候，而且也正是到了现在，我们才有条件这样去做。这种情结是特定历史条件下的产物（甚至是必然产物），要真正摆脱这种情结，也只有在这个特定历史条件也成为历史之后。

众所周知，自鸦片战争以后，中国受尽了西方列强的欺凌。国事多艰，人民多难，原因就是中国落后。我们的人民不甘沦落，努力自强，学西方，赶西方，力求自立世界发达国家之列。为此，我们的先辈总是极力强调：我们绝不是被列强蔑视的"劣等民族"；西方有的，我们也有；西方做得到的，我们也做得到。这种与西方争平等的心态，成为长期以来的民族情绪，也成了中国经济史学中"资本主义萌芽情结"的感情基础。然而，时至今日，整个世界已发生翻天覆地的巨变，中国已不再是任人宰割的"东亚病夫"。随着近二十年来我国经济的高速发展，我国在经济上重振昔日雄风，在21世纪的上半叶重新成为世界第一经济大国，已经不复是梦想。我们的民族自信心正在恢复，过去那种事事以"先进的西方"为榜样的心态正在消逝。因此，现在我们可以坦然地面对我们的过去了。在这种情况下，"别人有，我们也有"的情结还有什么意义呢？在这方面，日本的情况或许可以给我们一个启发。自明治维新以来，日本的民族心态是"脱亚入欧"，极力认同西方，从而将明治以前几百年的历史也视为漆黑一团。而到近几十年来，随着经济的发展和民族自信心的增强，学者们也逐渐摆脱了旧有的情结，从而对这一段时期的历史，有了新的认识，并得出大不相同的结论。

欧洲中心主义的错误，是它建立在一种"单元—直线进化"的史观的基础之上，而世界历史的发展却并不是单元的，也不是直线的。世界历史之所以多姿多彩，因为它本来就是多元的。如果把世界各民族的发展都视为单元—直线性的，那么各个具体民族的历史还有什么独立研究的价值呢？诺贝尔经济学奖得主希克斯（John Hicks）指出：人类社会发展是有规律的，但我们对于历史发展规律的理论探讨，寻找的是一种"普遍的"（normal）方式，这种方式并不一定符合所有的事实，所以我们应当承认各种例外，承认各种可能性。[1] 巴勒克拉夫呼吁西方史家："跳出欧洲去，跳出西方去，将视线投射到所有的地区与所有的时代。"并且强调："史学家的观点愈富有世界性，愈能摆脱民族或地区的偏见，就愈接近获得有效于当代的历史观念。"而这种新的历史观念认为："世界上每个地区的各个民族和各个文明都处在平等的地位上，都有权力要求对自己进行同等的思考和考察，不允许将任何民族或任何文明的经历只当作边缘的无意义的东西加以排斥。"[2]

我们过去一直坚信"单元—直线进化"的史观，乃是由于我们思想方法上的教条主义在作祟，使我们不能正确地对待现代史学中的各种学说和理论。正如吴承明指出的那样，史学是研究过去发生的、我们还未认识或认识还不清楚的事情（如果已经认识清楚了，就不必去研究了）；因而它只能以历史资料为依据，其他都属方法论。恩格斯说："马克思的整个世界观不是教义，而是方法。"而任何方法，都有一定的具体适用范围，超越了这个范围，真理也要变成谬误。马克思的五种社会经济形态是历史哲学的命题，而不是史学的命题，而"历史哲学理论的最大长处就

1　John Hicks, *A Theory of Economic History*, Oxford University Press (Oxford), 1973, pp. 6–7.
2　巴勒克拉夫：《当代史学主要趋势》，第158页。

在于它是超历史的"。然而在很长的时期里，我们却将方法当成了教义，将超历史的历史哲学理论当成了历史。这种做法本身就是违背马克思的思想的。[1]直到20世纪70年代末以来，通过一系列重大理论论争，破除了教条主义的束缚，实事求是的学风方得以确立。因此，一直要到此时，我们也才可能实事求是地研究中国的过去。过去发生过什么，没有发生过什么，一切都应以事实为依据。

下面，我们还要讨论两个问题：（1）史学中的情结能够摆脱吗？（2）怎样才能摆脱情结？

本文中所说的情结，是人们心中没有自我意识到的强烈愿望，而愿望则是人们所处的客观环境作用于主观的产物。正如一个人不可能用双手拉着头发使自己脱离地面一样，也没有人能够超越客观条件，先知先觉。从这个意义上来说，情结是不可能摆脱的。然而，从另一方面来说，由于决定某一情结的感情因素和认识因素都是可以改变的，因此一种特定的情结又是可以摆脱的。当然，实际情况往往是：人们在摆脱旧的情结之时，又陷入了新的情结，因此说摆脱旧情结，实际上只不过是以新情结替代旧情结（如以"现代化情结"替代"资本主义萌芽情结"）。但是即使如此，我们也必须承认：无论如何，旧情结终归是被摆脱了；尽管取代旧情结的只是新情结而不是"无情结"或超越了

---

1 以上论述参阅吴承明：《经济学理论与经济史研究》，收于吴承明：《经济史：历史观与方法论》，上海财经大学出版社，2006年。下引马克思、恩格斯语，也系吴氏文中所引，原出处为《马克思恩格斯全集》，第39卷，第406页；第19卷，第131页。

人世拘绊的"泛宇宙情结"（后二者都是从来没有，也不可能有的），但是在不断的新旧取代中，我们对过去的认识也逐渐地接近于真实。例如，在经过一个世纪的不断变化之后，我们今日所认识的孔子，既不再是金光环绕的"大成至圣先师"，也不复是"孔家店的黑掌柜"或"奴隶主复辟势力的总代表"，而是一位两千年前的伟大思想家和教育家。尽管这个认识可能还会随着时间的推移而改变，但是我们相信，比起以前的认识来，它无疑更接近于真实，因为在其生前，孔子就只是当时"百家争鸣"的中国思想界中一个学派的领袖和一位门下有三千弟子的优秀教师。而我们之所以能够得出今日的认识，很大程度上乃是因为现在我们摆脱了我们先辈所特有的崇古心态、崇洋心态以及民族虚无主义心态，亦即"中国传统至上"的"传统情结"、"近代西方至上"的"近代情结"以及"铲除传统"的"革命情结"。

　　随着时代的变化，一种特定的情结是必须摆脱而且也可以摆脱的。然而，如果我们不采取积极的态度，我们仍然难以自拔于旧有情结之中。而积极的态度，就是顺应时代，自觉地改造我们对历史看法的感情基础和认识基础。例如，从感情基础来看，我们对中国历史（特别是近几百年历史）的看法深受"与西方争平等"的心态的影响，而这种心态的实质是默认西方民族优于其他民族。因此，我们必须从根本上消除我们先辈所怀有的那种以"别人有，我们也有"的形式表现出来的民族自卑感，坦然地面对我们自己的过去。从认识基础而言，我们则应摈弃教条主义的思维方式，一切从中国历史的实际出发，而不盲从于任何一种成说。一切历史理论，都是从历史的和当时的社会实践中抽象出来的，但不能从这种抽象中还原出历史的和当时的实践来。对待这些理论，我们要牢记马克思的话："这些抽象本身离开了现实的历史就没有任何价值。它们只能对整理历史资料提供某些方便。"[1]任何伟大的历史学说，在历史的长河中也都会变成史学研究的一种方法。因此在运用任何一种学说来研究历史的时候，我们都要牢记：它们主要是启发性的，而不是实证性的。在史学研究中"根据某种学说或理论，应当如何如何"的做法，是最笨的方法，也是违背马克思的唯物辩证法的。正确的做法应当是：积极吸取以往学说和理论的精华，以启发我们的思路，帮助我们进行分析，但是研究的出发点，仍然只能是历史资料，而非任何从中国历史以外得出的抽象模式。

当然，要摆脱一种情结，还需要具有一种学术的勇气。恩师傅衣凌先生毕生研究中国的封建社会经济，提出了"中国封建社会既早熟而又不成熟"等著名观点，但是到了人生的最后时刻，他对一生的研究进行深刻的反思之后，却提出了完全不同的新见解。吴承明先生是我国资本主义萌芽研究成果的集大成者，他的研究代表了这项研究的最高水平，但是他晚近也提出了与过去截然相反的观点。这些，都表现了一种学术上的大智大勇，深受我们敬仰，也值得我们效法。如果我们能够这样去努力，那么以往中国经济史学中的"资本主义萌芽情结"和许多与此相类的其他

---

1 《马克思恩格斯全集》，第1卷，第31页。

情结（如"封建主义情结""近代化情结"等），是可以逐渐摆脱的。

最后，我们还要通过对以往中国资本主义萌芽问题研究在中国经济史学发展中所起的重要作用的分析，来谈一谈我们对以往中国经济史学研究成果的评价。

有人或许要问：你们说摆脱"资本主义萌芽情结"，是不是要否定过去几十年我国学者关于资本主义萌芽问题的研究呢？我们的回答是：绝无此意。我们已明确声明：我们所否定的，是研究中的"资本主义萌芽情结"，而不是资本主义萌芽研究本身。恰恰相反，我们对以往的资本主义萌芽研究持有很高的评价。

在过去几十年中，我国史学工作者在资本主义萌芽问题的研究中，付出了巨大努力，并且取得了丰硕成果。不论存在什么样的局限，这个研究对于中国经济史学的发展所起到的重大作用，是无可比拟的。第一，这个研究所体现出来的，是一种比较的史观，即把中国历史纳入世界历史的范围之中，从世界历史的角度来研究中国。中国历史是世界历史的一个部分，只有从世界史的角度来研究中国史，才能真正认识中国。又，研究一个具体对象，总要以另外的对象作为参照系，才能更清楚地发现所研究对象的特点。由于欧洲的经验比较完整，所以以欧洲作为参照系，无疑是十分正确和必要的。第二，对于中国资本主义萌芽的研究，打破了自黑格尔以来盛行于西方的"中国停滞"论及其变种（如今日西方的"传统平衡"理论、"高度平衡机制"理论和20世纪80年代初中国出现的所谓"中国封建社会结构是超稳定系统"

之说等），以及20世纪中期以来西方流行的"冲击—回应"模式的束缚，使得我们能够以发展的眼光来看待中国过去的历史，并且把研究的重心放到中国自身，而不是将近代中国经济的变化归之于外部因素（特别是西方帝国主义的作用）。历史总是处于不断的变化之中，而且变化的动力主要来自内部。因此从方法论上来说，资本主义萌芽研究的方向是正确的。第三，尽管存在种种问题，但是在资本主义萌芽研究中，学者们对于商品经济、雇佣劳动、早期工业化等至关重要的问题，进行了充分和透彻的探讨，可以说已经基本弄清了事实真相。即使是不赞同"资本主义萌芽"这一提法的学者，也不能不接受这些探讨所得出的成果和结论（例如西方中国经济史坛上20世纪70年代以来出现的"近代早期中国"学派，就受益于我国的资本主义萌芽研究至大）。即使我们不再执着于资本主义萌芽的分析框架，我们也能够运用在这些方面所取得的成果和结论，对中国历史上的经济变化及其规律进行深入的探索。第四，即使是关于资本主义萌芽本身，过去的研究成果也不可轻视。我们可以看到：在对与资本主义萌芽有关的各种基本概念的分析上，以吴承明的《中国资本主义的萌芽概论》为标志，[1] 80年代的研究水平比过去已有重大的提高，理论界定日趋明确、系统和完整，从而为我们在摆脱了"资本主义萌芽情结"之后研究资本主义萌芽问题，提供了一个新的起点。总而言之，以往的资本主义萌芽问题研究，不仅为中国经济史学在

---

[1] 此文收于吴承明：《中国资本主义与国内市场》，中国社会科学出版社，1985年。

过去的发展起了不可磨灭的积极作用，而且也为它在今后的进一步发展奠定了重要的基础。不过，只有摆脱种种制约这一发展的障碍（其中也包括"资本主义萌芽情结"和其他情结）之后，我们才有可能充分地利用以往研究中所取得的大量成果，开创中国史学的新局面。

（原载《读书》1996年第8期，原题为《"资本主义萌芽情结"》，今易为现名，并将被《读书》编辑部删去的原有引文出处补上）

经济全球化的开端

这里要讲的主要内容，是从全球视野出发，来看看在经济全球化的开始时期，中国处于一种什么情况，主要集中于经济全球化、贸易、军事三个方面。由于时间有限，因此军事的部分，主要是讲军事技术的全球化以及军事技术的全球化是否会影响经济全球化。这个话题，在我的《火枪与账簿：早期经济全球化时代的中国与东亚世界》一书中已经讲了很多，这里就不再讲了。简单地说，我的目的是介绍一些关于早期经济全球化时代的中国的基本知识，这些知识将画出一个历史的轮廓，为大家提供一个遐想的空间，使得大家的思想可以在这个广阔的空间里自由翱翔，来追寻现代世界的起源。

一、经济全球化与中国

可能有的朋友会觉得奇怪，经济全球化是现在的事，怎么会是历史的题目呢？在我国，一直到我们努力争取加入WTO的时候，大家才接触到"经济全球化"这个概念。而我国加入WTO也才那么短短二十年，因此有人可能会感到这个题目是不是有点太离谱了？

"经济全球化"是今天的热门词汇，但什么是"经济全球化"？学界并没有一个统一的定义。在各种定义中，我认为最为简明扼要的是法国经济学家阿达（Jacques Adda）所下的定义："经济全球化就是形成一个统一的和唯一的全球市场。"也就是说，全世界形成一个统一的市场，遵循共同的游戏规则，同时在这个市场之外没有另外一个市场。到了全球所有的经济都进入了这个统一的和唯一的市场的时候，经济全球化才真正实现。

经济全球化是一个长期的历史过程，它直到现在还没有完成，而且它也不是今天才出现的。它开始于什么时候呢？大多数经济史学家认为是15世纪末的地理大发现，也就是世界史上的"大航海时代"的开端。这个"大航海时代"是西欧人开创的，其标志就是哥伦布发现了从欧洲到美洲的航线和达·伽马发现了从欧洲绕过非洲到达印度的航线。由于这些航线的发现，世界开始进入经济全球化的时代。

这里我要强调的是，经济全球化虽然是欧洲带头的，但是这绝不意味着世界其他部分在经济全球化的发生和发展中都处于消极被动的地位，到了欧洲人到来后才被卷入经济全球化。相反，欧洲之外的许多地区，特别是亚洲，在经济全球化的出现和发展过程中，也起了非常重要的作用。

早在欧洲人到来之前，亚洲的海上国际贸易就已有长久的历史。15世纪欧洲人来到印度洋和西太平洋海域时，这个广大地区的海上贸易已很兴盛。不同的亚洲国家或地区的商人主导着不同的航道上的贸易。在东亚和东南亚，主要是华人（有一小段时间日本人和南洋群岛的武吉士人也相当活跃），在南亚，主要是印度人（特别是袄教徒，亦称帕西人），在西南亚及东非，主要是阿拉伯人和波斯人。还有犹太人、亚美尼亚人等活跃于跨国贸易的商人，也都在亚洲的海上贸易中拥有重要地位。达·伽马寻找从西欧到印度的航线，他的船队到了印度洋后，就是依靠长期在印度洋航海的穆斯林水手来引路导航。

这里我们要问：在"大航海时代"启动的伟大的变化中，中国处于一个什么地位，扮演了一个什么角色呢？

1. 中国有自己的"大航海时代"吗？

首先，关于欧洲"大航海时代"的时间上下限，学界并没有一个统一的认定。传统的看法是起点为15世纪末，终点则为17世纪初。但后来学界看法有改变。在西方，"大航海时代"（The Age of Voyages），也被称为"大探险时代"（Age of Exploration）或"大发现时代"（Age of Discovery），以及"风帆时代"（The Age of Sail）。而在许多学术著作中，其上限通常在15世纪初期或者中期，下限则在19世纪初甚至19世纪中期，这可以在一些常见书的书名等中看到（例如 *Maritime Exploration in the Age of Discovery, 1415-1800*；*The Age of Sail, 1450-1850*）。我认为这个"大航海时代"的时间上限应为15世纪中期，因为在15世纪中期，葡萄牙人就已经开始寻找绕过非洲到东方的航路了。其下限则应为19世纪初期，因为这时世界上最早的工业革命——英国工业革命——尚未完成，世界上大多数地区仍然使用传统的技术进行生产和贸易。在航海方面，也是如此。直到19世纪中期英国工业革命完成，才出现蒸汽机推动的轮船，从而从根本上改写了世界航海史。因此把英国工业革命完成之前的19世纪初期作为分界线，来划分经济全球化的历史进程，应当是合理的。

其次，就中国而言，16世纪初西人的到来，是中国历史上的大事，由此开创了中国历史的一个新时代。但就经济而言，17世纪中国和西方的贸易规模仍然有限，对中国经济的影响并不大。到了18世纪后半期和19世纪初，中国与西方（特别是和当时的世界第一工业国英国）的贸易规模才变得非常大，中西双方的关系也变得非常紧密，以致发生鸦片战争这样的大事件。

中国的"大航海时代"开始于何时呢？许多人认为是15世纪初的郑和下西洋。的确，郑和下西洋是一个伟大的壮举，但它并不是中国大航海事业的开端。连接东亚、印度、中东和欧洲的海路及海上贸易，早在罗马时代就已出现了，不过在唐代以前，都是印度洋方面的商船来到中国进行贸易，所以不是中国人的航海活动。到了宋代，由于中国造船技术的巨大进步，中国船成为当时世界上最好的船，连印度洋沿岸各国的商人都争着乘坐中国商船，中国商船也走出了马六甲海峡，驶向广阔的印度洋，改变了往日"外商来贩"的局面。10世纪以后中国商船进入印度洋的越来越多。著名阿拉伯旅行家伊本·白图泰到达印度西海岸时，看到许多中国船，并说中国船都是大型船舶。在印度商港卡里库特，他看到有13艘中国大船停靠在此。这些商船往返于中国和卡里库特之间。到了元代，中国海船航行到印度洋已经是常态，元朝的阔阔真公主出嫁位于今日伊朗的伊尔汗国国王，走的就是海路，乘坐的是中国海船。这个船队于1291年春天由泉州出发，先到达今印度尼西亚，然后进入印度洋，抵达位于波斯湾霍尔木兹海峡的忽里模子港。元代商人汪大渊乘坐中国商船，环绕印度洋远航了两次，到过南洋群岛、阿拉伯海、波斯湾、红海、地中海、莫桑比克海峡，以及大洋洲等地。汪大渊比达·伽马到达莫桑比克海峡早了一个半世纪，比欧洲人发现澳大利亚大陆早了两个世纪。汪大渊航海走得比郑和航海更远，走过的地方更多。事实上，郑和船队的航海路线是一条中国人已熟知的旧路。因此我们可以说，中国的"大航海时代"至迟在元代就已开始。

由此可见，中国的"大航海时代"大致开始于13世纪，结束于19世纪初期，为时大约六个世纪。在这六个世纪中，中国海船称雄于西太平洋和东印度洋。

2. 16—17世纪世界经济为什么开始全球化？

前面提到的经济学家阿达说："全球化经济诞生于欧洲，开始于15世纪末，是资本主义兴起的原因与结果。"16—17世纪世界经济为什么开始了全球化，主要原因，是欧洲人在这个时期的航海活动，把世界七大洲中有人居住的亚洲、欧洲、非洲、北美洲、南美洲和大洋洲联系了起来，从而改变了世界历史的进程。历史学家菲利普·费尔南德兹－阿梅斯托（Felipe Fernandez-Armesto）说："我们置身的现代世界绝大部分始于1492年，所以对于研究全球史某一特定年代的历史学家来说，1492年是很显而易见的选择。……说到1492年，最常有的联想是哥伦布在这一年发现了前往美洲的路线，这可以说是改变世界的重大事件。从此以后，旧世界得以跟新世界接触，借由将大西洋从屏障转成通道的过程，把过去分立的文明结合在一起，使名副其实的全球历史——真正的'世界体系'——成为可能，各地发生的事件都在一个互相联结的世界里共振共鸣，思想和贸易引发的效应越过重洋，就像蝴蝶拍动翅膀扰动了空气。欧洲长期的帝国主义就此展开，进一步重新打造全世界；美洲加入了西方世界的版图，大幅增加了西方文明的资源，也使得在亚洲称霸已久的帝国和经济体走向衰颓。"

这个地理大发现对世界经济起了极其重大的作用。这些新航线的发现，把当时世界上主要的经济区连接起来，形成了一个全球市场网络。马克思和恩格斯在《共产党宣言》中写道："美洲的发现、绕过非洲的航行，给新兴的资产阶级开辟了新天地。东印度和中国的市场、美洲的殖民化、对殖民地的贸易、交换手段和一般商品的增加，使商业、航海业和工业空前高涨，因而使正在崩溃的封建社会内部的革命因素迅速发展。……由美洲的发现所准备好的世界市场，……使商业、航海业和陆路交通得到了巨大的发展。这种发展又反过来促进了工业的扩展。"从经济史的角度来看，"大航海时代"是欧洲的原始积累时期。原始积累为工业革命提供了必要的资金和市场，而工业革命又使得经济全球化以空前的速度和规模向前推进。诺贝尔经济学奖得主诺斯（Douglas North）说：工业革命是"把人类历史分开的分水岭"。我们也可以说，工业革命也是经济全球化的分水岭。自工业革命发生后，世界发生了天翻地覆的变化，经济全球化也进入了一个急速发展的新阶段。而中国的"大航海时代"只是传统贸易的扩大，因此未能导致经济全球化的大发展。也就是说，中国的"大航海时代"只是开启了亚洲的经济整合的时代，而没有开启经济全球化。

二、贸 易

历史上人类交往活动的形式很多，有迁徙、征战、传教、贸易乃至旅游、通婚、流亡，等等。就历史上的欧亚大陆来说，就发生过印欧人东迁和匈奴、突厥人西迁等规模浩大的民族大迁徙，出现过从亚历山大大帝东征到蒙古西征的多次大规模的洲际军事行动，也见证了佛教、祆教、摩尼教、基督教、伊斯兰教等宗教的广泛传播。这些都是人类交往的重要形式，导致了一系列改变世界的重大事件的发生。但是大体而言，这些形式的人类交往的出现，大多具有一定的突发性、间歇性和偶然性，而且其中还往往或多或少伴随有暴力。在历史上人类的交往活动中，只有贸易这种形式的交往是持续不断和和平进行的。各地之间的贸易活动虽然有长久的历史，但只有到了经济全球化开始以后，世界各地的人们才越来越多地被卷入贸易，而现代世界也可以说是全球贸易的一个产物。所以历史学家彭慕兰和史蒂夫·托皮克（Steven Topik）合著的一本有名的世界经济史著作，书名就是《贸易打造的世界：1400年至今的社会、文化与世界经济》（*The World that Trade Created: Society, Culture, and the World Economy, 1400 to the Present*）。

1. 早期经济全球化时期全球贸易的主要商品是哪些？

经济全球化以贸易为基础，而由于生产和需求的不同，各个时期世界贸易的主要商品也不同，比如说在今天世界贸易中，像华为、苹果手机一类的高科技产品是主要商品之一，而仅仅在三十年前，这些商品还无法想象。几个世纪以前世界贸易中的商品，当然和今天世界贸易中的商品有很大差异。那么，在早期经济全球化时期，世界贸易的主要商品是哪些呢？

在我们中国人的心目中，早期经济全球化时期世界贸易的主要商品就是中国的丝和瓷，以及后来居上的茶。这个看法是不是正确呢？从全球史的角度来看，这个看法有其正确的一面，但并不全面。依照施诚教授的研究，早期近代世界贸易的商品繁多，其中最重要的是以下四类：

——黑奴；

——香料、蔗糖、咖啡、茶叶、烟草；

——日常用品，包括毛皮、纺织品、染料、瓷器；

——贵金属，包括黄金、白银。

让我们中的许多人想不到的是，在这些主要"商品"中，黑奴是最重要的一种。黑奴贸易历史悠久，最早从事大规模黑奴贸易的是阿拉伯人，到了15世纪，欧洲人"后来居上"，开始了规模更大的黑奴贸易。欧洲人的黑奴贸易持续了四百多年，把近千万身体强健的黑奴贩运到了美洲。这个贸易把非洲、欧洲和美洲的经济有机地串联起来，成为当时盛行的三角贸易。这个三角贸易由三个航程组成：第一个航程为欧洲商人从欧洲来到非洲西部的大西洋沿岸地区，在那里，用廉价的商品如酒、火枪、棉织品以及各种装饰品，向非洲奴隶贩子换取奴隶；第二个航程是欧洲商人把奴隶从非洲运到美洲各地，以交换美洲的矿产和农产品；第三个航程是欧洲商人把美洲的产品运到欧洲，在欧洲市场出售。这个三角贸易，成为当时世界上规模最大的贸易。

其次，在上面说到的这些主要商品中，香料也是最重要的商品之一。费尔南德兹－阿梅斯托说"香料可能是第一种全球化的食品"，早在地理大发现之前很久，香料就已成为世界贸易中的主要角色。香料主要产于印度南部和东南亚，其他地区都从这里输入香料。欧洲更是如此，因此从东方运送香料到欧洲的贸易线路也被称为"香料之路"。这条香料之路不仅漫长，而且充满不确定因素。到了15世纪，情况变得对欧洲更加不利，因为信奉伊斯兰教的奥斯曼土耳其军队于1453年攻占信奉基督教的拜占庭帝国首都君士坦丁堡后，和欧洲进行了长达几个世纪的对抗，因此也切断了欧洲传统的香料贸易渠道。于是欧洲人只好寻找新的渠道来获得香料。15世纪葡萄牙人开始进行海上探险活动，他们的口号就是"为了基督和香料！"（For Christ and spices!）因此寻找香料是西欧寻找到达东方航路的直接驱动力之一。

依照著名经济学家麦迪森对近代早期的葡萄牙、荷兰和英国三个最重要的亚洲商品进口国的贸易状况进行的研究，葡萄牙1513—1610年间进口的亚洲商品中，香料占的比例非常高，从98.4%到87.6%；荷兰在1609—1780年间进口的亚洲商品中，香料的比重从74%到35.4%；英国较为不同，在1668—1760年间进口的亚洲商品中，香料的比重从25.3%到4.4%。中国主要出口的商品是丝、瓷和茶，但葡萄牙对这些商品的进口很少，在1513—1610年间，在葡萄牙进口的亚洲商品中，纺织品所占的比重只有0.2%—7.8%。荷兰和英国的情况和葡萄牙不同，荷兰在1609—1780年间进口的纺织品和生丝，在其从亚洲进口的商品中所占的比重分别为16.1%和32.7%，茶叶则从0剧增到22.9%；而英国在1668—1760年间，纺织品的比例从56.6%下降到53.5%，生丝则从0.6%猛增至12.3%，茶叶则从0.03%暴增到25.3%。这里要指出的是，这三个国家进口的亚洲纺织品，其大头是印度棉布，中国棉布是到了19世纪初才大量输往英国的。由此可见，在18世纪后期以前，中国商品在欧洲进口中所占的比重实际上不大，到18世纪后期才有明显增加。不过，即使如此，到了18世纪后期，包括中国在内的亚洲地区的商品，在西欧进口商品中所占的比重，仍然远远低于美洲所占的比重。因此我们在看中国海外贸易发展时，应当用全球视野来看，而不能坐井观天，仅只看中国和西方贸易的增长，并以此认为中国在西方的世界贸易中占有主要地位。

2. 中国在早期经济全球化中起了什么样的作用？

在早期经济全球化时期，中国在西方的世界贸易中所占比重并不如我们中的一些人想象的那么大。那么，中国在早期经济全球化中起了什么样的作用呢？在我们回答这个问题时，有以下两点需要注意：

首先，我在上面谈的是中国在西方的全球贸易中所占比重，而这只是中国贸易的一个很小部分。依照历史学家李中清和社会学家王丰的研究，1500年和1750年时，中国人口都大约占到世界总人口的1/3以上，是世界上人口最多的国家。依照麦迪森的研究，1700年和1820年时中国的GDP分别占世界GDP的1/5和1/3，是世界上最大的经济体。不仅如此，依照《白银资本》的作者、政治学家和经济学家弗兰克（Andrew Gunder Frank）的说法，"1820年中国经济在世界经济中所占的地位远远超过今日美国在世界经济中的地位。……直到1800年，中国仍然是世界经济的中心"。这个时期中国经济的发展，在很大程度上归功于16世纪后期以来中国出现的"商业革命"。依照我的研究，到了18世纪，中国形成了世界上规模最大的国内市场。吴承明先生估计，1840年中国国内长途贸易额为1.3亿两白银，我认为这个数字可能还偏低。麦迪森估计1850年中国人均出口值仅为0.12美元（按当年价格和汇率计算），远低于印度。因此中国外贸，倘若与国内贸易相比，在规模上可以说是微不足道。中国是世界的一个重要组成部分，从全球视野出发来看，中国国内贸易当然必须计入全球贸易。计入了中国国内贸易，那么中国在全球贸易中所占的份额将会比仅计中国的外贸所占的份额大得多。

其次，中国与周边国家和地区之间有着密切的经济联系，双边贸易量很大，但因为大多数是民间贸易，所以贸易额无法统计。例如香料贸易，费尔南德兹－阿梅斯托说：在"大航海时代"之前，"欧洲在取得香料上一直处于不利位置。中国吸收了大半产量，剩余的香料得经过千山万水才能送到欧洲人手中，中间不知已经转过几手"。中国的香料进口，从明代中期以后基本上都是通过民间海上贸易，因为缺乏记录，所以虽然数量很大，但无法得知贸易量，中国在世界香料贸易中的重要地位也就无从谈起了。又，在瓷器贸易方面，近年来在印度尼西亚海域发现的清代海船泰兴号，被西方媒体称为"被遗忘的东方泰坦尼克号海船"。这条海船于1822年1月14日从厦门港出发，前往巴达维亚（今雅加达）。船上载有近2000名乘客、船员，其中商人和下南洋的中国劳工合计约有1600人。船载货物主要是居住在南洋各国的商人订购的大量瓷器，总数约100万件。为了防止碰撞引起破损，这些瓷器内和瓷器之间填满了茶叶，而茶叶同样也是重要的出口商品。此外还有生丝、漆器、竹制家具、墨、纸、朱砂和器械等。这艘海船在海上航行了三个星期，2月5日晚驶到苏门答腊和爪哇岛之间的贝尔威得浅滩（Belvidere Shoals）水域时遇到飓风，船触礁沉没。在西方媒体列出的世界史上最大的40个海难中，这次海难，名列第三。像这样的民间贸易，因为没有记录，所以都被忽略了。如果把所有民间贸易都计算在内，中国外贸的规模肯定要比西方记录下来的中国外贸规模大得多。

由于中国积极地加入了世界贸易，因此对经济全球化也起了十分积极的作用。特别值得注意的一点是：在工业革命以前，世界贸易中的高端商品寥寥可数，而中国产品丝、瓷、茶都是高端产品。高端产品的优势，使得中国在世界贸易中处于有利的地位。美国彭博新闻社2020年10月27日发表了一篇文章《中国势不可挡地崛起为超级大国是历史重演》（China's Inexorable Rise to Superpower Is History Repeating Itself），文中写道："中国发展为世界第二大经济体，与其说是惊天动地，不如说是回归常态。中国在现代制造业和贸易中扮演的关键角色也是如此。我们抱怨中国'偷走'了我们的工厂，为商场里充斥'中国制造'而烦恼。但从历史上看，这个国家一直是主要制造中心和出口国，能够生产出规模惊人的贵重商品。……丝绸和瓷器都是中国的发明，是世界上第一批真正意义上的全球性消费品，也就是那个时代的iPhone"。因为高端产品利润大，而正在变得越来越富裕的西方对这些产品的需求也在迅速增加，所以中国成为世界上重要的商品提供者。弗兰克分析中国的出口情况说："1800年以前，中国在世界市场上具有异乎寻常的巨大的和不断增长的生产能力、技术、生产效率、竞争力和出口能力，这是世界其他地区都望尘莫及的。"

由此可见，虽然早期经济全球化是西方主导的，但中国也扮演了不可或缺的重要角色。

3. "私商"与"官商"、"海盗"与"海商"：什么是早期全球化时代的国际贸易商人？

世界贸易是国际贸易，而国际贸易之所以不同于国内贸易，是因为国际贸易所涉及的各国（或政权），在经济政策、语言、法律、风俗习惯以及货币、度量衡、海关制度等方面都不相同。由于这些差异，进行国际贸易有诸多困难。即使在今天，国际贸易也比国内贸易更困难，同时商业风险也大于国内贸易。至于在近代以前时期，情况就更为严峻了。

近代以前时期的世界上，各个国家（或政权）的领土往往没有明确的边界（即国界），因此出现许多管辖权不清的地方。不少地区甚至没有国家（或政权）管治，成为政治管辖的真空地区。这种情况，使得国际贸易成为高风险的事业。在近代早期，各种各样的人都卷入国际贸易活动，使得商人的成分非常复杂。同时，在这个早期，航海技术和军事技术也取得长足进步和广泛传播。这些，都使得国际贸易中的纠纷急剧增加，冲突也日益剧烈。在此情况下，商人要进行国际贸易，必须依靠武力自卫和战胜敌人。从事国际贸易的商人，都采取不同的方法，把自己变成武装商人。例如在印度洋的纺织品贸易中，位于南印度的凯科拉（Kaikkoolar）商人团体，早在17世纪之前很久就建立了强大武装，和竞争对手进行战斗，被称为"武士商人"（Warrior Merchants）。更重要的例子是中世纪晚期和近代早期的西欧商人。他们出海贸易，不仅拥有强大的武力，而且往往得到他们国家的支持，因此他们除了自卫，还劫掠其他国家的商船。因此他们到底是商人还是海盗，一直争议不断。在今天，"海盗"（Pirates）一词指的是在海上掠夺他人财物的犯罪分子。但是在近代早期的英国，海盗（也被称为"海狗"即"Sea Dogs"）常常被称为"探险家"或

"商人冒险家"，并未被视为罪犯，相反倒被视为英雄。类似的情况也出现在其他地方，例如日本战国时代广为人知的濑户内海"水军"和东海的"倭寇"等，在性质上也如此。

由于国际贸易风险大，在近代早期，只有具有相当实力和规模的商人团体，才能够从事这种高风险的贸易。他们通常与各种形式的政治力量有着密切的关系，以寻求这些政治力量的保护，或者利用这些政治力量以谋取最大利益。而在各种政治力量中，最重要的是国家（或者不同形式的政权）。国家在中国传统观念中通常被称为"官"，而与"官"相对的概念是"私"。因此依据"官""私"这两个概念，这些商人团体大致可以分为以下几类：

（1）官商：这里所说的官商包括由一国政府（或者一个部族政权）派遣、代表该国（或者该部族）与外国进行贸易的商人，或者是得到该国政府（或者该政权）授权和支持与外国进行贸易的商人。在东亚世界朝贡贸易中的商人，大多数就是这种官商。

（2）私商：不由一国政府（或部族政权）派遣并代表该国或者得到该国政府（或者该政权）授权和支持与外国进行贸易的商人。在"私商"这个范畴中，又还可以分为"普通商人"和"海盗商人"两个大类。

（3）军商：这个名词是我受麦尼尔（William H. McNeil）的"军事-商业复合体"（military-commercial complex）的启发而发明的。这种"军事-商业复合体"中的商人就是"军商"，这种"军商"并非"军人经商"或者"经商之军人"之意，而是武装商人集团。这种"军商"夺取或者控制了范围大小不一的地区，形成了一种独立或者半独立的政治军事实体，但是他们的主要目标是从事或者扩大国际贸易，掌握或者控制国际贸易的霸权。"军商"的这种特殊的性质，只有在近代早期的世界上才看得到。

下面，我们就要看看"私商"和"军商"这两种最重要的商人的情况。

（1）私商

在国际贸易中，有些商人更多地依靠人际关系网络，通过所涉及地区的政府（或政权），用和平的手段解决贸易中的问题，并获得保护；而另外一些商人则更多地依靠武力自卫或者打击对手。前一类商人，可以称为"普通商人"，后一类商人则可称为"海盗商人"。

普通商人是采取和平手段进行国际贸易的商人，著名历史学家傅衣凌先生将其称为"自由商人"。在15世纪至17世纪前半期东亚世界国际贸易中的普通商人，以福建海商为最典型。明代初期中国海商受到政府的严厉压制，到了成化、弘治时期，他们开始积极地参加海上贸易活动。到了嘉靖时期，福建民间造巨船下海通番的情况已蔚然成风，从而引起明朝政府严重关注。这种"自由商人"不仅得不到政府的支持，而且往往受到政府的限制和打击，因此是典型的普通"私商"。

海盗商人是兼具海盗和海商身份的商人。由于当时的国际贸易处于一种无序的状态，商人为了自卫或者为了打击竞争对手，自己不得不进行武装，并且与形形色色的武装集团之间存在密切的关系，从而使得"海商"和"海盗"之间很难做出一个明确的区分。

谈到15世纪至17世纪前半期东亚海域的海盗，大家都会想到肆虐东亚海域的倭寇。关于倭寇问题，学界的研究成果已非常丰富。现在的主流看法是：倭寇猖獗三百多年，可以分为前后两期。前期倭寇主要活动于嘉靖三十一年（1552）以前，成员基本上是被称为"西日本恶党"的日本人；而后期倭寇（日本通常称为"嘉靖大倭寇"），即嘉靖三十一年以后活动的海盗，其成员不仅有日本人，也有中国人，甚至中国人可能还占多数。倭寇的大头目往往是中国人，其中最有名的是许栋（许二）、汪直（亦作王直）、李旦（李光头）等。对这些人的经历进行仔细分析可以看到：他们本来大多是从事海上国际贸易的商人，而非一开始就是海盗。其之所以成为海盗，是因为明朝的海禁政策致使海上贸易难以进行，因此他们与明朝政府发生冲突。例如汪直本是徽商，后来参加许栋的海上走私集团。浙江巡抚朱纨发兵攻剿许栋集团，许栋兄弟逃亡，汪直收其余众，发展成为倭寇的首领。其次，他们的海上贸易活动范围广阔，囊括了整个东亚海域。例如汪直当初南下广东，造巨舰贩运硝黄、丝绵等抵日本、东南亚各地，他本人也"历市西洋诸国"，由此结识了才到东南亚不久的葡萄牙人。嘉靖二十年（1541），他和三名葡萄牙人带领上百名番商从暹罗乘船北航双屿港，被暴风雨冲漂到日本种子岛，为日本带去了葡萄牙的火枪，引起了日本的火器革命。由此可见，许多"倭寇"实际上是一些亦商亦盗的国际贸易商人。由于海商和海盗之间并没有明确的界限，所以二者的角色是经常相互转换着的，正如通晓倭寇问题的万历时人谢杰所言："寇与商同是人，市通则寇转为商，市禁则商转为寇。"在近代早期国际贸易中，这种亦商亦盗的海商乃是正常的角色。

（2）"军商"

依据与政府的关系，"军商"也分为两类：

第一类是得到本国政府支持的"军商"，其代表是荷兰东印度公司。荷兰东印度公司成立于1602年3月20日，1799年解散，是世界上第一家股份有限公司，也是当时西方世界最富有的私人公司，主要从事与东亚地区（特别是中国）的贸易。

荷兰东印度公司得到了荷兰政府的大力支持。荷兰议会授予该公司垄断从非洲南端好望角以东至拉丁美洲南端麦哲伦海峡之间所有陆地和海域的航海和贸易特权。公司职员（包括贸易、军事、司法等人员）在就任之前，必须对荷兰议会与公司宣誓效忠。

荷兰东印度公司拥有强大的武力，到1669年，它拥有150艘武装商船和40艘战船、1万名士兵，是西方世界最强大的海上武装力量之一。公司以巴达维亚为主要指挥部，分支遍布东南亚和印度洋沿岸，在好望角筑有驿站，为途经的船舶添加燃料、补给并实施维护修船工作。凭借着强大的武力，公司在17世纪初夺取了葡萄牙占领的香料群岛（摩鹿加群岛）。1619年，公司在爪哇岛的巴达维亚上空升起自己的旗帜，建立了荷属东印度群岛殖民地，垄断了东方香料贸易。

尽管拥有强大的武力和在殖民地的统治权，荷兰东印度公司仍然主要是一家商业公司，其一切活动莫不以牟利为目的。公司经常发动战争，但是开战的理由无关民族、信仰、正义，只有利益而已，以致英国驻爪哇岛总督莱佛尔斯（Stanford Raffles）描述荷兰东印度公司说："它一心只想赚钱，……它是把政治家的全部实际技巧同商人的全部垄断利己心肠结合在一起进行统治的。"

第二类"军商"，即未得到本国政府支持的"军商"。这类商人的典型是17世纪初期活跃于东亚海域的郑氏集团。

明代中叶以后，中国私人海外贸易日益活跃，中国的海商也成长起来了。为了经济利益，他们与葡萄牙、荷兰等国的海商之间展开了竞争。到了明末，出现了郑芝龙、郑成功、郑经领导的海商集团，即郑氏集团。该集团创始人郑芝龙以贸易起家，建立起自己的武装力量，凭借实力与谋略，在东亚各种势力中捭阖纵横，牟取利益。他羽翼未丰之时，和荷兰人合作，攻击西班牙人。尔后，又与荷兰人发生冲突。天启七年（1627），他与在台湾的荷兰人发生战争，击败荷军，成为荷兰东印度公司在亚洲商业贸易中最强大的竞争对手。1633年荷兰政府决定"对中国发起一场严酷的战争，以获得所期望的自由的中国贸易，同时保证公司在东印度的其他事务不受阻碍"。为此，荷兰人联合刘香和李国助两个与郑芝龙对立的海盗集团，与郑氏武装在金门料罗湾决战。结果荷方大败，史称"料罗湾大捷"。"料罗湾大捷"之后，荷兰人不得不每年向郑芝龙缴纳12万法郎的保护费，并放弃在中国大陆口岸直接贸易的企图，只能按照郑氏安排，依赖中国海商提供中国商品。中国东海和南海的海上贸易权均控制在郑氏集团手中，"海舶不得郑氏令旗，不能往来，每一舶税三千金，岁入

千万计，（芝）龙以此居奇为大贾"。明亡之后，郑成功继续经营
这项事业。1661年（清顺治十八年，南明永历十五年），郑成功
亲率大军自金门料罗湾出发，向台湾进军，从荷兰人手里收复了
台湾。

如同荷兰东印度公司一样，郑氏集团也是"左手拿着账册，
右手拿着刀剑"。郑氏集团虽然拥有强大的武装力量，并建立了
政权，但是主要活动仍然是进行国际贸易。郑氏集团垄断了中
国对日贸易，与葡萄牙人、西班牙人也建立贸易关系，控制着东
南亚海域的国际贸易，从中赚取了巨额利润。据杨彦杰估计，在
1650—1662年间，郑氏集团海外贸易的总贸易额，每年在白银
392万—456万两之间，平均420万两；海外贸易所获利润总额，
则每年在234万—269万两之间。据历史学家魏斐德（Frederic Jr.
Wakeman）估计，清朝政府在1651年的岁入仅为2100万两白银。而
据历史学家格拉曼（Kristof Glamann）的研究，位于巴达维亚的荷
兰东印度公司在1613—1654年的四十年中所积累的利润仅为1530
万盾（guilder），大约相当于440万两白银。相比之下，可以清楚
地看到：郑氏集团已经成为当时世界上最大的商业集团。荷兰东
印度公司和郑氏集团就是近代早期世界贸易中最成功的"军商"。

以上几类商人，就是15世纪至17世纪中期世界国际贸易中的
主要商人，他们在世界贸易中都发挥了重要的作用。不过，由
于他们的不同身份，他们在这个贸易中的地位和作用也有很大
不同。

4. 白银在早期经济全球化中扮演了什么样的角色？

在人类历史上，用作货币的材料有多种，货币的形式和使用方式也因时因地而异。13世纪之前，世界上各个主要的文明都具有自己的货币制度，黄金和白银并不是普遍使用的货币。13世纪之后，情况发生了很大改变，黄金和白银成了欧亚地区贸易中主要使用的货币。但是如经济史学家黑田明伸指出的那样，在18世纪以前，黄金并不像白银那样发挥普遍的作用。在能够普遍流通和较大量供应方面，白银比黄金优越，是最重要的货币。到了18世纪，黄金记账单位在西欧才普遍使用，以后更要到19世纪的"黄金景气"之后，黄金才取代白银成为国际贸易中的主要货币。到了近代早期，随着国际贸易的迅猛发展，白银越来越成为世界通用货币，这个现象被称为"货币白银化"。货币白银化对于世界贸易的发展具有非常重大的意义，因为它使得大规模的贸易得以在一种相对统一而稳定的货币制度下进行。

近代早期白银成为国际货币的一个前提是白银产量大幅增加，从而使得白银更容易得到。在东亚，日本在进入16世纪后发现了多个银矿，其中包括著名的石见银山。到16世纪末，日本白银产量占到世界总产量的1/4到1/3。更大的银矿是西班牙人在秘鲁、玻利维亚和墨西哥发现的。这是世界上最大的银矿，其中位于玻利维亚南部的波托西银矿，1545年开始开采，在1581—1600年间，每年生产白银254吨，约占当时全世界产量的60%。在波托西银矿开发的三个世纪中，共产银2.5万吨，成为世界史上产银最多的银矿。这些银矿的开发，使得国际贸易中的通用货币白银的供应量在16世纪大量增加，极大地推动了早期经济全球化的进程，著名经济学家凯恩斯等学者将这个时期贵金属货币的流通看作近代资本主义的源头。

大量增加的白银，为早期经济全球化注入了强大活力。日本白银从根本上解决了日本在与中国的贸易中的巨额逆差问题，从而大大促进了中日贸易。西欧一些国家也因拥有大量的美洲白银，可以大量购买中国商品，从而成为中国新的主要贸易伙伴。弗兰克估计，在17、18两个世纪，有48000吨白银从欧洲和日本流入中国，再加上中国自产和从东南亚、中亚输入的白银（1万吨），流入中国的白银大约达6万吨，占世界白银产量的一半。虽然这个估计可能过高，但是流入中国的白银数量巨大是没有问题的。白银的大量流入，促进了中国货币的白银化。货币是商品经济不可或缺的要素，正如1820年时一个法国商人所说的那样，货币帮助商品流通，"就像机油使得机器能更好地运转一样"。工业革命以前的经济发展主要是商业发展推动的，而商业发展离不开货币的供应。因此中国国内贸易在17、18世纪的重大发展，也是货币白银化的一个重要成果。

最后，我简单地谈谈应当怎么理解"恶创造历史"的问题。

"恶是历史发展的动力"是一个重要的哲学命题。早在19世纪初，黑格尔就已提出了这个观点。他说："我现在所表示的热情这个名词，意思是指从私人的利益、特殊的目的，或者简直可以说是利己的企图而产生的人类活动，——是人类全神贯注，以求这类目的的实现，人类为了这个目的，居然肯牺牲其他本身也可以成为目的的东西，或者简直可以说其他一切的东西。"恩格斯对黑格尔的这个观点大加赞同，说："有人以为，当他说人本性是善的这句话时，是说出了一种很伟大的思想；但是他忘记了，当人们说人本性是恶的这句话时，是说出了一种更伟大得多的思想。"不仅如此，恩格斯还认为贪欲是文明社会赖以出现的原因："文明时代以这种基本制度完成了古代氏族社会完全做不到的事情。但是，它是用激起人们最卑劣的冲动和情欲，并且以损害人们的其他一切禀赋为代价而使之变本加厉的办法来完成这些事情的。鄙俗的贪欲是文明时代从它存在的第一日起直至今日的起推动作用的灵魂：财富，财富，第三还是财富，——不是社会的财富，而是这个微不足道的单个的个人的财富，这就是文明时代唯一的、具有决定意义的目的。"马克思也引证英国学者曼德维尔（Bernard Mandeville）的一段话并给予高度评价："我们在这个世界上称之为恶的东西，不论道德上的恶，还是身体上的恶，都是使我们成为社会生物的伟大原则，是毫无例外的一切职业和事业的牢固基础、生命力和支柱；我们应该在这里寻找一切艺术和科学的真正源泉；一旦不再有恶，社会即使不完全毁灭，也一定要衰落。"正是这种"恶"造就了经济全球化。

在早期经济全球化时代，西欧国家率先建立早期近代世界贸易网络，在世界贸易中占据主动和优势地位，利用这种地位从亚洲大量进口商品以满足国内需求，同时通过黑奴贸易，把大量非洲劳动力输往美洲，使美洲成为欧洲重要的产品和商品生产地，获得工业革命所急需的资源和市场，从而成功地进入了工业社会，而大多数国家或地区则成为这个历史巨变的牺牲者。马克思说："当我们把自己的目光从资产阶级文明的故乡转向殖民地的时候，资产阶级文明的极端虚伪和它的野蛮本性就赤裸裸地呈现在我们面前，因为它在故乡还装出一副很有体面的样子，而一到殖民地它就丝毫不加掩饰了。"仅仅在黑奴贸易过程中，就有近千万黑人被贩运到了美洲。非洲本地的奴隶贩子到处掳掠黑奴，把黑奴押送到非洲海岸卖给欧洲奴隶贩子，欧洲奴隶贩子把黑奴贩运到美洲，在这些过程中，黑人死亡率都高得惊人。据估计，在四个世纪的黑奴贸易中，非洲损失了1亿多人口。

前面说过，白银是早期经济全球化时代的国际货币，没有白银，国际贸易很难顺利进行。地理大发现之后，美洲成为世界最主要的白银产地，而美洲最大的银矿是位于玻利维亚南部海拔4000米的高原的波托西银矿。1544年，波托西地区被发现盛产白银，第二年波托西城就建立起来，大规模的白银开采立刻开展起来。很快，第一批白银便被装船送往了西班牙。银矿的繁盛吸引了来自世界各地的移民者来这里追逐财富，到16世纪末，波托西人口高达16万，成为当时西半球最大的城市。然而，随着三个世纪的疯狂开采，这里白银资源逐渐枯竭，到了19世纪中叶，波托西经济一落千丈，人口减少到不足1万，成为一座死城。在这三个世纪中，西班牙殖民者得到了巨大财富，世界贸易也被注入了强大的动力，但是玻利维亚和邻近地区的印第安人却成为牺牲品。西班牙殖民者强行征用了大批印第安土著居民做劳工，在极端艰苦的条件下开采白银，出现了惊人的死亡率。据统计，从16

世纪中期到19世纪的三个世纪中，共有超过800万印第安人因不堪繁重的矿山劳役而死亡，波托西也因此获得"地狱入口"的称呼，这里开采出的白银也被称为"从地狱里挖出的财宝"。马克思《资本论》中论述资本原始积累时说："资本来到世间，从头到脚，每个毛孔都滴着血和肮脏的东西。"早期经济全球化的历史，充分证明了这一点。

由于经济全球化把世界各地人们的命运都越来越紧密地联系在一起，因此世界各地的普通人，包括那些穷苦人和生活在偏远乡下的人，都深刻地受到经济全球化的影响，也都是全球贸易的参与者。他们中的大多数人承受了经济全球化的沉重代价，但他们的苦难却成为经济全球化赖以进行的基础。因此，尽管经济全球化是历史发展的必然之路，为世界开启了走向现代之路，但作为事物的另一方面，经济全球化也给众多的普通人带来了痛苦和灾难。在这个意义上来说，确实是"恶"造就了经济全球化。

（本文原系作者在由《三联生活周刊》与
江苏人民出版社共同承办的"广角中国：全球视野下的
中国文明"音频课"经济：物质全球化的端倪"上的讲演稿）

为何经济学需要历史

经济学家张五常先生近来在一篇题为《中国经济有多危险?》的文章中说:"我是对中国最乐观的人,我跟进了35年,以前的30年我都很乐观,最近的五六年我转到悲观了。到现在经济政策非常不明朗,听不到有些什么是我自己能够认同的政策,路向非常不清楚。"特别是到了最近,英国《金融时报》首席经济评论员沃尔夫(Martin Wolf)指出:"从A股的连续动荡到人民币骤然贬值,中国似乎正不断向世界传递着有关经济健康状况的不确定性信号";"中国经济增长出现不连续状况的可能性是几十年来最高的;这种中断局面可能不是短暂的;政策制定者面临着巨大挑战,他们必须在不崩盘的情况下,对不断放缓的经济进行转型"。《金融时报》也提出了"中国经济模式神话破灭?"的问题。其实,这种情况并不是今天才出现的。早在十年前,诺兰(Peter Nolan)就已预见到中国经济将出现危机,因此把他的一本关于中国经济的书取名为《处在十字路口的中国》(*China at the Crossroads*)，直截了当地说："中国的政治经济已经走到十字路口，将会走向何方？"

为什么中国经济遇到严重问题而难以解决？一个原因是这些问题不可能用现有的经济学工具箱中的工具解决。这种情况并非中国所独然，而是一个普遍现象。在国际经济学界享有盛名的《经济学人》(*The Economists*) 2015年8月13日的电子版就刊登了一篇文章，题目是《凯恩斯主义者们，停止喝彩吧》(Stop Cheering, Keynesians)，清楚地表明了即使是在凯恩斯的故乡，现代经济学的主流——凯恩斯经济学——也不能解决英国经济面临的问题了。

从经济学的历史来看，两百年前经济学只是"道德哲学"(moral philosophy) 的一个分支，当时只有"政治经济学"(political economy)，即国家政策的一部分，研究的是如赋税、公债、外贸等问题。到了19世纪，经济学才变成一门有普遍接受的理论体系的社会科学学科。但是如王国斌所言：自19世纪后期起，经济学的主题变得越来越狭隘；而到最近三十年中，更是日益变成一些用正规数学语言表述的专题。对于一些经济学家来说，经济学近来已达到了危机点。诺贝尔经济学奖得主索洛 (Robert Solow) 也批评"当代经济学脱离历史和实际，埋头制造模型"。

为了克服这些缺陷，经济学一直在改进。在20世纪中后期，经过"凯恩斯革命"后，又出现了诸多新学派。这都是经济学力图与时俱进的表现。但是在20世纪后期，世界变化的步伐和规模实在太快太大，经济学改进的步伐跟不上。要它在解决新兴经济体所遇到的经济问题时得心应手，显然是不可能的。因此之故，经济学要成为一门具有普世意义的科学，就必须正面这些问题。

过去做经济工作的人，大多对历史不屑一顾。最典型的例子莫过于亨利·福特（Henry Ford）。这个白手起家的大亨、体现"美国梦"的代表于1916年5月25日投书《芝加哥论坛报》，文中写道："我对历史知之甚少，我也不会给全世界所有的历史一分钱。历史对于我来说一钱不值。历史或多或少就是废话。历史是传统。我们不需要传统。我们要生活在现在，而唯一有价值的历史是我们今天创造的历史。"这种态度，我想不止做实际经济管理的人会有，而且不少经济学家也会有，特别是一些认为经济学至高无上、心怀"经济学沙文主义"情结的人更是如此。

然而有趣的是，随着财富和阅历的增加，福特在发表上述言论十三年后，于1929年投巨资建立了美国最大的室内与室外历史博物馆——福特博物馆（The Henry Ford Museum）。这个博物馆共有100多万件陈列品，2600万份文件，内容涉及工业革命、交通工具、发电机械、日用工具、美国人生活变迁乃至家居摆设等多个方面，并包括如美国内战、泰坦尼克号事件等历史大事，因此可以说是一部用实物体现的西方近代史，特别是科技史。福特对历史的看法出现这样一个大转变，是因为他在生活中逐渐体会到历史的重要性，因此决心让其他美国人和他一起来分享他的新看法。

那么，为什么对于做经济工作的人来说历史很重要呢？道理很简单：今天是昨天的继续，没有昨天就没有今天。正如世上一切事物一样，过去留给现在的遗产都有消极和积极的两种。消极的东西如马克思所形容的那样："一切已死的先辈们的传统，像梦魇一样纠缠着活人的头脑。"布罗代尔补充说："我们同样也可以说，困扰着活人的生存。"积极的东西则如歌德所说："我认为但丁伟大，但是他的背后是几个世纪的文明；罗斯柴尔德家族富有，但那是经过不止一代人的努力才积累起来的财富。这些事全部隐藏得比我们想象的要深。"至于哪些是消极的东西，哪些是积极的东西，消极的和积极的东西各占多大分量，以及消极的为何消极，积极的为何积极，等等，都需要我们去认真审查，仔细盘点，深入研究，正确评估。只有这么做了，才能充分利用积极的东西，避免或者消除消极的东西。在此基础上，我们才能把经济工作做到最好。以往那种"大破四旧"的激进做法，看似革命，实际上造成了经济的大倒退，就是一个最深刻的教训。

这个道理，在研究中国的经济问题时格外重要。莎士比亚有云："凡是过去，皆为序曲。"今天我们要创建中国特色社会主义市场经济，一个关键是要弄清什么是"中国特色"。按照我的理解，所谓中国特色，就是中国长期历史发展形成的传统。柏金斯说，中国经济成功的一个先决条件是"经验的积累"（accumulation of experience）或者"经验与复杂的组织和制度的预先积累"（prior-accumulation of experience with complex organizations or institutions）。这种积累起来的经验，就是我说的传统。没有这种传统，今天中国经济的成功是不可能的。同时，不了解这种传统，要真正认识今天中国经济遇到的问题也是不可能的。因此这种传统对于我们研究中国经济具有非常重要的意义。

　　然而，我们以往对中国历史（或者说是对中国长期历史发展形成的传统）的认识是有问题的。这无可避免地导致我国的经济建设出现严重问题，付出了沉痛的代价。中国改革的历史就充分证明了这一点。如果从历史的角度重新审视中国的经济改革，我们可以看到，我们以往对中国历史上的小农经济、市场经济、民间企业等问题的错误看法，导致了一系列错误政策的出现，结果使得中国在改革开放前的三十年中经济发展大大迟缓于东亚其他国家，而且也低于世界平均水平。依照麦迪森的研究，1952—1978年间中国GDP的增长率为4.39%，而世界增长率为4.59%；中国人均GDP增长率为2.33%，而世界增长率为2.62%。到了1979年经济改革开始后，中国经济出现了突飞猛进的发展。大家把这个起飞归功于经济改革，这是无可置疑的。但改革是什么呢？威廉斯在《关键词》一书中说："改革，意即回复到事物的最初形式。从18世纪到20世纪70年代，改革一词通常用来温和于左派所青睐的政策，一方面反对革命的鼓吹者，另一方面则反对保守和反动的鼓吹者。自20世纪70年代到20世纪末，随着新自由主义的兴起，政策变化转了向，但是改革一词仍然继续在使用，尽管其所描绘的政策包括废除先前的改革。"这个说法在中国的农业改革方面最为明显。20世纪80年代农村家庭联产承包责任制开始实行时，一些持有保留态度的人士说是"辛辛苦苦三十年，一夜回到解放前"。在他们心目中那理想的三十年中，我国10亿人口中有8亿农民辛辛苦苦搞饭吃，还只能使全国人民维持一种非常低下的食物消费水平。然而到了农业家庭联产承包责任制实行以后，天

翻地覆的巨变仿佛是在一夜之间就发生了。田地还是那些田地，
农民还是那些农民，但是旨在维持低水准（即"维生水平"）的
消费而实行了几十年的粮食配给制度取消了，人民的食物供应极
大丰富了，还居然出现了农民"卖粮难"的新问题。这个事实证
明：在1979年以前的三十年中消灭废除小农经济的做法是错误的。
1979年重新恢复小农经济是一种对历史的回归，这个回归带来了
被压抑的生产力得以释放。对小农经济的错误看法源自对中国历
史的错误认识，可见正确认识历史是何等的重要。

不仅如此，对中国经济的历史的错误理解，也导致对于改革
开放以来中国经济的成就和问题的认识出现偏差。例如以往历史
教科书告诉我们：明清中国处于"封建社会后期"，腐朽的封建
生产关系扼杀了"资本主义萌芽"，导致了经济缺乏动力，对外
实行闭关自守，使得中国不能获取外部的资源，因此中国陷于一
种长期停滞甚至衰退的状态。由此出发，中国只有在外力的冲击
下，才能出现经济发展。很显然，这种"中国停滞"论是西方中
心论的产物，是建立在对中国历史的不正确或者不充分的认识之
上的。用这种观点来解释今天中国的经济奇迹和问题，都只能得
出一个结论：不论奇迹与问题，都是无源之水，无本之木，都是
外部因素所造成的。我想这种"外铄论"的观点，如果摆明了，
大多数学者是不会同意的。

我们也不能把今天中国的经济奇迹和问题都归之于改革开放
政策。改革开放确实非常重要，但是正如我在研究中所指出的那
样，同样的政策在中国不同的地方却带来非常不同的结果。如果

我们把今天的情况和两百年前的情况做一比较，那么可以清楚地看到，19世纪初中国富裕的地区，今天仍然是富裕的地区，19世纪初中国贫困的地区，大多数在今天仍然是贫困的地区。依照我的研究，在19世纪初期长江三角洲的人均GDP与同时期西欧的人均GDP大致相当，而经过改革开放三十年，今天长江三角洲地区的人均GDP在迅速地接近西欧的水平，因此我称之为从19世纪初期的"大分流"到今天的"大合流"。而在其深处的原因就是在出现"大分流"之前，长江三角洲地区经济就已发展成为一个具有早期近代经济主要特征的"早期近代经济"，而中国其他大多数地区则尚未如此。由于有了这个历史基础，一旦其他条件具备，长江三角洲地区经济当然能够成为中国经济发展的领头羊，正如它在19世纪以前很久就已经做了的那样。因此我们可以说，历史总在新的情况下以新的形势复出，或者说"过去"总会"重出江湖"。

如果我们对历史与现实的这种密切关联缺乏足够的重视，就难免去人为地制造"白纸"，来随心所欲地"写最新最美的文字，画最新最美的画图"。苏联在解体前夕的1990年，成立了一个由沙塔林（Shatalin）院士为首、成员包括亚夫林斯基（Явли́нский）等当时苏联最有名的经济学家在内的专家小组，制订全苏向市场经济过渡的500天计划——《向市场过渡：构想和纲领》，即"沙塔林—亚夫林斯基500天计划"。这个雄心勃勃的计划以现代经济学原则为基础，应当说是一个相当完备的改革计划，但是这个计划却导致了灾难性的后果。这是典型的"白纸"思维的结果，因为它完全没有考虑到历史，没有正确认识历史留下的遗产到底如何，而只是依照"普世"的经济学原理，希图在"白纸"上建立理想的经济模式。这个教训也充分表明，在经济工作中忽视历史有多危险。哲学家桑塔亚纳（George Santayana）的名著《生命的理由》（*The Life of Reason or the Phases of Human Progress*）有一句很经典的话："那些记不住过去的人注定要重复过去。"（Those who cannot remember the past are condemned to repeat it.）用贝蒂（Alan Beattie）的话来说，就是："对过去特定时段的历史、那些一个世纪中只会发生一次的事件或危机的研究，无疑具有很强借鉴价值。不同历史时期可能出现相似的环境与情况，历史对决策者来说具有非常的启发意义。"

正是因为这个道理，所以重视历史今天已成为越来越多的经济学家和经济工作者的共识。经济学家奥罗克（Kevin H. O'Rourke）近来在世界经济论坛官网发表文章《为何经济学需要经济史》（Why Economics Needs Economic History），认为经济和金融的相关历史知识在经济思考中至关重要。研究者和从业人员可以从经济史中认识到，过去已多次出现经济表现和经济政策的重大非连续性问题，未来有可能再次发生。即使从理论角度难以预测，但纵观历史不难发现，与经济发展不连续并存的往往就是经济和金融危机。另一位经济学家斯蒂芬·金（Stephen King）认为："在金融经济学家中，极少有人对于那些看似遥远但与现实密切相关的事件有真正的认知。……熟知1907年和1929年大萧条、大崩盘等问题的经济学家更易理解当前的全球经济危机。"世界银行前首席经济学家费希尔（Stanley Fischer）近日在牛津大学人文系列讲座中则表示，"我从中央银行历史中学到的与从理论研究中学到的一样多，想当央行行长，就要多读历史书"。

今天经济学遇到危机的一个原因是许多经济学家未能重视经济史，或者对于历史的认识会有偏差，从而导致了他们或者忽视历史对于今天的重要性，或者将其研究建立在一种对历史的错误认识之上。为什么会这样？一个重要原因是经济史学家未能向经济学家提供正确的知识。而经济史学家未能提供正确的知识，除了政治和意识形态的原因外，也有自身的问题。在西方，索洛批评经济史学家说：当代经济学脱离历史和实际，埋头制造模型；而当代经济史也像经济学那样，"同样讲整合，同样讲回归，同样用时间变量代替思考"，而不是从社会制度、文化习俗和心态上给经济学提供更广阔的视野。因此"经济学理论既使经济史丰富又使经济史衰落"，"经济学没有从经济史那里学到什么，经济史从经济学那里得到的和被经济学损害的一样多"。因此他呼吁经济史学家可以利用经济学家提供的工具，但不要回敬经济学家"同样的一碗粥"。同样地，以往中国经济史学也追随政治经济学，同样只讲社会形态和生产方式，讲人类社会发展规律，而没有从社会制度、文化习俗和心态上给经济学提供更广阔的视野。吴承明先生说："经济学理论是从历史的和当时的社会经济实践中抽象出来的，但是不能从这种抽象中还原出历史的和当时的实践。"如果经济史学家不能提供能够再现历史和当时实践的成果给经济学家，而只是回敬经济学家"同样的一碗粥"，那么经济学家大可不必去读经济史，而只要凭着从高中教科书里获得的那一点肤浅而且未必正确的历史知识，就去高谈经济发展的"中国模式"、"中国特色社会主义市场经济"了。在这样的知识基础上得出来的"中国模式"和"中国特色社会主义市场经济"理论，肯定是不能抓住实质的，因此也不能真正解释中国经济今天的状况和解决中国经济今天所遇到的问题。

巴勒克拉夫曾尖锐地批评历史学家说："当前在历史学家当中的一个基本趋势是保守主义"，大多数历史学家在工作中"完全沿袭传统"，"只满足于依靠继承下来的资本，继续使用陈旧的机器。这些机器尽管低于现代最先进的标准，却仍然能够使企业在尽可能少地追加资本的前提下，提供一定数量的拥有现成市场的老牌传统产品"。这样的批评，我想也适用于许多经济史学家，因此经济史学要与时俱进绝非易事。如果经济史学家不肯与时俱进，不能为经济学家提供正确的知识，经济学又怎么能够走出困境而向前发展呢？

新制度经济学的鼻祖、诺贝尔经济学奖得主科斯（Ronald Harry Coase）早年在伦敦政治经济学院教书时，就对英国的公用事业做了一系列历史研究，因此对经济史有很好的知识。他在辞世之前不久，说："中国有那么多优秀的年轻人，那么多优秀的经济学者，哪怕只有一小部分人去关心真实世界，去研究分工和生产的制度结构，就一定会改变经济学。我始终对中国寄予厚望！"他这个厚望的实现之日，也就是中国的经济学走出困境，并在国际学坛上扬眉吐气之时。

（原载《读书》2015年第11期）

历 史
经济史之外

什么是"中国"？经济史中的"微观"研究

我今天圆桌会议发言的题目，是《什么是"中国"？经济史中的"微观"研究》。这个题目是我在过去几十年做研究中始终在考虑的问题。我们研究中国经济史，但是什么是中国，这个问题却很少关注。在文化上、政治上，可以说从秦始皇统一中国之后，"中国"就是个明确的概念。但是就经济史来说，这个问题却很大。这是因为中国广土众民，各地经济状况千差万别，很难一概而论。

这里，我就以昨天和文凯、陈志武两位在发言中讲到的一个问题——"清代中国的识字率"，作为由头讲起。众所周知，教育与经济之间有着很密切的关系。在近代经济发展中，劳动者必须受过一定程度的教育，才能比较容易地学习和掌握近代生产技术。识字教育是初等教育的起点，一个社会或者一个群体识字率的高低，在一定程度上是这个社会或者群体经济发展水平的反映，因此识字率问题是经济史研究的一个重要内容。柏金斯说中国传统文化一个主要特点是高度重视正规教育。教育有各种各样，正规教育就是读书，能够识字，能够写作。这是中国传统社会的一个重要的特点。但是，虽然有这个特点，实际的情况又如何呢？

这里我要问一问，什么是清代"中国的识字率"？这个"中国的识字率"到底是中国某一个地区的识字率，还是中国全国的识字率？在20世纪以前的中国，没有做过任何关于识字率的调查，所以现在我们所讲到的清代中国的识字率，都只是一些学者进行的估计。和、陈两位都谈到罗友枝等学者关于18—19世纪中国识字率的估计。他们的估计是在20世纪70年代做的，结论是"拥有某种读写能力的男性约占30%到45%，而女性只占2%到10%"。这是对全中国识字率所做的估数，我在关于明清江南教育的文章中也引用过这个估数。但罗友枝等并没有对这个问题做第一手研究，而是通过参考近代调查所得识字比例，侧重考察科举制度、教育制度、书籍出版等问题，间接推断出清代识字率。现在我们可以看到的比较可靠的清代识字率的数字，是港英政府1911年在香港新界地区做的统计。1898年6月9日，英国政府与清政府在北京签订《展拓香港界址专条》，从中国强行租借了广东省新安县境内由九龙界限线以北，至深圳河以南的土地，连同附近233个岛屿，为期99年。1911年时，新界基本上还是一个农村地区。根据港英政府做的这个统计，当时香港新界北区男子识字率是42%—56%，南区是51%—60%。这里说的"识字"，其实只是认字，而并不是能写文章或读比较困难的书，与罗友枝说的"拥有某种读写能力"意思相近。由此而言，我们看到，罗友枝所得出的18—19世纪中国识字率，虽然低于清末香港新界地区，但很可能接近广东地区的识字率。

关于广东之外的识字率，20世纪前半期有一些材料。在我所看到的材料中，比较可靠的是毛泽东1930年在赣南寻乌县进行的调查（即《寻乌调查》）所得到的数字。当时寻乌县有12万人，有150所初级小学（1—3年级），7所高小（4—6年级），没有中学。赣南是一个很穷困的地区，寻乌县大约3%的土地是河谷平原，其他97%是山地和丘陵。但是在寻乌县，全部人口的识字率达到40%。其中女子识字的不过300人，几乎可以说全部不识字，因此男子的识字的达到80%。这个数字很让我吃惊。毛泽东说的"识字"的标准，其下限是识200个字，大体相当于罗友枝所说的"拥有某种读写能力"。对经济史研究来说，能识200个字有很大意义。一个农民认识200个字，就可以看懂自己的名字、简单契约、汉字数字和一些计量单位，这是进行最基本的商业活动所必需的。柏金斯说19世纪在中国农村已经具有相当的商业知识和才能，能够进行买卖、借贷、典当、抵押、租佃、雇佣、承包等行为，而且知道书面文契的重要性。没有一定的识字能力，这些知识和才能是很难获得的。中国东南沿海识字率很高，中部贫困山区识字率也不算低，从而为这些地区的商业化创造了人力资源方面的条件。但是在西北地区，情况就大不相同了。中共领导的红军长征到西北后，建立了陕甘宁边区。根据1941年6月5日的《解放日报》和边区文教主管徐特立提供的数字，当时整个边区有200

万人，仅只有120所小学，文盲率达98%，小学老师的水平也低得惊人。这不单是因为这里农民穷，孩子上不起学。实际上，无论国民党还是共产党在这个地区的政府都试图实行义务教育，但农民仍然不愿意让孩子去读书。政府规定如果不让孩子去读书，家长要罚款5块大洋。在当地，5块大洋是一个很大的数字，但大多数人宁愿缴纳罚款，也不愿意让孩子读书。为什么？因为他们认为一个孩子去上学，家里就少了一个劳动力。这导致的超低识字率，也是这个地区经济上贫穷落后的原因之一。

由上面的比较我们可以看到，在20世纪前半期的中国，东南、中部、西部识字率差别如此之大，因此我们不能把广东、赣南、西北任何一个地区的识字率当作全中国识字率的代表。在这样的情况下，对于"什么是中国的识字率"这个问题，在目前的情况下是无法回答的。唯一的办法只能是对各个地区进行"微观"研究，然后在以各个地区研究为基础的情况下，才能对全国识字率问题进行"宏观"研究。否则，所做出的关于全国识字率的任何结论都是有问题的。

这就涉及我今天要谈的"微观"研究的问题了。微观研究并不等同于地方性研究，除了地方性研究之外，还包括多方面的研究。比如就识字率问题而言，不仅各地的识字率有很大差别，而且不同的阶层、不同的职业人群的识字率也差别非常大。识字率是教育的结果，过去教育史方面做得比较多的是科举制度下的教育。但这只是精英教育，此外还有大众教育。受过科举教育的人群，识字率当然很高。而大众教育导致的识字率，过去研究很不够，主要是因为史料不足，只能从地方志、笔记小说等来源收集一些零星的记载来进行研究，而这些史料来源因时因地而异，不是到处都可以获得的。我搜集到的史料是明清江南的苏州、湖州、杭州、嘉兴的史料，这些史料表明在这些地方，大众教育在明清时期已经开始普及。在16世纪后期到19世纪前期，这里农村的男孩都要去私塾读三年书。但我们仍然无法知道具体识字率有多高，只能就更小的地域进行计算。至于其他地方的材料，我就不清楚了，需要大家去找。因此，我只敢就明清江南的情况说事，其他地方则不敢瞎猜。

也正是因为这个原因，我研究江南几十年，从来不说江南就是中国。相反，我常常说江南不具有典型性，而中国也不仅仅是江南一个地区。在今天，在江南地区，从直辖市到副省级市、地级市，共有16个各级"市"，总人口8000多万。这个地区的人均GDP，超过从前苏联集团中除捷克外的任何国家，可以说已经跨入发达地区的门槛。这样一个地区，和我国的西藏、甘肃等地相比，在经济发展水平上差别非常大，难道可以说江南能够代表这些地区吗？昨天会议上一些学者提到"大分流"的问题。"大分流"理论的提出至今已经有二十年了，很多学者都指出这个理论有尚不完善之处。我认为确实如此，但"大分流"理论中有一点很正确的是，研究中国也好，欧洲也好，不应该在现代民族国家的框架中进行研究，而要打破国家界限，一个地区、一个地区地进行研究。这就是"全球史"的主要理念。

现在再回到识字率的问题上。如果从"微观"研究出发，我最近在读近代早期英国史专家怀特森（Keith Wrightson）的书，觉得他的研究方法很值得参考。他讲到在14世纪后期，英国上过某种形式学校的人不超过人口的10%。16、17世纪英国出现了"教育革命"，导致了识字率的明显提高。1640年英国革命爆发，国会要求英格兰各教区内的所有成年男性都去签名，表示拥护国会。以能否签名为识字与否的标准，结果发现不同区域识字率的差别很大。例如在英格兰南部，成年男子识字率为90%，中部为50%，而西部和北部就很低了。不仅如此，城镇识字率大大高于农村。此外，不管在城市、农村，识字率都有明显的社会等级性。在农村，比较富裕的自耕农（yeomen）识字率为33%左右，卖苦力的雇工（laborers）则100%不识字。农村里商贩和工匠能够签名的达42%，而城市里不能签名的商贩和工匠只有28%。就英格兰地区而言，只有30%的成年男子能够签自己的名字，而70%的成年男子不识字，只能画押。这个研究表明：我们研究识字率的问题，应当先把这些"微观"问题弄清，在此基础上才能得到宏观的结论。中国在地域和人口规模上比英国大得多，更不能把从某些地区得到的估数当成全国的情况。

这个结论不仅适用于社会经济史研究，而且也适用于整个中国史研究。就目前的情况而言，这种"全国平均数"之类的全国性结论，有许多因为缺乏坚实的微观研究作为基础，因此难以成为评判中国历史状况的重要指标。我们现在亟须进行的工作，是对中国历史上各时期、各地区、各行业、各社会阶层等方面的具体状况进行深入的"微观"研究，在此基础之上，才能进行全国性的"宏观"研究。

进行"微观"研究，不仅是我们目前需要做的工作，而且我们在这方面可以做很多有意思的工作。比如就识字率研究而言，它所体现的教育水平问题，不仅对于经济史和社会史的研究，而且对政治史、军事史、制度史等的研究，都很有意义。例如，在政治史和制度史研究中，国家决策机制是一个重要课题。国家重大决策由谁来做？这是决策机制的关键。我前些日子做了一个有关明代国家决策机制的研究，其中讲到在晚明时期，国家大政的决策，事实上主要由"廷议"进行。这种"廷议"是常设机制，由在朝的文官组成，但皇室、宦官乃至内阁成员不得参加。他们每月在东华门开会，就国家当前遇到的各种重要问题和重大人事任命问题进行讨论，提出各自的解决方法，然后投票，票决出几条决策，送请皇帝勾决。当时英国有一个相似的决策机构，就是议会。明朝有资格参加廷议的官员都是进士出身。要获得进士功名，必须接受长期而严格的儒家教育，并经过全国性的公平的考试，层层选拔，才能取得。因此他们是接受了当时高等教育的人。在这个时期的英国，有牛津、剑桥等几所大学，是全国高等教育的中心。这些大学虽然也有像牛顿这样的伟大学者，但主要进行的还是宗教教育，并不比中国的儒家教育高明多少。从某种程度上可以说，这个时期中国进士功名获得者和英国大学毕业生，都代表了当时两国受过高等教育的政治精英。在晚明，100%的廷议官员都拥有进士功名。而在英国，1563年国会议员里只有26%上过大学，这个比例到1642年增加到50%。也就是说，在参与决策的政治精英的教育程度方面，明代中国明显高于同期的英国。在地方上，英国有6个县的地方材料表明，在1562年，地方治安官只有5%上过大学，这个比例到1630年上升到62%。与此大体相当的是明代中国的县巡捕官。明代的县巡捕官一般是从县丞、主簿和典史三者中选出一员来任此工作。嘉靖之后，县巡捕官职权逐渐向典史集中。县丞和主簿都是品官，通常要有举人的功名方能任职，可以说受过高等教育。典史是"群吏之长"，即负责统领县的吏员；"其职专掌案牍，先署书然后达于上而完署之，不然则否"。这句话是说，县所有的公文先由各房吏员禀报首领官，经过首领官初步处理并签署之后才能上报知县签署实行。必须受过相当的教育，才能从事这种工作。典史虽然未入流，但也要经过考核才能入选，考核的内容，依照明代后期的规定，包括"刑名、行移、写字"。要能通过这样的考核，并非只是接受过识字教育就行的。因此，两相比较，可以看到在基层政府任职的官员的受教育程度，明代中国也比同期的英国高。这样的"微观"研究，有助于我们认识一个非常重要的现象：为什么在明清中国，一支规模很有限的官员队伍，能够相当有效地治理一个人口众多的大国，原因之一就是这支队伍具有较高的教育程度。

最后，我们再回到清代经济史研究来。经济史研究必须建立在充分和可靠的资料基础之上，即如吴承明先生所言："史料是史学的根本，绝对尊重史料，言必有证，论从史出，这是我国史学的优良传统。治史者必须从治史料开始，不治史料而径谈历史者，非史学家。"研究近代以前的中国经济史，史料（特别是做计量研究所需的史料）不足是一个严重问题，所以我们当务之急或者说目前一个主要任务，是努力搜集、发掘地方的各种史料，就像刘志伟先生他们做历史人类学研究那样。在此基础上，进行深入的"微观"研究。在做了相当数量的"微观"研究的基础上，再做关于全国性的"宏观"研究。如前所说，中国广土众民，各地区在经济上的差异巨大，要做长时段和全国性的经济史研究非常困难。因此就目前而言，一个合理的方法是选择若干资料条件较好的地区和合适的时期，逐个进行深入研究，在此基础上，再进行全国性和长时段的研究。选择一个小地区和短时段进行的研究，结论可能是重大的。马克垚先生指出："西方学者把封建作为一个政治、法律制度概括时，所依据的主要是狭小的罗亚尔河、莱茵河之间地区9到13世纪的材料。用这些有限的材料概括出简单的封建主义的理想典型。"可见，以一个小地域作为研究重点，构建出一个封建社会的理论。这个理论的内容是"宏大叙事"。由此而言，微观研究只要做得足够好，也能变成未来宏大叙事的重要组成部分。

当然，我提倡做"微观"研究，并非反对做"宏观"研究。从某种意义上来说，"微观史"（micro-history）提供的是一种"地方性知识"（local knowledge）。微观史研究如果不放进一个大的历史框架之中，有可能导致研究的碎片化，其所获得的"地方性知识"的价值就会大打折扣。古尔迪（Jo Guldi）和阿米蒂奇（David Armitage）指出：在20世纪后期的西方史学界，"微观史成了史学的主流"，而"'宏大叙事'（grand narratives）——大框架、大

过程、大比较——变得愈发不受欢迎"。有感于此，他们于2014
年发表《历史学宣言》（*The History Manifesto*），指出"微观史若
不与更大的历史叙事相联系，不明确交代自身的研究想要推翻什
么、坚持什么，那就很容易被人称为好古癖。我们希望复兴的是
这样一种历史，它既要延续微观史的档案研究优势，又须将自身
嵌入到更大的宏观叙事"，而"微观史档案研究与宏观史框架的
完美结合将为历史研究展现了一种新的境界"。由于我们清代经
济史研究队伍人数众多，如果大部分人都找一个合适的题目进行
"微观"研究，把大家的成果汇集起来，在此基础上进行"宏观"
研究，相信这将会使我们的清代经济史研究达到古尔迪和阿米蒂
奇所说的这种"新的境界"。

（本文原系2020年7月5日于中国人民大学
清史研究所举办的"清代经济史研究再出发"圆桌论坛上的
发言稿，稍做整理成为此文，原载《清史研究》2020年第6期）

"壶里乾坤大"：
江南史研究长盛不衰的原因初探

如果从我第一本历史作品的写作算起，[1] 我从事江南史研究已有四十多年了，因此可以说不仅是见证了，而且是亲历了江南史研究在这四十多年中走过的历程。虽然我在江南史研究中注入大半辈子的精力，但从未感到江南史已经被研究得差不多了，没有很大空间可以发展了。这个感觉并非我一人独有，而是众多同仁的共同体会，因此近四十年来整个江南史研究领域的变化，就充分证明了：江南史并未如一些过去曾经"大红大紫""风光无限"的研究领域一样，随着史学研究的发展而走向衰落；相反，久而弥盛。为什么会如此？本文即对此进行探讨。

1　该书为《北宋方腊起义》，与延之合著（本人署名使用笔名千里），云南人民出版社，1975年。

一、长盛不衰的江南史研究

江南史研究是中国区域史研究中历史最悠久、成果最丰富的领域。在20世纪80年代以前的海内外史坛上，江南史研究可谓一枝独秀。20世纪国际学坛中关于中国史研究中的诸多重要见解，[1] 都是以江南史研究为基础提出的。在20世纪60、70年代，国内的江南史研究同整个历史学科一样，受到严重挫折，乃至停顿。改革开放以后，我国区域史研究勃兴，特别是以"华南学派"为代表的华南区域史研究发展迅速，成就尤大，成为"显学"。不过，江南史研究虽然不复独领风骚，但依然盛况不衰。仅就江南史研究中的明清江南史研究一个领域而言，即可清楚地看到这个情况。2008年华东师范大学思勉人文高等研究院江南学研究中心主办的"明清江南史研究视域与方法回顾"学术研讨会总结说："自20世纪80年代始，明清江南史研究复兴，几与改革开放三十年同步。经过三四代学者的努力，明清江南研究成为国内区域史研究中的显学，积淀厚重，颇具规模，海内外有重大影响。"事实确实如此。在改革开放以来的四十年中，关于江南史研究的成果丰硕，[2] 关于江南史的学术会议也频繁召开，并有《江南社会历史评

---

1 例如"中国停滞"论及其变种"高水平平衡机制"论与"过密化"论、"唐宋变革"论、"冲击—回应"论、"近代早期中国"论、"资本主义萌芽"论、"市民社会"论、"乡绅与乡村自治"论，等等。

2 仅就明清江南史研究而言，1980—2010年的主要成果，参阅王家范主编的《明清江南史研究三十年（1978—2008）》（本文发表时因应期刊出版要求删去各引用文献的出版版本信息，今仍旧，不再补入）。

论》[1]等专业学术期刊出版。在一些大学里，江南史也成为青年学子感兴趣的领域，因此有关于江南史的研究生学术入门手册[2]刊出。

在中国大陆之外，江南史研究也出现了新的局面。日本一向是海外江南史研究的国际重镇。依照清水浩一郎的总结，日本的江南史研究在20世纪80年代获得了突破性的进展。第二次世界大战后的日本历史学曾经有过依据以"阶级斗争"等为代表的特定历史观来设定研究对象的情况。这种僵化的、从既有结论出发的研究难免会出现漏洞，于是80年代以后，出现了以江南等地域为对象、尝试脱离战后历史学桎梏的研究方法。这些方法意在分析中国特定地域的社会形态，吸引了多数研究者的注意。如同战后的历史学史观在80年代以后被地域社会史取代一般，随着日本的中国史研究者对江南这一地域看法的改变，江南地域史研究也在改变。目前，由于受到全球化的强烈影响，单纯细致观察某一地域状况的做法已经难以得到有意义的结论。可以说，对某一地域的研究已经成了东亚史等更大的研究范畴的一部分。[3]

在改革开放以来的四十年中，江南史研究从先前社会经济史一枝独秀的格局，走向更为广阔的天地。除了江南社会经济史继续发展外，江南文化史、文学史、思想史、艺术史、城市史、乡村史、自然地理史、生态环境史、人口史、政治史、中外关系史、民间社会史、宗教与民间信仰史等，都蓬勃兴起，成为新

1　上海师范大学主办，2009年创刊，至2019年已出版10辑。

2　范金民：《江南社会经济史研究入门》。

3　清水浩一郎：《日本江南史研究管窥——以20世纪80年代以后的研究为中心》。

兴领域。与此同时，江南史研究中不仅新研究课题不断出现，就是一些原有的问题也不断被提出，展开讨论。甚至连像"何为江南"这样一个最基本的问题，在过去四十年中也一直争论不断。这种争论是在不同学科背景、不同观察视角之下，江南史研究进一步深入的体现。

为什么江南史长盛不衰、具有持久的生命力呢？我认为：是因为江南史研究很好地具备了史学研究的三大基本要素：史料、方法和问题意识。史学研究必须具备这三个要素（至少其中之一二），才能够进行。要了解江南史研究何以经久不衰，就要从这三个方面进行讨论。下面，先从问题意识开始。

二、问题意识

今天我们的史学研究是科学的研究，而科学的研究方法就是波普尔（Karl Popper）所提出的"社会学的技术方法"。他说："应该把科学设想为从问题到问题的不断进步——从问题到愈来愈深刻的问题。"[1] 他强调了三个重要的方面：第一，"科学只能从问题开始"。科学发现从问题出发，科学的创新源自提出新的问题。第二，产生原创性理论的问题有着特定的环境，也就是所谓的"问题情境"。问题以及与之有关的猜测和假设都可能具有普遍意义，但问题的出现或发现则要依赖于相对特定的情景。第

1　波普尔：《猜想与反驳——科学知识的增长》。

三，问题的显现主要在于原有理论和客观现实的不吻合状态。任何理论都有它解决不了的问题，一旦这种问题被发现，就可能产生新的理论。[1]"科学在其发展中在任何时候都遇到问题。科学不能从观察开始，或不能从'资料的收集'开始，这是一些研究方法的学者们所主张的。在我们能够收集资料之前，我们对某类资料的兴趣必定已经产生了。这就是说，问题总是最先出现的。问题的提出又可以由于实践的需要或者由于科学的和前科学的信念（因某种缘故）而有修改必要之故。科学的问题总是因为人们需要某种解释而被提出来的。"[2]克莱斯维尔（John W. Creswell）也指出："研究是一个用来收集和分析信息的多步骤组成的过程，目的是增进我们对于一个问题的了解。这个过程包括三个步骤：提出问题，收集资料，然后提出对这个问题的回答。"[3]简言之，科学研究就是从问题开始，提出理论和假设，通过批判检验和消除错误，最终达到正确的结果。

进行史学研究，情况也如此。费布里（Lucien Febvre）说："提出一个问题，确切地说来是所有史学研究的开端和终结。没有问题，便没有史学。"[4]德罗伊森（Johann Gustave Droysen）也说："有一定的历史问题，才可能开始找寻遗迹、纪念物及文献资料；

1　"Karl Popper", *Stanford Encyclopedia of Philosophy*；并参阅秦亚青：《国际关系理论的核心问题与中国学派的生成》。

2　卡尔·波普尔：《历史决定论的贫困》，第96页。

3　John W. Creswell, *Educational Research: Planning, Conducting, and Evaluating Quantitative and Qualitative Research*.

4　姚蒙：《法国当代史学的主流——从年鉴派到新史学》，第47页。

也就是说：找答案。"[1] 刘子健（James Liu）则说："余英时说'史无定法'，研究历史的题材不同，自然没有一成不变的方法，所以更妥帖地说应当是'史采佳法'，因题制宜。再更大胆地说是'因问求法'，如同科学家做实验一样不断尝试终可能走出一条路来。或许有人怀疑应当先有方法再寻问题。这不对，应先有问题意识，再去尝试并强调'学问'的'问'。"[2] 从问题开始，就是所谓"问题意识"。大致而言，问题意识就是发现问题、界定问题、综合问题的能力。

然而，问题意识从何来？不同学者由于学术关注点不同，所提出的问题也不同。但总的来看，每个时代的学者的关注点都有其特点，与其他时代的学者的关注点有很大不同。一个人的问题意识是受其所处的时代和环境所决定的，这就是波普尔说的"问题情境"，即问题的出现（或发现）要依赖于相对特定的情景。西方学界也把这种情景称为"舆论氛围"（the climate of opinion）。一个时代的科学研究，必然受到其舆论氛围的影响，而且必须为社会所关心的问题提供有用与有意义的结果。这种舆论气候非常重要，因为学者不能逃脱其所生活的时代，因此时代决定了被提出的问题。[3] 所以，科克斯（Robert Cox）将"问题意识"定义为：在特定历史时期对某些问题或事件的意识。[4] 每个时代都会产生新

1　德罗伊森：《历史知识理论》，第25页。

2　刘子健：《史学的方法、技术与危机》。

3　Daniel R. Fusfeld, *The Age of the Economist*, p. 5.他的这个看法，虽然是在讲经济学时讲的，但我认为也适用于史学。

4　Robert Cox, "Social Forces, States and World Order".

问题，这些问题是该时代特有的，是该时代人们所处的客观环境作用于主观的产物。正如一个人不可能用双手拉着自己的头发使身体脱离地面一样，没有人能够超越客观条件而提出与所处时代完全无关的问题。史学家也是这样，因此每一代史学家都会面对他们的前辈所不曾面对的问题，从而产生他们自己的问题意识。因此，不同的时代有不同的问题意识。

在今天，中国和世界都处在一个史无前例的大变化时代，提出了无数的新问题。为了解决这些新问题。为了寻求新答案，我们需要从历史中汲取智慧。因此，带着对这些问题的关注去研究历史，我们就有了新的问题意识。

今天世界上最重大的变化之一，是中国的崛起。[1]考虑到中国经济现代化的规模之大和速度之快，这当然可以说是世界历史上最大的经济奇迹。[2]而在中国内部，江南又是经济成长最迅速的地区，因此江南的经济表现可以说是"奇迹中的奇迹"[3]。

造就今日"江南奇迹"的因素当然很多。其中最重要者之一，是历史留给江南的现代经济成长的基础，即柏金斯所说的"经验与复杂的组织和制度的预先积累"（prior-accumulation of experience with complex organizations or institutions）。这种积累在19

---

1 被称为"金砖四国（BRICK）概念之父"的欧尼尔（Jim O'Neill）说："中国是我们这个世代最伟大的传奇故事。"欧尼尔：《高成长八国》，第123页。

2 Dwight Perkins, *China: Asia's Next Economic Giant?*

3 参阅李伯重：《"江南经济奇迹"的历史基础——新视野中的近代早期江南经济》（见于本书）。

世纪中期西方到来之前已形成了坚实的基础，以后长期的战争、内战、动乱乃至激进的"左"政策，虽然严重地破坏了这个基础，但是未能彻底摧毁它。因为有这个基础，所以到了改革开放（特别是1992年邓小平南方视察）之后，这个地区便能一马当先，走在全国各地区之前。[1] 由于江南在经济上的成功，江南史受到国内外学人的青睐是很自然的。这样的时代氛围也为江南史研究提出了各种各样的新问题，从而为研究者提供了新的问题意识，需要他们去寻找答案。

三、史　料

傅斯年有句名言："史学便是史料学。"原因是"史学的对象是史料，……史学的工作是整理史料，不是做艺术的建设，不是做疏通的事业，不是去扶持或推倒这个运动或那个主义"。因此，他说："综之，近代史学，史料编辑之学也，虽工拙有异，同归则一，因史料供给之丰富，遂生批评之方式，此种方式非抽象而来，实由事实之经验。"[2] 虽然他的这个论断可能不够全面，但史料的重要性是无可置疑的。因此，吴承明强调："史料是史学的根本，绝对尊重史料，言必有证，论从史出，这是我国史学的优良传统。治史者必须从治史料开始，不治史料而径谈历史者，非史学家。由于史料并非史实，必须经过考据、整理，庶几接近史

1　参阅前引李伯重文。

2　傅斯年：《历史语言研究所工作之旨趣》。

实，方能使用，因此史料学和考据学的方法可以说是历史学的基本方法。从乾嘉学派到兰克学派，中外史家都力图通过考证分析，弄清历史记载的真伪和可靠程度。"[1] 余英时也指出："史学论著必须论证（argument）和证据（evidence）兼而有之，此古今中外之所同。不过二者相较，证据显然占有更基本的地位。证据充分而论证不足，其结果可能是比较粗糙的史学；论证满纸而证据薄弱则并不能成其为史学。韦伯的历史社会学之所以有经久的影响，其原因之一是它十分尊重经验性的证据。甚至马克思本人也仍然力求将他的大理论建筑在历史的资料之上。韦、马两家终能进入西方史学的主流，决不是偶然的。"[2]

史学研究要发展，就必须有充分的史料。江南自宋代以来，不仅在经济上，而且在文化上，都是中国最发达的地区，给我们留下了极为丰厚的文化遗产。这份遗产也包括了自晚明以来不断输入的海外文化。因此可以说相对于中国其他地区，江南史研究在史料方面可谓得天独厚。

具体而言，江南地区具有长久的修志传统。与中国其他大部分地区修纂的地方志相比，江南地区所修之志不仅数量多，而且质量高。[3] 传统江南社会的一个重要特点，是本地学者在地方事务中十分活跃，并且对地方经济活动颇感兴趣。因此之故，在他们

1　吴承明：《中国的现代化：市场与社会》，第362—363页。

2　余英时：《关于韦伯、马克思与中国史研究的几点反省》。

3　例如仅就明清的苏、松两府而言，各种文献的数量就已很大，参阅陆振岳：《苏州旧方志概述》；陈其弟：《苏州旧方志述略》；上海师范大学图书馆编：《上海方志资料考录》；许洪新：《上海旧方志述评》。

的私人著述中，留下了大量的史料。此外，还有大量的碑刻、家谱等官私文献。就明清社会经济史而言，改革开放以后，一些学者就从各种地方文献中搜罗了大量的史料，编辑出版了若干具有重要价值的资料集。[1]作为中国近代经济发展的中心和中国对外开放程度最高的地区，江南（特别是上海）也拥有异常丰富的近代史资料。这些资料包括近代中外机构和人士在江南进行的实地调查、各种中外档案、报刊、文艺作品、私人文件、图像资料乃至文物古迹等，数量惊人。其中一些已经得到整理，并有学者对其中的史料进行专门的研究。[2]

这些资料由于数量庞大，收藏分散，收藏者情况不同，因此其中的大部分，学者很难涉猎。即使是文字资料，也是如此，因此学者坐拥宝山而不自知或者不得入。到了今天，随着技术的进步，大量资料被数码化，建成各种各样的资料库，[3]使得这些资料可以被广大研究者使用，从而极大地扩大了研究的史料来源。这些新旧史料的发现、收集和整理，为江南史研究的发展奠定了坚

---

1 仅在改革开放以后的头一二十年中，就出版了诸如洪焕春编的《明清苏州农村经济资料》、徐新吾主编的《江南土布史》，以及江苏省博物馆编《江苏省明清以来碑刻资料选集》、上海博物馆图书资料室编《上海碑刻资料选辑》、苏州历史博物馆编《明清苏州工商业碑刻集》等重要资料集。

2 例如上海档案馆编的《上海档案史料研究》，自2006年至2019年已出版22辑。

3 例如，与江南史研究直接有关的数据库，已建成上海图书馆家谱古籍数据库、苏州图书馆馆藏古籍数据库以及宁波图书馆特色资源、中国地方历史文献数据库（上海交通大学馆藏地方文献数据库）、台湾辅仁大学南京教区契约文书数位典藏等数据库。此外，近年来海内外建立的各种关于中国的电子资料库或数据库，也包含大量江南史研究资料。

实的基础。对于研究者而言，过去无法接触到的资料都可以说成是"新"的资料。这些"新"资料数量之多、内容之丰富，可以说是前所未有。因此在此意义上来说，今天的江南史研究者遇到了一场"资料革命"。

在这样的背景之下，江南史研究的蓬勃发展有了史料基础。

四、方　法

吴承明指出："即使做到所用史料尽都正确无误，仍然不能保证就可得出正确的结论。"[1]这句话非常精辟，点明了史学研究的一个基本要素：要得出正确的结论，研究方法必须正确。

今天我们进行的史学研究是科学研究，而美国资源委员会对"科学研究"的定义是："科学研究工作是科学领域中的检索和应用，包括对已有知识的整理、统计以及对数据的搜集、编辑和分析研究工作。"[2]

现代史学是史学科学化的产物。这个科学化的开端是史料学的科学化。史学的科学化过程发轫于19世纪后期，经历了整个20世纪，至今仍然在进行。余英时对此做了一个总结："自十九世纪末以来，西方（英、美、法）史学主流便是要把它变成一种'科

---

[1]　吴承明:《论历史主义》；吴承明:《中国经济史研究的方法论问题》。

[2]　转引自http://www.wm23.com/wiki/152278.htm；http://baike.baidu.com/link?url=OkBypBFc
pRKuiCGF2hrjLfijq9QAPgpjMVTmGXoCY-07k-u7rE_uHIGGtuPqq8Uedm2eE5Wb3Kho0Wo
AFrScAa。

学'（即所谓'科学的史学'，Scientific History）。二十世纪西方史学的流派多不胜数，但其中最有势力的几乎都企图从不同的角度与层面把史学化为'科学'。……二十世纪初叶美国'新史学'继'科学史学'之后，其目的仍然是为了扩大史学的'科学化'，不过不是直接与自然科学接轨，而是与社会科学合流，而社会科学当然奉自然科学为最高的知识典范。这一潮流在美继长增高，至五十、六十年代而登峰造极。"[1]在中国，20世纪初兴起的"新史学"运动，就是在西方的史学科学化浪潮的激荡之下出现的。[2]梁启超1903年发表了著名的长文《新史学》，倡言"史界革命"，号召创立新史学。虽然后人对"什么是新史学"的看法颇有歧异，[3]但梁氏自己说得很清楚：这种新史学的主要特征就是必须获得"诸学之公理、公例"，即利用社会科学的理论方法研究历史。自梁启超开始，"新史学发展的主流始终在'科学化'，历来的巨子，莫不以提高历史学的'科学'质素为职志"[4]。

经过百年的引进，社会科学的方法已成为我国现代史学不可或缺的组成部分。这些方法多姿多彩，丰富多样。就经济史而言，"按照诺斯的说法，目前用于研究经济史的经济理论不外古

---

1 余英时：《两种文化的百年思索》。

2 以下论述参阅李伯重：《迎接我国的第二次"新世纪，新史学"》；李伯重：《二十世纪初期史学的"清华学派"与"国际前沿"》；李伯重：《回顾与展望——中国经济史学百年沧桑》。

3 "新史学"一词使用频率甚高，其含义亦相当宽泛。参阅陈峰：《两极之间的新史学：关于史学研究会的学术史考察》。

4 许冠三：《新史学九十年》上册自序，第140页。

典经济学、新古典经济学、马克思主义经济学，等等"[1]。这些经济学的方法，在国际经济史学发展过程中都起着重要的作用。同时，这些方法自身也在不断更新改进。

改革开放以来，新的研究方法以空前的规模和速度被引进中国。吴承明指出："具体而言，在中国经济史研究中可以利用的经济学方法，特别值得重视的有经济计量学方法、发展经济学方法、制度经济学方法（也可称社会学方法）、区域经济史方法，等等。"[2]斯波义信引用弗里德曼（Maurice Freedman）的话总结说：经济史研究所涉及的社会科学学科，至少包括经济学、政治学、社会学、社会心理学、人口学、社会地理学、经济地理学等。这些学科的研究方法与模式，都可以参考借用。例如，经济学家的研究模式（由抽象到具体，先假说后论证）、社会学家的研究模式（从具体入手，注重统计）以及别的研究模式（如把以社会横断面比较为基础的复数指标进行组合，根据对各种指标的比重及组合方式的适当处理进行归纳，等等），都可用到中国经济史研究中。[3]此外，经济史研究也向自然科学借用方法，并从自然科学的研究成果中受益。近年来史学科学化的趋势，除了表现为史学日益社会科学化外，还表现为自然科学研究方法向史学的渗透。许多自然科学研究的成果，对于经济史学研究来说也非常有帮助。

在引进"新"方法的同时，许多"老"方法（例如传统的考

1 吴承明：《经济学理论与经济史研究》；吴承明：《中国经济史研究方法杂谈》。
2 同上。
3 斯波义信：《宋代江南经済史の研究》，第31页。

据学、文献学方法）也被重新发现和运用。吴承明说："就方法论
而言，有新、老学派之分，但很难说有高下、优劣之别"；"新方
法有新的功能，以至开辟新的研究领域；但就历史研究而言，我
不认为有什么方法是太老了，必须放弃"；"在方法论上不应抱有
倾向性，而是根据所论问题的需要和资料等条件的可能，作出选
择"。[1] 各种"新""老"方法并存，使得学者有了更多的选择，可
以根据所研究的题目，采用最好的方法，即如刘子健所言："余英
时说'史无定法'，研究历史的题材不同，自然没有一成不变的
方法，所以更妥帖地说应当是'史采佳法'……"[2]

　　在今天，我们可以使用的方法远比我们的前辈可以使用的方
法丰富，这就使得我们在江南史的研究中有了越来越多、越来越
好的工具，利用这些工具，可以设计出更好的蓝图，建造形式多
样、用途各异的学术建筑。韩愈有言："术业有专攻。"从事史学
研究的学者都各有专长，有自己最熟悉、最喜欢、运用最为得心
应手的方法。但是使用所有方法的共同目的，都是揭示历史的真
实。当然，各种方法也都有自身的优点和缺点，因此我们应当对
不同的方法持有一种开放的心态，而不能抱有偏见。

　　问题意识、史料和方法三者彼此密切相关。这种关系，前
贤已有很好的认识。如前所述，有了新的问题意识，才会有新
的眼光，而有了新的眼光，就如顾颉刚所说："现在用了新的眼
光去看，真不知道可以开辟出多少新天地来，真不知道我们有多

1　吴承明：《中国经济史研究的方法论问题》。
2　刘子健：《史学的方法、技术与危机》。

少新的工作可做。"[1] 有了新方法，也才会更好地利用史料，所以菲雷（François Furet）说："不是史料决定研究方法，而是研究方法决定史料"，因此"在确定自己的研究对象的过程中，历史学家必须'创制'自己的原始资料"。[2] 同时，新史料的出现也会引起史学研究发生重大变化。年鉴学派第三代领袖勒高夫（Jacques Le Goff）说："历史学今天正经历着一场'资料革命'，这一革命与新史学有着千丝万缕的关系。"[3] 陈寅恪也认为："一时代之学术，必有其新材料与新问题。取用此材料，以研求问题，则为此时代学术之新潮流。治学之士得预于此流者，谓之预流。其未得预者，谓之未入流。"[4]

希尔（Christopher Hill）说："每一代人都要重写历史，因为过去发生的事件本身没有改变，但是现在改变了，每一代人都会提出关于过去新的问题，发现对过去都有一种新的同情，这是和他们的先辈所不同的。……不仅有新的问题提出，而且书写历史的资料和方法也变了：新史料的发现和新方法的发明，使得我们对过去提出新的解释不仅成为可能，而且也成为必然……"[5] 简言之，每一代人都会提出不同的问题，同时资料和方法也在不断改变。因此每一代人都要重写历史，从而形成了一波接一波的"新史学"。

江南本是文献名邦，文献资料极为丰富；又有治史的深厚传

1　顾颉刚：《一九二六年始刊词》；顾颉刚：《古史辨》（一），第55页。
2　参阅弗朗索瓦·菲雷：《从叙述史学到面向问题的史学》。
3　雅克·勒高夫：《新史学》，第7页。
4　陈寅恪：《陈垣敦煌劫余录序》。
5　Christopher Hill, *The World Turned Upside Down: Radical Ideas during the English Revolution*, p. 15.

统，特别是到了清代，更成为乾嘉学派的重镇。同时，自现代史学出现以来，在各种史学研究方法的引进方面中，江南也走在前面。不仅如此，作为中国经济和文化最发达的地区，江南在感受时代氛围方面也最为突出，江南史学者从中也获得更丰富的问题意识。由于问题意识、史料和方法都在不断变化，因此江南史研究也在不断变化，在不断出现的新的问题意识、史料和方法的推动下，江南史研究也得以不断推陈出新，继长增高，踵事增华。

被称为"创新之父"的熊彼特（Joseph Alois Schumpeter）提出的创新理论，被后人归纳为五个创新，依次为产品创新、技术创新、市场创新、资源配置创新和组织创新。这个创新理论，在一定程度上也适用于史学创新。具体而言，史学创新的内容包括：（1）为社会提供新的产品，以满足社会对历史知识的新需求；（2）采用新方法；（3）开辟新领域；（4）开辟新的资料来源。如果做到这些，在史学研究中不断创新就不仅是可能的，而且是必然的。[1]江南史研究为史学创新提供了一个广阔的天地，因此江南史研究不仅得以长盛不衰，而且将前途无量。正因如此，江南这个面积不到全国面积1%的狭小地域，可以成为史家大展身手的广阔天地，从这个意义上来说，我们可以说江南史研究确实是"壶里乾坤大"。

（原载《明清史评论》第二辑，中华书局，2019年）

---

[1] 参阅李伯重：《原创与积累：中国人文学术如何创新·史学创新需借鉴经济学创新理论》，《探索与争鸣》2018年第5期；李伯重：《创新是史学发展的主旋律》，《人民日报》2018年9月5日。

从"上海小男人"谈清代妇女的社会地位

1997年初，台湾文化人龙应台在《文汇报》上发表了一篇题为《啊，上海男人！》的文章。发表后，"上海男人"纷纷打电话到报社，大骂作者"侮蔑"上海男人，上海男人其实是真正的"大丈夫"云云。此文随后在内地报刊上被广泛转载，引出了一场关于"上海小男人"的争论。这场争论中的代表性文章，后来收入了龙氏文集《我的不安》[1]一书中。

龙氏的文章指出了一个重要的现象，即上海妇女在家庭中的地位明显较世界许多其他地方的妇女更高。如果仅就经济地位而言，所谓"上海小男人"现象，指的是在今天上海的许多家庭中，妻子不仅在收入方面与丈夫相差不大，而且往往掌握着家庭的财权。由于妻子执掌了财权，所以有的丈夫往往私设"小金

---

1 龙应台:《我的不安》，南海出版公司，2001年。

库"，留些个人零花钱。虽然这种情况在其他地方也有，但远不及上海普遍，以至于龙氏称："我对大陆男女关系的平等是有心理准备的，只是没有想到上海男人在大陆男人中还自成一格，是一个世界稀有的品种。"因此在许多外地大男子主义思想严重的人士中引起诧异，以至于被标为一种"上海现象"。

我不同意"上海小男人"的说法，但是也承认今日上海妇女在家庭中的经济地位，即使比起许多欧美发达国家的妇女也毫不逊色。在传统家庭中是没有"夫妇平等"这一概念的，正如《红楼梦》中所言，"不是东风压倒西风，就是西风压倒东风"。但是在现代社会中，夫妇平等乃是社会文明的重要内容。由此而言，今天上海妇女在家庭中具有较高的地位，表明社会文明达到更高阶段的表现，因此应当值得上海人感到自豪。这里我们所关心的，是这种"上海现象"到底是怎么产生的？

首先，人们可能会认为上海妇女之所以在家庭中具有较高的经济地位，是1949年后推行妇女解放和男女平等政策的结果。这当然有道理，但是这些政策是面对全国的，而非仅只针对上海一地。然而在今天中国大多数地方，妇女在家庭中的经济地位与上海的情况相比依然相对较低。因此仅用此理由，并不能完全解释"上海现象"。

其次，人们也可能认为"上海现象"是上海自开埠以后西方经济文化强烈影响的结果。这也不乏道理。但是在西方，妇女地位的真正改观其实是较为晚近的事。瑞士妇女不久前还没有投票权。德国女人是欧洲有名的贤妻良母，为丈夫子女牺牲自己的事业不仅不被当作美德，而且甚至被认为是女人应尽的义务。例如在鸦片战争后一个世纪中，对上海社会生活影响最大的西方国家首推英美两国。但是依据英美两国的习惯法，妇女结婚后，她以劳动、服务和其他活动所得的收入，都成为丈夫的合法财产。万一丈夫去世而未留下遗嘱，他的财产将被国家接管，不留给遗孀。经过英国妇女多年的斗争，1870年议会通过英国历史上第一部《已婚妇女财产法》，英国妇女才有权拥有自己的财产。以后又经过长期斗争，到1908年通过的《财产法》，才规定妻子无须征得丈夫同意，可以处理自己的财产。至此，英国法律也才完全认可妇女享有独立的经济权。在曾被英国统治了几百年的印度，妇女地位至今仍然在世界上叨陪末座，在"2010年全球性别差距指数"（The Global Gender Gap Report 2010）所调查的134个国家中，名列第112位，另外一个也被英国统治数百年的国家巴基斯坦更名列第132位。而未经英国殖民统治的中国，妇女的地位要高得多，排名第61位。此外，依照万事达卡国际组织公布的"2010年女性进步指数"（MasterCard Worldwide Index of Women's Advancement 2010），曾被英国殖民统治一个半世纪的香港，女性进步指数在亚太地区排名第10位，而中国大陆排名第5位。因此只是用第二个原因也不能充分解释上述现象。我们还不得不从历史上去寻找更深层的原因。

许多中国男人尽管在外人面前做出一副"大丈夫"的模样，但是在家里却甘居"二把手"。这种情况早已有之。明代成化时人就说："可笑今人之人家，不论贤愚贵贱，大小事务皆由乎妇人。至有刚果之夫，亦且半之。"[1]因此所谓"小男人"并不仅只是一种"上海现象"。不过，从今天一般人对中国各地男人的印象来看，上海男人在家里甘当"二把手"的情况似乎确实比其他大多数地方明显，因此才被称为"上海现象"，即以上海为代表的现象。那么，为什么这种情况在上海显得最为突出呢？

上海所在的江浙地区，在历史上一直是"封建礼教"最盛行的地区，而这种礼教的特点之一就是"夫为妻纲"，即妇女在家庭中完全依附于丈夫。由此而言，"上海现象"似乎不可能是本地长期历史发展的产物。但是近年来社会史的研究表明：礼教虽然在清代中国的社会生活中起着相当重要的作用，但是它并不像近代以前欧洲的基督教和亚非地区的伊斯兰教一样深入社会的最底层，成为全社会共同的意识形态。相反，作为清代官方意识形态的程朱理学及以此为基础的礼教，也主要盛行于中上层社会，并未真正改变儒家"礼不下庶人"的传统。因此它在劳苦大众中到底有多大影响，至今还需要深入研究。劳苦大众是社会的主体，对于全社会妇女经济地位的问题而言，劳动妇女的情况应当说更为重要。

自明代后期开始，上海一带的农村纺织业迅速发展，成为农家经济的主要支柱之一。而在农村纺织业中，农家妇女是主要劳动力。按照我的计算，在清代前中期大部分时间内，江南农妇棉纺织的劳动日收入大约相当于长工平均劳动日收入的70%。如果一个农妇一年从事纺织130日，那么她的净收入合3.6石米，已够

1　陶辅：《花影集》卷四《翟吉翟善歌》，中华书局，2008年。

她本人一年的口粮；如果她一年纺织260日，那么净收入为7.2石米，够两个成年人吃一年。乾隆时，尹会一说：在江南，"（纺织）一人之经营，尽足以供一人之用度而有余"。庄有恭则说："江南苏、松、常、太四府州，户口殷繁，甲于通省。人稠地窄，耕者所获无多。唯赖家勤纺织，一人一日之力，其能者可食三人，次亦可食二人。"因此从上海一带的地方志中可见，纺织技能较高的农妇，通过辛勤的劳动，不仅可以养活她的家人，而且还能支持子孙读书求学，在某些情况下甚至还可以发家致富。[1]

清代江南一个妇女从事纺织的收入大约相当于一个男子从事农业的收入，就此而言，她们在家庭经济中已经取得"半边天"的地位。也正因如此，清代上海出现了男子依靠妇女生活的现象。地方志说当地"民间男子多好游闲，不事生业，其女子独勤苦织纴，簑灯火，至达旦不休，终岁生资，率仰于织作"[2]；"农暇之时，所出布匹，日以万计，游手之徒，有资妇女养生者"[3]，"俗多游手，藉妇工苟活"[4]。进入20世纪后，江南土布生产日渐衰落，农家妇女纺织收入也越来越微薄。但是据调查，1920年前后上海郊区农家妇女一年织布收入依然大大超过她们丈夫的收入。[5]由于

1　以上参阅李伯重：《"男耕女织"与"半边天"角色的形成》，《中国经济史研究》1997年第3期。
2　康熙《上海县志》卷首史彩序。
3　乾隆《上海县志》卷一《风俗》。
4　陈金浩：《松江衢歌》，收于顾炳权编：《上海历代竹枝词》，上海书店出版社，2001年，第10页。
5　徐新吾主编：《江南土布史》，上海社会科学院出版社，1992年，第242—244、249页。

妇女劳动收入在农民家庭收入中所占的比重相对较大（在不少情况下甚至超过男子劳动收入），因此妇女在家庭经济中的地位也随之上升，从而在家庭事务中也取得更大的发言权。

开埠以后，上海成为中国近代工业的中心。纺织业是近代工业的主体，而妇女又是近代纺织业工厂中的主要劳动力。比起她们从事其他体力劳动职业的丈夫，她们的收入相对较高而且相较稳定，因此妇女在家庭经济中的地位不仅没有下降，而且继续有所提高。1949年以后的妇女政策，更从社会生活的许多方面提高了妇女的地位。因此这种现象也从劳工阶级的现象发展成为更普遍的社会现象，亦即上面所说的"上海现象"。不过，这种现象也并非上海所专。事实上，是清代中国许多地方皆如此，因此称之为"上海现象"也是不公平的。

这里，我们再来看看为什么人们会对"上海小男人"之说感到震惊，一个重要原因是自"五四"以来，我国社会各界普遍认为清代中国妇女地位极为低下，因为她们在政治、经济、社会、教育、婚姻等方面乃至在家庭生活中，都处于一种无权或者依附的地位。然而，真实情况是否如此呢？下面，我们就通过事实来看一看，清代妇女在上述各方面是否真的处于无权或者依附的地位。

清代妇女政治地位的低下，主要表现在她们被剥夺了做官的权利。大致而言，这确实是实情。但是我们同时也要看到：实际上被剥夺了这种权利的，绝非只是女性。在清代，科举是进入官僚机构的正常渠道。按照曼素珊（Susan M. Jones）的估计，19世纪初期，中国拥有功名的人数（包括通过捐纳获得功名者）约有

120万人，大约相当于全国男性人口总数的5‰。[1]换言之，对于绝大多数男性居民来说，做官的权利实际上并不存在。因此强调妇女在此方面地位低下，并没有太大意义。从另外一方面来看，在清代的现实生活中，妇女也有成为权力的执掌者的，典型的例子就是在清代最后近半个世纪的长时期里，实际上的最高统治者是女性而非男性。

在经济方面，清代妇女也并非都是男子的依附者。江南妇女的情况已如上述，可不赘述。从《红楼梦》所反映的情况来看，在清代上层社会的大家庭里，妇女往往是家庭财产的实际管理者。同时我们也可以看到，在这种大家庭中，不论男女，都没有完全的和独立的财产权。至于实际支配的财产（即私房），女性甚至比男性更多（例如王熙凤之与贾琏）。因此说妇女的经济地位一定比男子低下，未必都能成立。

清代妇女社会地位低下，主要表现是所受束缚较多（特别是在与异性交往方面和在公共场所）。这虽然在一些地方是事实，但在另外一些并不如此。清初小说《走安南玉马换猩绒》说："就如我们吴越的妇女，终日游山玩水，入寺拜僧，倚门立户，看戏赴社，把一个花容粉面，任你千人看，万人瞧，他还要批评男人的长短，谈笑过路的美丑，再不晓得爱惜自家头脸。"[2]我们在此实在看不出这些妇女受到多少礼教束缚。

1 费正清、刘广京编：《剑桥中国晚清史》上卷，中国社会科学院历史所编译室译，中国社会科学出版社，1993年，第14页。
2 收于酌元亭主人编：《照世杯》，上海古籍出版社，1985年排印本。

中国妇女受"礼教"束缚，人们往往以"缠足"为例。然而，在清代，此陋习主要限于汉人上中层社会，在广大劳动妇女中非常有限；据马相伯在光绪十年（1884）前后所见，"广州的妇女，大概蛋户和那些仆婢全部是天足，而所谓上等人家才缠足"[1]。而这也并非晚清特有的现象。据康熙时人吴震方《岭南杂记》，早在清代之际就已然如此，"岭南妇女多不缠足，其或大家富室闺阁则缠之；妇婢俱赤脚行市中。亲戚馈遗盘榼，俱妇女担负，至人家则袖中出鞋穿之，出门即脱置袖中。……下等女子缠足，则皆诟厉之，以为良贱之别"（吴震方《岭南杂记》上卷）。至于在绝大多数少数民族人民（包括汉军旗人）中，即使上层社会妇女也不缠足。因此对于大多数中国妇女来说，说她们都受到此迫害并非事实。不仅如此，高彦颐（Dorothy Ko）对缠足的专门研究更指出：清代缠足妇女大多数是心甘情愿地接受此风习的，"对于女人本身而言，这还是自尊的一种具体体现"[2]。因此，站在"后五四时代"的立场上，一概将其说成是"礼教"对清代妇女的迫害，恐怕也非公允。

清代妇女受教育的机会确实比男子少，但是在上层社会（例如《红楼梦》中的贾府）里，妇女受教育依然相当普遍。相反，在下层社会里，即使是男子也很少有受教育的机会，可以说是男女都同样被剥夺了受教育的权利。因此，虽然两性在受教育方面

---

1 陈乐素：《相老人八十年之经过谈》，《人文月刊》1930年第1卷第2期。
2 高彦颐：《缠足："金莲崇拜"盛极而衰的演变》，苗延威译，左岸文化出版社，2001年，第9页。

确实存在差别，但是这个差别可能不像一般想象中的那么大。

在清代的家庭生活（特别是上中层社会）中，决定各个家庭成员地位的因素很多，除了性别差异外，还有嫡庶差异、辈分差异、与当权者关系的亲疏等。在许多情况下，后面这些因素所起的作用甚至更大。例如在《红楼梦》中的贾府里，地位最高的是贾母，而非任何一个男性成员。而在贾琏与王熙凤的小家庭中，显然也是阴盛阳衰。此外，在婚外性关系方面，贾府中的男性主子固然可以三妻四妾，而女性主子也可以私养情人，以致焦大说贾府主子"扒灰的扒灰，养小叔子的养小叔子，只有门前的石狮子是干净的"。由此而言，妇女在家庭生活中也并非全都是受压迫者。

清代妇女不能自由择偶，通常被认为是妇女受压迫的重要表现。但是在近代以前，不能自由择偶是普遍现象，并非只是针对妇女，男子同样也如此，所以才有《红楼梦》中贾宝玉的悲剧。与此相关的是清代妇女的守节问题。但是即使是这个问题，也值得重新研究。据郭松义的研究，在清朝两个半世纪的统治时期中，旌表的贞节烈女总数可能达到100万人，未获旌表的人数大略与此相当，二者合计达到200万人。[1]这个数字虽然不小，但是与全国妇女总数相比，所占比例并不大。事实上，正是当时绝大多数丧偶妇女不愿守节，因此朝廷也才会如此积极地旌表节烈。

如果我们把能否结婚成家作为幸福的一个指标，那么清代男子在婚姻方面处于更加不利的地位。根据李中清、王丰对清代北

1　郭松义：《伦理与生活——清代的婚姻关系》，商务印书馆，2000年，第405、413页。

京、安徽、辽宁人口的研究来看，适龄妇女基本上都结了婚，而有大量的适龄男子却终身不能结婚。[1] 同时，在没有择偶自主权的时代，结婚并不一定意味着幸福。贾宝玉由于不能婚姻自主，宁可出家做和尚，就是一例。这一点，对于妇女意义更大。清初著名文人李渔在小说中，说阎罗王给罪人的最可怕的惩罚，不是让他（或她）来生变牛变马，而是让他（或她）变为女人，与一个不如意的丈夫"白头偕老，一世受别人几世的磨难，这才是惩奸治恶的极刑"[2]。另一清代小说家西湖渔隐主人也说：女人如果嫁了不满意的丈夫，"真真上天无路，下地无门"，"倒是没他的快活"。[3] 因此，从今天的角度来看，清代的贞节烈女被剥夺了再婚的权利，无疑是一种对于人权的严重侵犯。但是由此意义上来说，守节倒为许多不愿再受包办婚姻之苦的妇女提供了一种逃避的方式。

李中清、王丰的研究还表明：在0岁和10岁时，清代妇女的预期寿命低于男子，但是在20岁时，妇女的预期寿命却高于男子。[4] 前者与灾荒时溺女婴的恶习有关，而后者则表明成年妇女的实际生活水平和生活质量至少与男子没有多少差别。

这里，我们再回过头来分析一下过去说清代中国妇女地位低下的原因。普遍的看法是"封建礼教"的束缚和压迫是罪魁祸首。这种看法是以礼教对当时社会生活具有强大的支配力为前

---

1 李中清、王丰：《人类的四分之一：马尔萨斯的神话与中国的现实（1700—2000）》，陈卫、姚远译，生活·读书·新知三联书店，2000年，第102页。

2 李渔：《李笠翁小说十五种》第五回《连城璧》，浙江人民出版社，1983年排印本。

3 西湖渔隐主人：《贪欢报》第四回，人民中国出版社，1993年排印本。

4 李中清、王丰：《人类的四分之一：马尔萨斯的神话与中国的现实》，第77—78页。

提的，亦即整个社会（特别是妇女）的生活都在礼教的严格控制下进行。但是近年来的研究表明，这种看法无疑有与事实不符之处。例如，官方和道学家们鼓吹"男女大防"和妇女贞节最积极的时代，往往也是人欲横流、色情泛滥的时代。在清代的出版物中，与四书五经并行而成为社会销路最大的读物，恰恰就是道学人士痛恨的艳情小说，其种类之多、格调之低，不仅在中国历史上仅见，其"杀伤力"在今天也足以令从事青少年教育工作的人士感到恐惧。然而，这类读物在当时却能风靡全社会，其读者远较四书五经的读者为多。托名江南著名文人李渔著的著名淫书《肉蒲团》居然在序言中宣称："这部小说惹看极矣。吾之书成之后，普天之下无一人不买，无一人不读，所不买不读者惟道学先生耳。然而真道学先生未有不买不读者，独有一种假道学，要以方正欺人，不敢买去读耳。抑又有说：彼虽不敢自买，未必不请人代买读之。虽不敢明读，未必不背人私读耳。"顺治九年（1652），康熙四十八年（1709）及五十三年（1714），乾隆元年（1736），嘉庆七年（1802）、十五年（1810）与十八年（1813），朝廷都曾颁布法令，对"坊肆小说淫词"加以"严查禁绝""通行严禁"，[1]但却越禁越多。到了道光十四年（1834）二月，连皇帝也不得不在上谕中承认："近来传奇、演义等书，踵事翻新，词多俚鄙，其始不过市井之徒乐于观览，甚至儿童妇女莫不饫闻而习见之，以荡佚为风流，以强梁为雄杰，以佻薄为能事，以秽亵为

---

1 俞正燮：《癸巳存稿》卷九"演义小说"条，商务印书馆，1957年整理本。

常谈。"(《清宣宗实录》卷二四九)在此情况下，我们如果依然认为这些"以佻薄为能事，以秽亵为常谈"的下层社会妇女真的会非礼勿视、非礼勿听，显然是不符事实的。事实上，夫唱妇随、三从四德、贞节自守这些依照礼教而制定的妇女行为准则，就是在像贾府那样的钟鸣鼎食之家，也并非都行得通。因此，把礼教中限制和歧视妇女的说法作为社会普遍现象，显然是有问题的。

事实上，较之历史上欧洲许多地方的妇女，清代中国不少地方的妇女在社会中的实际地位可能要更高。如果我们认真地去看历史，我们会发现中国传统社会中妇女的地位，与近代以来的西方社会中的妇女相比，在一些方面也并不见得低下。例如在西方，自罗马帝国以来，殴打妻子是合法的。直到1871年，西方第一个禁止丈夫殴打妻子的法律才在美国的亚拉巴马州和马萨诸塞州首次通过，在英国则要到19世纪80年代才通过类似的法律。而中国早在秦代，就已有法律禁止夫殴妻。在秦律中，夫殴伤妻与普通斗伤罪同样治罪。1975年12月在湖北省云梦县睡虎地秦墓中出土云梦睡虎地秦简，其中的《法律答问》说道："妻悍，夫殴治之，夬（决）其耳，若折支（肢）指、胅（体），问夫可（何）论？当耐。"即因为妻子凶悍，丈夫殴打之，如果有伤，丈夫将被处以耐刑（耐刑是秦朝刑罚之一，是强制剃除鬓毛胡须而保留头发），这是关于夫殴伤妻的法律。而秦律对普通斗伤罪的处理则是："律曰：斗夬（决）人耳，耐"；"或斗，啮断人鼻若耳若指若唇，论各可（何）殴（也）？议皆当耐"。换言之，丈夫杀、伤妻子属于普通人之间的斗伤的犯罪，在受惩处方面并不享有如父母之于子女、主人之于奴婢那样的免罪或减罪的特权。仅就此方面而言，秦代中国妇女的法律地位，就比19世纪中期以前西方社会中的妇女地位高。毛泽东在《湖南农民运动考察报告》里说中国妇女受到"政权""神权""族权""夫权"的束缚，族长有权把妇女送到祠堂里处以"打屁股""沉潭""活埋"等残酷的肉刑和死刑。但是此类地方陋习属于私刑行为，为历朝法律所严禁。虽然法律实施程度如何还需研究，但是绝不能将此视为普遍情况。当然，我绝不认为中国古代妇女享有同男子一样的地位，我只想指出：如果要对中国古代妇女的实际地位有更好的了解，还必须进行更深入的研究，而非依照一些尚未经事实证实的假设来下结论。

正是因为有这样的一个历史的根基，"五四"以来的妇女解放运动方能真正奏效，而非如在西方殖民统治下多年的印度和大多数伊斯兰国家，独立后政府积极推行妇女解放政策，但因缺乏历史根基，因而效果不彰。经历"文革"的"破四旧"后，中国传统"妇道"更是荡然无存，所以今天的中国妇女才能在世界上如此扬眉吐气，傲视侪辈，如龙应台所形容的那样——在这篇文章中，作者说："在海外见到的大陆女人，说得夸张些，个个抬头挺胸、骁勇善辩，没有人认为应该牺牲自己去成全丈夫的事业。资本主义社会里的谚语，'每个成功的男人背后有个温柔的女人'，不能用在大陆女人身上；她们昂首阔步地走在前头，不在男人的阴影中。……所以我对大陆男女关系的平等是有心理准备的，只是没有想到上海男人在大陆男人中还自成一格，是一个世界稀有的品种。……上海男人竟然如此可爱：他可以买菜烧饭拖地而不觉得自己低下，他可以洗女人的衣服而不觉得自己卑贱，他可以轻声细语地和女人说话而不觉得自己少了男子气概，他可以让女人逞强而不觉得自己懦弱，他可以欣赏妻子成功而不觉得自己就是失败。上海的男人不需要像黑猩猩一样砰砰捶打自己的胸膛、展露自己的毛发来证明自己男性的价值。啊，这才是真正海阔天空的男人！我们20世纪追求解放的新女性所梦寐以求的，不就是这种从英雄的迷思中解放出来的、既温柔又坦荡的男人吗？原来他们在上海。"当然，我们也要指出，即使这样，较之瑞典妇女，中国妇女的地位仍然还略逊一筹，因为据一份联合国发出的文件，瑞典丈夫被妻子殴打的情况普遍，呼吁瑞典人成立男人保护组织，拯救被虐男人。

最后，这里我还要申明：我绝非想要否定妇女在清代社会中地位较低的定论。我仅只是想要强调：这一重大结论赖以立论的事实基础，有些并未经过深入的探讨，从而不一定经得起事实的检验；而任何建立在经不起事实检验基础上的结论，都是缺乏足够的说服力的。

（原载《历史学家茶座》2010年第2辑）

创新是史学发展的主旋律

19世纪德国著名数学家克莱因（Klein）在其名著《数学在19世纪的发展》（*Development of Mathematics in the 19th Century*）中指出，"如果没有新观念的涌现、新目标的设定，数学研究的内容就会枯竭，并很快在机械的逻辑证明中精疲力竭、陷入停滞"。这说明，自然科学必须依靠创新才能发展。那么，人文社会科学又如何呢？我们不妨以史学为例做一分析。

史学是世界上最古老的学科之一，特别是在中国，从先秦到今天史学一直连绵不断。为什么史学能够存在几千年？一个重要原因就在于它在不断创新。法国年鉴学派第三代代表人物勒高夫在谈到当时热议的"史学危机"问题时指出："我们希望继续存在和发展，静止等于死亡。"这句话深刻揭示了史学的生命力在于创新。我们可以看到，近一个半世纪以来，国际史坛上"新史学"运动连绵不断。从19世纪中后期德国史学家兰克提出的"科学化的历史"，到20世纪初期美国学者鲁滨孙（J. H. Robinson）提出的"新史学"，再到20世纪70年代勒高夫提出的"新史学"，"新史学"运动一波接一波地出现。每一波"新史学"都认为现有史学有重大缺陷，必须改进。在中国，自20世纪初以来，"新史学"运动也一浪接一浪。"新史学"这个口号是梁启超在1903年第一次提出的，接下来有马克思主义"新史学"的兴起，以后又是新中国的"革命史学"，到了20世纪和21世纪之交海峡两岸都出现了新一波的"新史学"。在21世纪，更新的"新史学"仍然不断涌现，比如全球史、加州学派、华南学派等，体现了不同领域的史学家希望创新的意识和努力。"新史学"之所以不断出现，是因为史学家们深有同感：现在的史学不能为我们提供对过去的最好解释，所以必须创新。

史学的创新，包括史料、方法和理论的创新。史学和文学、哲学不同，史学研究必须以充分、翔实的史料为依据。在史料方面，今天已经发生巨大变化，可以称之为"史料革命"。今天我们能够看到的史料，在数量上是以往学者能够看到的史料的若干倍。这些前人所不知的史料也可称为"新史料"。新史料的大量出现和继续大量出现，使得我们能够看到诸多前人不可能看到的历史面相。

要创新，就要使用新方法、新理论。梁启超在《新史学》一文里倡导史学革命，原因之一是中国传统史学"徒知有史学，而不知史学与他学之关系也"。因此，"新史学"研究应当"取诸学之公理公例而参伍钩距之，虽未尽适用，而所得又必多矣"。那么，新方法、新理论从何而来呢？一个人不可能关在房间里自己拍拍脑袋就想出来。诺贝尔经济学奖得主费尔普斯（E. S. Phelps）说："一个人如果经常去了解他所在的社会或今天的全球经济中产生的新思想，他产生新创意的能力也会大幅提高。反之，被隔绝起来的个人或许能在某些时点上突然产生一些创意，但此后就少有了。经济学家兼小说家丹尼尔·笛福（Daniel Defoe）用鲁滨逊的例子告诉我们，如果不能从社会中获取灵感，一个人能产生的思想少得可怜。"

史学要创新，就要摒弃封闭心态，充分利用全人类几千年创造的全部知识。列宁说过："只有用人类创造的全部知识财富来丰富自己的头脑，才能成为共产主义者。"真正的创新，必须以人类创造出来的全部知识财富为基础。就中国经济史来看，中国过去只有食货学，没有经济史学。中国经济史学是1903年以后由海外引入的。只有把握国际经济史学的主流学术，才能从中汲取我们所需的学术资源。应当强调的是，国际经济史学的主流学术并非一成不变。一方面，它具有西方渊源与西方背景；另一方面，它在长期发展中也在不断科学化，这一科学化的过程也就是不断超越西方局限的过程。可见，国际主流学术往往具有双重性，正确的态度是充分汲取其合理部分，同时对其不合理部分加以改进。

（原载《人民日报》2018年9月3日22版）

网络信息技术推动史学研究进入新时代

今天，我们已经生活在一个由网络信息技术参与构建的世界里。不论一个人喜欢还是厌恶，其工作和生活都越来越离不开网络信息技术所带来的一切，这已经是不争的现实。这个现实也清楚地表现在学术研究方面。那么，这个势不可当的技术进步与史学研究有什么关系呢？

在今天所有的学术分支中，史学可以说是最古老的学科了。经过数千年的发展，史学到今天已成为一个高度专业化的学科。由于有长期形成的专业化的学术体系，过去史学工作者做研究很少使用新科技，像今天飞速发展的网络信息技术这样的高科技，更是少有人问津。

一个最古老的学科和一种最新的科技，二者似乎是风马牛不相及的。使用网络信息技术研究历史，一些学者觉得是中看不中用，也有一些学者觉得这是时代潮流，应当努力追赶。不管看法

有多大分歧，对于所有史学工作者来说，怎样把握网络信息技术
与史学研究之间的关系，都是一个绕不过去的问题。

一、使用网络信息技术研究历史是大势所趋

网络信息技术为史学研究带来了巨大便利。利用这种新技术
所创造的新资源，研究者可以突破原有的时间、空间的局限，在
短时间内占有更多的研究资料；同时，这种新技术还为史学研究
提供了新方法、新思路，可以使研究者开辟新的研究领域，进行
更为科学的研究。

史学是一门科学，正如马克思和恩格斯所说："我们仅仅知
道一门唯一的科学，即历史科学。"史学研究必须以史实为基础。
马克思说得很清楚："研究必须充分地占有材料，分析它的各种发
展形式，探寻这些形式的内在联系。只有这项工作完成以后，现
实的运动才能适当地叙述出来。"因此，充分占有材料（即史料）
是进行历史研究的基础。但是，如何充分占有史料却是一个问
题。在史料有限的古代，做历史研究时"读万卷书"就能够充分
占有史料了。但在今天，情况发生了巨大变化，一个人读书万卷
已经远远不够了。

最近几十年，出现了史无前例的"史料大爆炸"，即可以利
用的史料以不可想象的速度急剧增加。我国本是历史文献大国，
现存各种文献资料数量巨大，仅仅只是收藏在图书馆和档案馆中
的明清历史档案，就以数千万件计。这些明清史的第一手资料具

有极为重要的史料价值，但是过去只有少数学者能够接触这些文献中非常小的部分。最近二十年来，这些文献的数字化迅速展开。以中国第一历史档案馆为例，馆藏清代档案文献达1000余万件，2005年底该馆正式启动"清代档案文献数据库"重点档案文献数字化项目，使得这些以前"养在深闺人未识"的文献能够展现在所有学者面前。除了国家资助的项目，许多私营机构也在大力开展历史文献的数字化工作，其所收文献数量都很惊人。

大量散落在民间的历史文献，也包含许多重要史料。在过去二十多年中，一些机构开始收集这些文献。例如，山西大学中国社会史研究中心在过去二十多年中，收集了大量20世纪中期集体化时期山西农村的第一手资料，总数达1500万件以上。贵州清水江中下游地区近年来也发现了近四百多年来的大量民间契约和交易记录，有专家推测其总数可能多达30余万件。像这样的第一手史料，对于历史研究来说极为重要。现在这些史料也正在数字化，一旦完成，我们将看到一大批从未见过的全新史料。

"史料大爆炸"带来的结果是，无人能够自夸读遍天下书。即使一个学者过目成诵，要读遍现在已经建成的任何一个大型数据库中的书，也是很难做到的。法国年鉴学派代表人物勒高夫说："历史学今天正经历着一场'资料革命'，这一革命与新史学有着千丝万缕的关系。"史料的革命必将引起研究方法的革命。这在网络信息技术突飞猛进和研究方法推陈出新、层出不穷的今天，显得尤为突出。

二、史学研究如何使用网络信息技术

在过去二十多年中，历史文献的数字化工作取得了重大进展，已经建成一些历史文献数据库，而更高级、更专业的数据库建设也在积极推进之中。这些网络信息技术所带来的成果，为我们的史学研究带来了很大便利。不过，许多史学工作者虽然认同这一点，但是觉得无从下手，因此不敢尝试。事实上，网络信息技术在史学研究中的运用有多种方法，研究者可以根据自己研究课题的需要采用不同的方法，以充分利用网络信息技术提供的丰富资源。

网络信息技术运用于历史文献数据库建设，最初的工作是将文献扫描后上传网络，供读者使用。在此基础上，又增加了检索功能，使这些文献能够被方便地检索。用这两种方法建立的数据库，实际上是传统图书馆的发展和扩大，在台湾被称为"数位典藏"。数位典藏虽然作用很大，但它是被动的。对使用者来说，数据库中存储的大量文献数据除了检索，难以被更充分地使用。为了克服这个弊端，后来又兴起了"数码人文"，即建立的数据库不仅能实现资料检索，而且还能为研究者提供一个观察历史事件发生的环境，呈现出资料之间的脉络关系，以弥补史料本身存在的不足。在使用这种"数码人文"数据库时，只要输入一个检索词，检索成果将是一个有意义的文件集，为使用者提供各种方法以观察其中的脉络。总之，网络信息技术提供的这些成果，使研究者能够更好地利用数字资源进行人文研究。

史学工作者可以根据自己研究的课题，采用不同的方法来使用不同的数据库。例如，对于许多研究者来说，最简单的方法就是使用可检索的历史文献数据库，用检索的方法从海量的文献中搜寻自己所需要的史料，然后对多种史料进行筛选和比对，得到那些最可靠的史料，进而通过综合分析找出这些史料之间的内部联系。有学者谈到，自己为研究《红楼梦》与曹雪芹家世及其本人经历之间的关系，用了几年时间查阅了近百亿字的各种史料，从中挖掘出大批过去不为人知的史料，以此为基础进行研究，从而得出了若干新的结论。他之所以能够如此高效地查阅文献，就是得益于可检索的历史文献数据库。否则，依靠传统的方法，用一百年工夫也未必能够遍览这些文献。

史学工作者还可以利用更高级、更专业的数据库进行自己的课题研究。经过学界多年努力，现在已经建成一些可供历史研究使用的专业数据库。这些专业数据库和仅仅只提供关键词检索的历史文献数据库不同，其中的信息已经过加工，可以直接使用。比如，北京大学中国古代史研究中心、哈佛大学费正清中心和台湾"中研院"历史语言研究所合作建设的"中国历代人物传记资料库"（China Biographical Database Project，简称CBDB），就是这样一个数据库。经过十年努力，到今天该数据库已经收入了37万件古代历史人物的传记资料。它在数据结构上更加复杂和精细，将历史事件转化为结构化数据，数据架构由人物、亲属、非亲属社会关系、社会区分、入仕途径、宦历、地址、著述等部分构成。通过对这种结构化数据的提取、分析，研究者可以对历史人物进行群体研究，能够得到相关人物、事件的空间分布以及复杂的社会关系网络。

如果条件具备，史学工作者还可以依照自己研究课题的需要，进一步建立课题专用数据库，以此为依据进行相关研究。比如，有研究团队把1949—2002年北京大学和苏州大学全部近8万名学生学籍卡中的信息建成一个数据库，开展中国大学生来源研究，以此为基础写成了《无声的革命》一书。依据这些数据得出的结论，已经受到各界的重视。

以上这些都表明，史学工作者不仅应当使用网络信息技术，而且可以使用好网络信息技术。

三、技术应用要不断改进，史学工作者要与时俱进

2015年12月，《中国史研究》编辑部和上海大学历史系联合主办了"传承与开启：大数据时代下的历史研究"国际学术研讨会。海内外110余位专家学者围绕"数据库的建设与使用""大数据与史学研究""大数据在历史研究中的技术问题""大数据时代下的人文关怀"等议题展开了深入研讨。这表明国内史学工作者对于使用网络信息技术研究历史在认识和运作上都有了长足进步。不过我们也要看到，尽管这方面工作已经取得重要进展，但要更加普遍地使用网络信息技术开展史学研究，还有很长的路要走。这有两方面的原因：

第一，由于史学的特殊性，建设专业、完备和易于使用的历史文献数据库，目前还处于起步阶段。已建成的历史文献数据库数量有限，而且其中只有一部分可以检索全文。能够直接使用的专业数据库，数量更是寥寥可数，而且还存在一些问题。

第二，使用已经建成的各种数据库来研究历史，现在还处于尝试阶段。一些学者过分迷信现有数据库提供的信息，认为有了数据库，史学研究中的问题就很容易解决。这种看法显然过于乐观。统计学家达莱尔·哈夫（Darrel Huff）和新闻学教授查尔斯·塞费（Charles Seife）在他们各自撰著的《统计数字会撒谎》（*How to Lie with Statistics*）和《数字是靠不住的》（*Proofiness: The Dark Arts of Mathematical Deception*）这两本有名的书中，就明确反对过分依赖数据。

网络信息技术正在改变史学研究的现状和未来。然而，如同电脑不可能取代人脑，网络信息技术也不可能取代史学工作者的主观思考、取代史学研究的基本理论与方法。更好使用网络信息技术研究历史，要求史学工作者积极投身于这一工作，充分发挥主导作用，改进相关技术的应用。这样，不仅自己不会落后于时代，而且相关技术手段也会不断完善，从而更好地服务于史学研究。四十年前，巴勒克拉夫就指出：史学发展的最大敌人在于史学家自己，因为"当前在历史学家当中的一个基本趋势是保守主义"，"历史学家不会心甘情愿地放弃他们的积习并且对他们工作的基本原理进行重新思考"。因此，关键是史学工作者要与时俱进，张开双臂拥抱新技术，把最古老的学科和最新的科技完美地结合起来，把史学研究带入一个新时代。

（原载《人民日报》2017年7月31日16版）

创造历史，也不要忘记历史

可能有的朋友会感到很奇怪，主要由企业家和经济学者们参加的"中国企业竞争力年会"，为什么请一位历史学家来讲话呢？

这个不奇怪。大家都知道美国的企业家亨利·福特——福特汽车公司的创始人。一百多年以前，他白手起家，创办后来闻名世界的福特汽车公司。他是一位了不起的企业家，也是真正实现了"美国梦"的人。他在40多岁已经当了福特公司老板的时候，写了一篇文章，说我们企业家是创造历史的，我们的眼睛是看着未来的，所以对于历史这个行当，我一分钱都不会给，因为它不过只会说说空话而已。但到了晚年，他却投入大量的力量和金钱，建立了迄今为止世界上最大的私人历史博物馆——美国工业历史博物馆。可以说，在一辈子为财富和成功而奋斗之后，他对人生、对历史有了更深刻的领悟。我想在座的企业家朋友，将来会不会也有类似亨利·福特一样的领悟呢？

在座的各位都是"中国经济奇迹"的见证者、亲历者和参与者。近四十年来，中国经济飞速成长，按照哈佛大学经济学家柏金斯的说法，这是"人类历史上最伟大的经济时代"，因为从1750年左右开始的工业革命算起，西方足足用了二百五十年，才使全世界22%的人口脱离了农业社会，进入工业社会，而中国只用四十到五十年，就可以使世界上另外22%的人告别穷困，进入工业化社会。

在座不少朋友会记得，改革开放之初的中国是什么样子。1978年，中国的GDP在全世界排名第15位。中国是世界上人口最多的国家，人口占全世界总数的23%，而GDP只占到4.9%，人均GDP是世界平均水平的1/4，的确非常穷困。但到了去年（2016），中国的GDP已经名列世界第二。按照国际货币基金组织和世界银行以购买力平价为基准所做的计算，实际上我们去年的GDP就已是世界第一了。刚过世不久的诺贝尔经济学奖得主福格尔（R. W. Fogel）说：如果这个势头能够保持下去，到2040年，中国的GDP将占到全世界的40%，大大超过今天美国经济在世界上的地位，成为一个真正的超级大国。

这个奇迹是全中国人民创造的，我们的企业家也在其中扮演了不可或缺的角色。企业家朋友们一起创造奇迹的同时，要不要问一下：它到底为什么会发生？当然，大家都会回答：这要归功于改革开放政策，归功于国外先进的技术、企业管理制度的引进以及资金的大量涌入。

但仅有这些因素是远远不够的。严格来说，我们实行的改革开放政策，过去几十年来许多前社会主义国家和发展中国家都实行过，但没有一个国家像中国这样成就辉煌。比如俄罗斯实行的改革开放，就比我们更彻底、更激进，而今天他们是什么境况，大家有目共睹。

放眼当今的世界经济格局，可以看到，两百年前的富裕地区，现在基本上还是富裕地区，两百年前的穷困地区，大多数还是穷困如昔。这就是历史的延续性，不是任何人的主观意志所能轻易改变的。

在不少人印象中，过去几百年来，中国传统社会既保守又封闭，一片黑暗，特别最近一百多年遭遇的苦难，更是令国人痛心疾首。但真实的历史不是那么简单。我们在深刻反思近代中国落后衰弱的同时，也要全面客观地认识历史，意识到近四十年来的中国经济奇迹之所以能发生，是因为我们过去曾经积累了发展经济的基础，也就是柏金斯用学术语言所总结的"经验与复杂的组织和制度的预先积累"。唯有如此，中国经济才能够在外部条件变得有利时，再度爆发惊人的能量。其他许多发展中国家并没有类似的历史经验，外部条件再好，它们也不一定能迎来长期的、高速的经济成长。

我们来看看，历史给我们留下了哪些"经验与复杂的组织和制度的预先积累"呢？我想最宝贵的一点是，过去大约五百年里，中国经历了商业化的洗礼，在悠久的中国文化传统以及创造性的新兴商业文明的熏陶下，中国人工作勤奋，重视教育，具备商业精神。这恰恰是近代资本主义人力资源的三大特征。

大家都听说过前几年才去世的传奇商人林绍良。他出生于福建福清一个农家，因为家里穷，十几岁时便跑到南洋闯荡。他虽然识字不多，但福建人世代相传的商业才干，在他身上打下了深深的印记，经过多年艰辛拼搏，他终于取得了令世人惊异的巨大商业成就，成为印度尼西亚的首富。

自18、19世纪以来，大多数的中国海外移民最初的境况，都跟林绍良大同小异，以至于许多外国学者对此大惑不解：为什么这些大多数不识字的中国农民，作为契约劳工（即"猪仔"）被贩卖到美洲、东南亚，契约期满后，庄园主愿意付给更高的工资要他们留下继续工作，但几乎没有人留下，纷纷转行去经商；不少人从小商小贩做起，往往只用一代人的时间，就能彻底改变自己及家族的命运，变成成功的商人、成功的企业家？

原因很简单，因为这些来自中国东南沿海地区的移民，在自己的祖国、自己的家乡时，文化的传统及客观的环境，已造就了他们吃苦耐劳、重视教育的秉性，以及精明灵活的经商才能。到了异国他乡，当地的土著居民往往没有这方面的精神和特质，当然无法与他们竞争。

历史给中国人留下了深厚的商业文明遗产，除了极具潜力的人力资源，还有长期对外开放，进行海外交流和贸易的传统。

改革开放前，中国大陆的进出口贸易额只有全世界的1%，排名全球第37位，比中国的台湾地区、香港地区都少了许多。改革开放以来，商业基因发达的中国人，乘着国家政策的春风，充分借助有利的国际市场环境，到2006年，我们就成了世界上的第七贸易大国，2010年成了第二贸易大国，到2013年，更一举登上第一贸易大国的宝座。

总而言之，没有改革，就没有开放；反过来说，没有开放，改革也难以取得大成就，更不会有众多出色的企业家，以及世所公认的经济奇迹。这不仅是近几十年我们的亲身体验，也是过去几百年来中国经济发展历程的丰厚积淀留给我们的深刻启示。

我们新一代的企业家，包括在座诸位在内，都是非常聪明的人，堪称时代的精英。希望大家更多地关注历史，好好总结历史上的种种经验和教训，把我们的共同事业推向新的高峰。

（本文原系2017年11月21日于北京
举行的"2017［第十五届］中国企业竞争力
年会：全球变局下的中国式探索"开幕式上做的主题报告，
经谭洪安先生整理，刊于《中国经营报》2017年11月27日第T03版）

文 化
文明交流与融合

以平等心看待世界上不同的文明

《文汇报》记者按：

中国在经济全球化进程中扮演的角色与起到的作用，不单是当前的重大议题，也是经济史研究的关切所在。近年来的世界经济史研究表明，中国不仅在几个世纪前就参与到全球经济中，而且对世界贸易体系做出了非常积极的贡献；几个世纪以来的经济全球化不是仅由西方所塑造，而是不同国家共同作用的结果。这一重要的、有别于"西方中心论"的视角正有赖于近年来兴起的全球史研究。全球史关注大范围、长时段的整体运动；强调各个地区之间的关联和世界各地建立起来的网络；开拓新的领域，重估人类活动与社会结构之间的关系。

近日，李伯重教授在上海讲学之际，就中国在早期全球化中的地位与作用等问题接受了《文汇报》记者的采访。

一、全球史研究打破了所谓整个全球化
由西方主导的观点

《文汇报》： 您这次在复旦的系列讲座，主要是从全球史角度重新审视中国与世界在早期经济全球化时代的关系，特别是在军事方面的关系。您在讲座的一开始，就提到彭慕兰《贸易打造的世界》一书，也很认同他的观点，即认为经济全球化过程中，每个地区都积极地参与到全球化的进程，是这样吗？

李伯重： 全球史，也称为"新世界史"，它和过去的世界史的最大不同，就是要打破现今的国家的界限，将世界各个地区都放到相互联系的网络之中，强调它们各自的作用。也就是说，打破了"西方中心论"者所主张的整个全球化都是由西方主导的观点。新的共识是，西方扩张造成的全球发展是全球化的结果，但被西方影响和征服的地区，对全球化的作用也非常大，没有这些地区的参与，西方不可能实现今天的现代化。这里我要说明一下，中文里的"现代化"，来自英文的"modernization"，而英文里"现代"和"近代"是一个词"modern"，因此"modernization"也可以译为"近代化"。因为我们把"modernization"看成一个长期的历史过程，因此采用"近代化"似乎更为合适。西方的近代化，过去学界的主流都认为始于英国的工业革命，是资本主义的产物。然而，早在20世纪80年代，英国经济史学家雷葛莱就已提出英国的近代化绝不仅是资本主义发展导致的，还有其他因素（特别是资源）作用于其间。彭慕兰更指出：如果没有美洲、亚洲和非洲的资源，西方不可能积累起那么多财富并实现经济的近代化。因此所有国家和地区，不管是征服者还是被征服者，都对全球的经济近代化做出了重大贡献，不过其中有的是得利者，有的是受损者。彭慕兰的这本书讲的是经济全球化的早期阶段，在那个阶段，征服与殖民的影响还不像19世纪那么明显（19世纪被称为"帝国主义的时代"），而贸易起到重要作用。

在将世界主要地区联系起来这方面，许多地区都起了重大作用。从科技史上来说，不少欧洲科技史专家都认为，如果没有中国、印度、伊斯兰地区的技术传入，欧洲的工业革命是否可能都还是个问题。

《文汇报》：您这次的系列讲座也谈到了很多军事全球化的事例，而这又是和中西交通史、中外关系史紧密联系的，这两者有什么差别？

李伯重：历史可以从不同的角度来研究，而全球化的视角和传统视角是不一样的。如果从中西交通史或中外关系史的角度来看历史，那么有如下特点：第一，研究对象的主体是西方和中国；第二，强调的是单向的关系，早期是从中国到欧洲，16世纪开始是从欧洲到中国。但如果从全球史的角度来看，则中国与西方双方都是全球的一个部分，二者的关系在大部分时间都是双向的，而且有许多中间环节在起作用。以军事技术的变革为例，可以看到这种变革也是全球性的，发源于中国或西方的先进军事技术，途经许多地区，它们都会对这些技术的改进起程度不同的作用。一个例子是在16世纪，土耳其对欧洲传来的火枪技术进行了改良，这种改良了的火枪又从土耳其传到中国。明朝的专家对此进行进一步改良，从而造出了当时世界上最好的火枪。如果从火药的角度，这点会体现得更加明显，因为在明朝末年，中国已研制出黑色火药的最好配方，而传教士对此非常感兴趣，可能将其带回欧洲，从而对欧洲火药的进步发挥了作用。虽然现在证据还不足以支持这种假设，但是我相信日后将发现更多证据。

《文汇报》： 通过全球史的考察，我们会发现很多传统的历史印象实际上是错误的，例如您讲到的清朝并不完全闭关锁国。颠覆旧的观念是否也是全球史的一种贡献？

李伯重： 我想，不断改进对历史的认识，是历史学家的责任。如果历史学家一代一代延续前人的说法，那就没有必要有历史学家了。历史学家必须不断地为社会大众提供新的见解和看法，这就需要不断挑战过去。这不是故意去挑战，而是我们根据新的材料，运用新的方法，应对新的社会需求和社会心理，而提供的对历史的新看法。

例如清朝闭关自守，过去教科书都这样说。但是如果我们认真看史料，并对比当时世界其他国家的情况，那么我们将会看到，清代中国不仅没有闭关自守，而且相比世界上大多数国家，可说是相当开放，也因此导致19世纪中期以前中国在世界贸易中占据中心地位。这是贡德·弗兰克在《白银资本》一书中所得出的结论。他认为，19世纪初期以前中国是世界上最大的贸易国。16—18世纪流入中国的白银占世界产量的一半，而白银成为国际贸易中的硬通货，就是因为中国使用白银，西方国家要用白银来与中国做生意，因此为白银展开了激烈的斗争。所以，中国对他们的影响是非常大的。当时，中国不仅是世界上最大的经济体，也是世界经济的中心，大家都来和中国做生意，中国产品出口到国外都是出超——如果在闭关自守的构架下这种情况是无法解释的。此外，在当时的国际环境中，中国也不可能实现闭关自守，正如史景迁（Jonathan Spence）所说："从1600年以后，中国作为一个国家的命运，就和其他国家交织在一起了，不得不和其他国家一道去搜寻稀有资源，交换货物，扩大知识。"

所谓清朝"闭关自守"，是到了19世纪，西方建立了西方主导的完善的国际贸易制度和贸易手段后，中国未能适应这种新贸易体系，因此才显得是闭关自守了。

二、全球史研究倾向于做更具体、更具可比性的比较

《文汇报》：您在早年的江南经济史的研究中，非常强调江南（即长江三角洲地区）的"斯密型发展模式"，这是否也是您关注江南经济史的最重要的原因？

李伯重：当然。我选择江南有两个原因，第一是有关文献资料最丰富，比如研究松江，在1820年不过56万人口，是一个很小的地区，但是地方文献、地方志资料非常丰富，在800种以上。在明清两朝的中国，没有任何一个地方的文献像江南地区这般丰富。这个地区出了特别多的文人，留下很多私人笔记，同时官修文献的质量也最高，各种资料的质量相对而言也最好。研究历史，第一条就是要有材料，这也是我选择研究江南地区经济史最重要的原因。

第二，江南地区从唐代末期开始到今天一直是中国经济最
发达的地区。从宋代以来这个地区的"斯密型发展"，也就是商
业化推动经济发展的趋势越来越明显。而在中国其他地区（包括
珠三角地区），斯密型经济成长则相对微弱，如果到西北，可能
就看不到了。斯密型经济成长在江南地区表现最为明显，而这又
是近代早期世界最先进地方经济发展的主要动力，所以我选择这
个地方进行研究，而且还可将之与世界其他发达地区进行比较研
究。比较的结果也成为加州学派理论重要的根据之一。

《文汇报》： 加州学派和传统史学对于明清时期江南经济发展程度
的估算有所不同，这是否由研究视角差异所导致？

李伯重： 过去史学界并没有都认为明清江南经济停滞。最明显的
证据是，我国史学界"五朵金花"中最盛的"资本主义萌芽"研
究，基本上就是持发展论调的，正因为江南经济没有停滞才会出
现资本主义萌芽。否则萌芽也无从谈起了。

但是也应该说明，确实有很多人认为和同期的欧洲相比，明
清江南经济就显得停滞了。这种看法是学界的主流看法。当然，
和欧洲相比显得停滞也有两个方面的原因：一是我们以前对欧洲
不了解，还停留在所谓"黑暗的中世纪"的印象，这其实是接受
了19世纪欧洲学者的看法。但是到了20世纪，特别是"二战"后，
欧洲学者认为至少从14世纪也即中世纪后期开始，欧洲经济就已
开始蓬勃发展，自此之后发展更加快。我们总是认为欧洲是落后
而发展，变得超过了我们的江南地区，但其实欧洲经济原本就有
很好的基础。当然，也正如彭慕兰所说，欧洲各地经济发展水平

差别很大，以至于近代早期的英国、荷兰和同时期的乌克兰、阿尔巴尼亚相比，在经济成长方面就没什么共同性，这就像对比中国的江南和甘肃一样；反过来，将英国、荷兰与江南地区进行比较，就会发现很多的共同性。第二个原因，我想是对中国自身的轻视，尤其是鸦片战争之后，国家很弱，所以救亡是第一要务。救亡革命的主题将过去看成一片黑暗，导致了某些认识的偏差。

《文汇报》：对比明清江南和近代早期英国、荷兰之间的共同点与差别，有一项困难就在于如何分析两者的经济体量，我们应该如何处理不同地区在同时期的对比？

李伯重：现在做全球史研究的学者，很少在做欧洲和中国的整体比较。中国各地的差别很大，而欧洲的多元化比中国还要丰富，例如德国在俾斯麦统一前，由众多邦国组成。美国经济学家 R. L. 海尔布罗纳（R. L. Heilbroner）有一本很有名的经济史的书《几位著名经济思想家的生平、时代和思想》（*The Worldly Philosophers: The Lives, Times, and Ideas*），里面说在1550年时，德国存在数不清的邦国，它们都有自己的计量单位和货币单位。像巴登就有112个不同的长度单位、92个不同的面积单位、65个重量单位、163个谷物计量单位、123个液量单位、63个酒的特有单位和80种不同的磅重单位。此外，它们也都有自己的关税制度。一个商人从巴塞尔到科伦，虽然路程并不远，但要经过好几个不同的邦国，不得不交了31次关税。相比之下，中国却有统一的货币和税收制度，但是各地在货币和税收方面也存在明显的地方差别，特别是做法律史的学者，对各地法规的差别体会就更深了。

　　因此，今天从全球史的角度，研究者们会做更具体、更具可比性的比较。将来成果更丰富的时候，研究欧洲和中国的学者，都能够从不同的制度和经济表现中提出一些共同性的东西，那个时候再做比较会更有益。

三、历史研究在方法上的趋同未必是坏事

《文汇报》： 您曾说过，历史研究的发展趋势是研究范围由小到大，研究单位由大到小。这与传统史学的研究有所不同，您是如何看待这种差异的？

李伯重： 传统史学关注上层和社会精英，研究以政治史为主。这个特点，在中国、在西方都存在。"二战"后，历史学出现了一个重大变化。1970年后，偏重政治史的做法有了改变，学者们越来越多地转向其他方面，如更关注社会基层的社会史、比较文化史等。这个趋势是整个战后史学的特征，而全球史刚好符合这个变化趋势，因为全球史不是以现有的国家为单位，政治也不是第一关注对象，主要关注的是经济、社会、社会群体之间的互动，尤其是通过贸易往来形成的互动，另外如移民、宗教传播、文化联系、军事冲突这些主题，都在全球史的研究范围内。

《文汇报》： 最近一些年，海外汉学的研究与国内史学界的互动越来越多，国内史学界也会使用海外汉学的研究方法和模式。问题是，我们自己的方法似乎越来越趋向于海外汉学，这是否意味着历史研究在方法上越来越趋近和同一？

李伯重：我在十多年前发表过一篇文章，叫《走出汉学界》。汉学之所以叫作汉学，是早年传教士和学者来到中国之后，发现学习关于中国的知识太难了，需要经过专门的训练，因此关于中国的研究也成为一门专门的学问，以研究中国传统的语言、宗教、社会习俗、制度为主，那时候叫作"汉学"（sinology）。到了20世纪，特别是第二次世界大战之后，情况发生了重大变化。如果你到美国，与研究中国的学者见面，他们都说自己做的是中国研究（Chinese Studies）。这种中国研究与过去的汉学很不同，是直接使用社会科学的方法来研究中国的各个方面，特别是比较晚近的情况。因此，把"中国研究"称为"汉学"就很成问题。比方说，柏金斯《中国农业的发展》（*Agricultural Development in China, 1368–1968*）是一部研究中国农业的经典之作，书中的分析方法是现代经济学的方法，和过去的汉学所使用的方法完全是两回事。如果拿一本研究美国农业经济的书，你会发现它们在方法论上完全一致，只不过是研究对象不同而已。我们说一种研究之所以成为一门学问，不能只是根据研究对象来判断，而主要应该是看基本方法、看怎样表达验证，就像我们不会说有中国物理学、美国物理学一样。所以今天汉学的观念已经不太成立了。

如果海外汉学指的是"二战"之后的中国研究，那么中国学者确实从他们那里学习到了很多，特别是在我国学界封闭了三十年之后。但是伴随着中国越来越开放，学者可以直接阅读西方的著作，我们是否还需要海外中国研究著作作为了解西方主流学术的媒介呢？我自己的体会是，在西方，研究中国历史的著作有一些确实很优秀，但总体研究水平不如研究西方历史的著作高。所以，近来我较少看海外学者研究中国的成果，而是看研究他们西方的成果，或是直接看方法论著作，如比较新的经济学、政治学理论著作，直接从这些理论方法出发，而不经过海外"汉学"的中介。这对我而言，也是治学历程的一个部分。

说到研究方法的趋同性，我认为是必然的。如果说学术是天下公器，承认历史研究也是一门科学——至少，经济史是一门社会科学化了的学科——那么就正如所有的科学学科一样，历史学也是具有普遍性的。就像现代医学，这是一门科学，尽管它起源于西方，但是你在接受现代医学提供的治疗时，并不会追究它是从欧洲传到中国来的，也不会担忧这是否有伤中国人的民族自尊心，因为只要能治病治得好就可以了。所以西方最新的学术传到中国来，我们不应排斥，而应如鲁迅所言，采取"拿来主义"的开放态度。如果拿来的方法确实是好方法，就要"从善如流"。在此情况下，哪怕趋同也没什么关系。

当然，如果西方学术要成为真正的科学，自身也需要变化，最大的变化是让全世界的学者来加入到里面。西方学术中有很多观点是不对的，很多学者对中国经济、政治和社会的历史变化的认识，一直都以西欧经验作为参照，或者说是依照西欧的历史变化规律来观察中国的有关变化，例如曾经风行的马尔萨斯（T. R. Malthus）的人口学理论，就是一个典型的例子。后来，李中清和王丰在其专著《人类的四分之一》里，分析传统中国的人口行为，否定了马尔萨斯理论中的很多部分，从而修正了现代人口学的理论，让这个学科变得更加科学化。相比三十年前，今天更年轻的中国经济史学者们参加国际会议越来越多，他们与各国同行可以用共同的术语和研究范式来讨论问题，不会再彼此都无法理解对方。从这些个角度来说，趋同不都是坏事情，但前提是让这个学科更科学，使之成为放之四海而皆准的学科。

《文汇报》： 从"西方中心论"说开去，一些日本学者如竹内好、沟口雄三等人提出重建亚洲政治空间的构思，以对抗"欧洲中心论"的历史叙事。那么，如果从全球史的视角来看，您认为将亚洲看作为一个文化共同体，或者一个历史研究单位的做法是否可取？

李伯重： 沟口雄三这批学者，对中国和其他东亚国家的态度比较友善，希望东亚几个儒家文化圈的国家能够更好地相互理解，找到彼此的共性，特别是东亚四国历史上都曾受到西方压制，所以要形成共同体，形成新兴的力量，发挥更大的作用。这是很好的想法。

中日韩三国的共性是超出我们的想象的，特别是中国和日本。中国去年的GDP占到了全世界的14.5%，日本占5.2%，两国加起来几乎占到了全球总量的五分之一。三国之间的紧密联系更是超乎我们的想象。对日本来说，中国是第一大贸易伙伴；对中国来说，日本是第三大贸易伙伴。就人员交往来说，现在在日本的中国侨民达68万人，在各国在日侨民中位列第一，日本在华侨民2007年时是13万人，仅次于巴西和美国，其中在上海就有5万人，上海是日本本土以外日本人居住人口最多的城市。日本的企业在中国雇了200万人，跟他们公司有关的人口则达到了1000万人。所以，两国尽管有许多矛盾，但彼此之间经济关系已经非常紧密。

在文化方面，如果我们说文化作为一个民族安身立命之本的话，某种程度上说，东亚三国加上越南，是有可能成为一种共同体的。明朝末年时，就对什么是中华有很大争议。朝鲜自称"小中华"。乾隆在热河接见朝鲜使臣，朝鲜使臣穿着明朝的服装；而同时到来的安南国王则换上满人服装，因此遭到朝鲜使臣的讥笑；黄宗羲、朱舜水都是民族气节很高的人，明亡之后，也向日本求援，希望日本派兵帮助他们反清复明，郑成功更是如此。也就是说，这几个国家都是中华文明的分享者，就像欧洲文明是从希腊罗马流传下来的一样，有很深的历史渊源。在这个情况下，沟口雄三这些学者的想法是可以理解的，从历史上来说也曾经是事实。

不过，从全球史角度来说，他们重建亚洲共同体的想法，我不大赞成。因为中国、日本都是全球的一部分，彼此关系虽然密切，但也不能排除与东亚之外国家的密切来往，形成一种排外性的看法。批判西方中心主义是非常必要的，但我们也要反对其他任何形式的中心主义，应当以平等心看待世界上不同的文明，观察彼此的联系互动。特别是在今天，世界变得越来越小，以至于被称为"地球村"。在一个小小的村子里，几家人建一道围墙把自己围起来，这可能不是好办法，也无法做到。因此，这些学者的想法可能是很好，但从全球史角度看，还是有局限。

（原载《文汇报》2014年1月6日第009版"文汇学人·访谈录"，收入本书时做了删节）

"胡化"与"汉化"：
虞弘墓与徐显秀墓前的随感

    中国自古以来就是一个多民族国家，在过去的几千年中，各民族不断融合，最终形成了今天以汉族为主、五十五个少数民族并存的局面。然而，中国历史上的民族融合究竟采取了什么样的方式？过去长期盛行的"汉化"模式，认为非汉族文化在与汉文化的接触过程中，逐渐被汉文化"同化"。

    但是事实是，在非汉族文化与汉文化的接触过程中存在着多种情况，不仅有多种文化并存的情况，而且也有非汉族文化"同化"汉文化的情况。此次山西访古中考察的两个北朝墓葬，就使我们清楚地看到了这些情况。

    位于太原市郊的两个北朝后期的墓葬——虞弘墓和徐显秀墓，是近年来我国考古的重大发现。这两个墓葬以直观和感性的形象，向世人展示了中古时期华北的文化融合情况。

虞弘是真正的胡人，其祖先出自西域，后成为柔然的官员。北齐时，虞弘作为使节来到中原。柔然被高车消灭，于是他就定居中原，仕于北齐、北周和隋诸朝，59岁时死于晋阳（今太原）。虞弘墓现在只剩下了汉白玉石椁，这是我国雕塑艺术上的旷世珍品。椁上有50多个单体图像组合而成的浮雕。考古学家们认为，这些充满西域风情的宴饮图、乐舞图、射猎图、家居图、行旅图以及源于古波斯帝国的祆教图，都可以显示出所有人物皆深目高鼻，应属地中海高加索人种，人物服饰、器皿、乐器、舞蹈以及花草树木等表现出的种种生活景象应该是波斯和中亚诸国的特色。

徐显秀是汉人，仕于北齐，曾任太尉、太保、尚书令，封武安王，在《北齐书》《北史》和《隋书》中均有关于其活动的记载。其墓亦已被盗，所幸墓室的彩绘壁画尚未受大破坏，基本保存完整。四角穹隆顶的墓室内共有壁画约150平方米，壁画正中为男女墓主人饮宴图，其余为出行图景，人物众多，有侍女、乐师、随从、侍卫及车马仪仗，绘制之精美，不逊于敦煌壁画。最使我感兴趣的是，虽然这些人物从面相上来看基本上属于蒙古人种，因此很可能大多是汉人，但是其着装则为胡服。乐器、仪仗等也多为胡制。这清楚地表明北朝人颜之推说北齐汉人上层社会仿效鲜卑习俗，是现实的真实反映。

因此，从这两个墓葬我们可以清楚地看到：汉文化的发祥地中原，在北朝时代，因为大批胡人的到来，出现了明显的“胡化”现象。胡人文化在融入汉族的过程中，也程度不等地改变了原来的汉文化，并在新的汉文化中留下了自己原有文化的印记。[1]
虞弘墓中充满异域风情的图案告诉人们：早在北朝时代，中原
就已成为一个多元文化的地区；而徐显秀墓中的汉人胡服形象则
显现出：中原文化采纳了大量的胡人文化，可以说变成一种"胡
化"的汉文化。这些，都说明中原在文化上是兼收并蓄的，绝非
一个排他的和僵化的文化。

这种情况在北朝以后一直在继续。多年以前，陈寅恪先生
就已提出了唐代华北"胡化"的重要观点（《旧唐书》卷二一〇
《藩镇传》序）。近年来，阎步克教授也指出：经过魏晋南北朝的
民族融合，隋唐之后的华夏族已不是汉时的华夏族。[2]就语言而言，
在胡语（特别是突厥语）的影响下，北方官话发生了很大变化，
在发音上已远非盛唐之旧。如果用以长安—洛阳语音为标准音
（"唐音"）、以当时的中原方言为基础的唐代汉语标准语做比较，
今天的普通话已经发生了巨大的变化，以致用普通话咏颂唐诗，
已不能表现唐代诗歌的韵律之美。与此相对照的是，在吴语、闽
语、粤语等南方方言中，倒还较多地保留了唐音。因此用这些方
言咏颂唐诗，仍可至少部分地领略唐诗优美的音韵和节律。

总之，虞弘墓与徐显秀墓中的浮雕和壁画，以确定不移的证
据，显示了一个不争的事实：在中国历史上并没有一个纯粹的和
不变的中国文化；今天我们所说的汉文化，实际上是多种文化融

1　详见下文。

2　参阅阎步克：《南北朝的不同道路与历史出口》，发布于国学网。

合的产物。孔夫子所言"夷狄入中国则中国之"。这种文化上的
开放性，在北朝时代太原地区表现得非常清楚。如果不是亲眼目
睹，很难真正感受到这一点。因此这次山西访古，确实令我更加
深刻地认识到治史不仅要读万卷书，而且要行万里路。

（本文原系作者2004年到山西考察
回来后写的随想，曾基于此在清华大学
做了一个讲座。本文为讲演稿节略，未发表）

东晋南朝江东的文化融合

东晋南朝时代江东地区的文化冲突和融合，是中国历史上的一个重要问题，诸多学者都曾经涉及。本文力图在前人研究的基础上，对此问题进行进一步探索。

本文从对以往中国文明史研究中盛行的"汉化/中原化"模式的质疑开始，然后依次讨论（1）东晋南朝江东的主要文化类型，（2）东晋南朝侨、吴、士、庶文化的融合，（3）东晋南朝文化融合的社会背景，（4）江东文化的形成，最后则分析新形成的江东文化对后代的影响。

一、"汉化/中原化"模式质疑

在过去很长时期中，中国文化被等同于汉文化，而汉文化则被认为是单元性的，以中原文化为正统。汉文化随着汉人的迁移从中原传到中国各地，取代了那里原有的土著文化而成为主导文化，从而使得这些地区逐渐被"汉化"。简言之，中国文明的发展乃是一个中原汉文化扩张并取代或者同化其他文化的过程。这种看法就是长期盛行的"汉化/中原化"模式。

在一定的时空范围内，这种"汉化/中原化"模式是有道理的。但是在更大的时空范围中，情况就有所不同了。随着我们对于文化多元性认识的深入，这种"汉化/中原化"模式，越来越显露出其弊端。

中国历史悠久，地域广大，各时各地的情况差别很大，不同文化之间的融合方式绝不止一种。仅就汉文化与非汉文化（此处简称"胡文化"）之间的关系而言，不仅有"汉化"，也有"胡化"，还有介乎其中的形形色色的非"汉"非"胡"化。作为结果，族群（或者社会群体）的文化认同往往也是非常复杂和多变的，绝非用一个简单的模式就可一概而论。

仔细分析上述"汉化/中原化"模式，可以看到该模式赖以成立的两大默认前提是"汉文化是单元性的"和"汉文化等于中原汉文化"。那么，这两个前提是否经得起推敲呢？

首先，正如没有一个血统上单一的汉族一样，也没有一个单一的汉文化。语言是文化的主要内容之一，兹以此为例言之。现代汉语包括七大方言，每种方言内部又包括若干不同的次方言。这些方言和次方言之间的差距不等，有的甚至大到彼此无法相通。虽然现代汉语的标准语是普通话，但是大多数汉族人民在日常生活中主要使用的仍然是方言，因此不能在普通话和现代汉语之间画等号。换言之，有很大一部分汉族人民平时不讲或者甚至不会讲普通话，但是这并不妨碍他们是汉人。汉文化的这种多元性的根源，乃是因为汉文化系多种文化融合而来，原有的文化印记使得各地的汉文化出现了程度不等的差别。

其次，中原虽然是华夏文化（汉文化的前身）的发祥地，但是秦汉以后的中原文化只是汉文化的一个分支；其所保留的传统汉文化成分，也不一定比其他分支多。例如东汉末年以后，大量的胡人移居中原。在融入汉族的过程中，这些胡人的文化也在新的汉文化中留下了鲜明的印记，以致陈寅恪先生指出：大量胡人移居中原，使得河朔"人民血统属于汉种者"在文化上深受胡人影响，发生"胡化"。[1] 到了"天宝已还，幽陵肇乱，山东奥壤，悉化戎墟"（《旧唐书》卷一四一《田弘正传》），"天下指河朔若夷狄然"（《新唐书》卷四八《史孝章传》），"遂使其人由羌狄然，迄唐亡百余年，率不为王土"（《旧唐书》卷二一〇《藩镇传》序）。就语言而言，虽然移居中原的胡人最后都放弃了自己的语言而改用汉语，但是这种汉语在胡人的影响下，已非原来的汉语。颜之推说北朝末期作为中原文化中心的邺下，士人所说汉语"音辞鄙陋"，不宜为儿师（《颜氏家训》卷七《音辞篇》）。可见此时中原汉语已非汉魏雅言。唐代以后的中原汉语亦已远非盛唐之旧。现在的普通话以北京语音为标准音，但是如果与以当时的长安—洛阳语音为标准音的"唐音"做比较，则今天的普通话

---

[1] 陈寅恪：《唐代政治史述论稿》，生活·读书·新知三联书店，1956年，第44页。

已经发生了巨大的变化，以至于用普通话咏颂唐诗，已不能表现其原有的韵律之美。相反，在若干南方方言中，却保存了相当多的"唐音"。就此而言，中原文化绝非汉文化的代名词。

既然上述两个前提都不可靠，那么以其为基础的"汉化/中原化"模式也就很成问题了。然而，如果不用这种模式，那么又应当用什么模式来解释中国历史上的文化融合呢？

二、东晋南朝江东的主要文化类型

本文中的江东地区，大致为东晋南朝时代的三吴和会稽，因此常称为吴会地区（顾炎武《日知录》卷三一"吴会"条）。三吴的具体范围，历来有争论。唐代《十道志》《通典》《元和郡县志》的解释是吴郡（唐苏州）、吴兴郡（唐湖州）和丹阳郡（唐润州），或吴郡、吴兴郡与义兴郡（唐常州）。会稽的范围，则包括东晋南朝的会稽郡（唐越、明二州）。此外，位于吴郡以西、义兴郡以北、丹阳郡以东的晋陵郡（唐常州），虽然在行政上属于南徐州（而三吴和会稽则属于扬州），但是实际上一向是吴地的主要部分之一。总而言之，本文中的江东地区，大致相当于唐代的浙西道及毗邻的越、明二州。

东晋南朝江东地区的居民，从来源上来说主要包括两个部分，一是土著居民，文献中称为"吴姓"或"吴人"（本文称之为"吴人"）；一是北方来的移民，文献中称为"侨姓""侨人"或"北人"（本文称之为"侨人"）。吴人和侨人双方都并未把对方视为异族，而居住在中原的胡人和汉人也都把江东的吴人和侨人一起视为汉人。但是在当时，吴人和侨人的确是两个在文化上有明显差异的群体，并在东晋南朝的政治、经济、社会生活中处于不同的地位。这种差异使他们产生了各自的认同感。

我们今天所用的"文化"一词，包含多种意义。这里我们取其广义，即某群体的风俗、人文现象、社会惯例等。余英时先生指出：人类学家和历史学家所说的文化（即广义的文化），包含着两个主要部分，一为精英文化（亦称"大传统"），一为大众文化（亦称"小传统"）。前者属于上层知识阶级，而后者则属于没有受过正式教育的一般人民。在中国，文化很早就出现了"雅"和"俗"两个层次，恰好相当于上述两种文化的分野。雅文化是属于统治阶级但经过士大夫加以标准化之后形成的文化，其主要标志之一是雅言，即士大夫的标准语，体现了中国语文的标准化或雅化，不仅在语音上有别于各地的方言，而且体现了一种特定的文化内容，因此也有别于普通民众所使用的"俗语"。[1]本文所说的侨、吴文化，也各自有精英文化和大众文化之分。

1. 吴人与吴文化

江东地区的原始住民主要是越人。他们具有自己独特的文化，与中原华夏人的文化明显不同。自西周以来，华夏人不断

---

1 余英时：《汉代循吏与文化传播》，收于余英时：《中国思想传统的现代诠释》，联经出版事业公司，1987年。

南下，在将中原文化带到了江东的同时，也与越人逐渐融合，建立了吴、越两国。吴、越两国王族祖先都来自中原，[1]因此王室使用中原华夏语；普通人民则使用越语。但吴、越两国在保留中原若干制度的同时，也在许多方面顺从土俗。例如吴国建立者太伯、仲雍出于西周王室，"南奔荆蛮，文身断发，……荆蛮义之，从而归之千余家，立为吴太伯"（《史记》卷三一《吴太伯世家》）。[2]"太伯端委以治周礼，仲雍嗣之，断发文身，裸以为饰，岂礼也哉？有由然也。"（《左传·哀公七年》）荀子有云："居楚而楚，居越而越，居夏而夏，是非天性也，积靡使然也。"（《荀子·儒效篇第八》）移入吴地的北人，也因而在许多方面被越化。因此在华夏人眼中，吴文化以躁劲轻扬、尚武好勇、长于舟战著称，明显有异于中原华夏文化。但是到了春秋后期，由于吸收了大量的华夏文化，吴国居民与周围地区的越人在文化上已有明显不同。[3]尔后，在越国统治下的会稽一带的越人也步吴人后尘，在文化上逐渐脱离其他越人。正因为如此，吴、越两国逐渐被中原华夏世界接受，两国也被视为华夏诸侯国，因此吴王夫差不仅发起和主持了华夏诸侯国的黄池会盟，而且还差一点当上了盟主。尔后越王勾践也大会各国诸侯于徐州，周天王也派人来"致胙"，表示承认。但是尽管如此，吴、越普通人民在语言和习俗上仍然

1　参阅张荫麟：《中国史纲》，生活·读书·新知三联书店，1956年，第25页。

2　《吴越春秋·吴太伯传》也说："（太伯、仲雍）南奔荆蛮，断发文身，为夷狄之服。"

3　张荫麟：《中国史纲》，第73页；董楚平：《吴越文化新探》，浙江人民出版社，1988年，第179页。

保持着明显的与中原不同的特色，而且往往也因此被视为夷狄。[1]
以后，这个融合过程加快了，特别是汉武帝时将大批越人强制迁
移到江淮等地，更使得吴地居民成分发生了颇大改变。此时居民
的主体吴人，也被视为汉人。

　　两汉及三国时代江东的吴文化，虽然已经成为汉文化的一
部分，但这种文化与中原汉文化仍有相当大的差别。妹尾达彦
认为，汉代中原文化的核心，是浸透了华北农耕文化的儒教价值
观，特点是"远鬼神，重人伦，敦文教"[2]。而汉代吴地文化的特点
则是好勇斗狠，并以"信鬼神，好淫祠"（《隋书》卷三一《食货
志》）著称。吴人在生产与生活方式、风俗习惯、社会组织等方
面，也仍颇有不同于中原之处。因此东汉时梁鸿移居吴郡后，仍
然把这里与中原对立起来。到了孙吴时代，即使就经学文化而
言，江东本土人士与侨寓人士间在学术风尚等方面仍然存在着一
定的差异。[3]

　　到西晋时，虽然吴人早已不再被中原汉人视为夷狄，但他
们与中原汉人在文化上的差异仍然还很明显。由于这种文化的差
异，西晋统一后，吴人与北人之间仍然存在颇大的隔阂。[4]特别是

1　《春秋谷梁传·哀公十三年》："吴，夷狄之国也，祝发文身。"范宁注："祝，断也；
　　文身，刻画其身以为文也。"《春秋公羊传·定公四年》："吴何以称子，夷狄也。"
　　《孟子·离娄上》孙奭疏："吴，蛮夷。"
2　妹尾达彦：《中華の分裂と再生》，收于岩波讲座《世界歴史》第9卷《中華の分裂と
　　再生，3—13世紀》，岩波书店，1998年。
3　王永平：《孙吴江东地区经学风尚考论》，《史学集刊》2003年第6期。
4　参阅余嘉锡：《释伧楚》，收于余嘉锡：《余嘉锡论学杂著》上册，中华书局，1963年。

在上层社会中，中原士大夫十分鄙视吴人，称之为"貉子"。与此同时，吴人士大夫也看不起普通北人，称之为"伧"。

在两汉时期（特别是东汉后期）迁入江东的北人，有许多是举宗迁移而来的。他们很快就立住了脚，并积极推行一些适用于南方水田农业的中原农耕技术，促进了吴地农业的发展，并逐渐演化成势力强大的地方豪强。他们在生活习惯、语言上也逐渐"吴化"，后来更以"吴人"自居。孙吴政权主要就是依靠他们作为基础的，到了东晋南朝时期，他们大多变成了吴姓士族。吴地普通人民则为吴姓庶族，其中大部分人是生活在士族荫庇下的农民，但也有一部分是地主，甚至是地方豪强。但不论其经济地位如何，他们的政治地位和社会地位都十分卑下，被士族轻视。

2. 侨人与侨文化

到了西晋末年，规模空前的移民大潮开始从中原涌向江东。史称"洛京倾覆，中州士女，避乱江左者十六七"（《晋书》卷六五《王导传》）；"时海内大乱，独江东差安，中国士民避乱者多南渡江"（《资治通鉴》卷八七"怀帝永嘉五年"条）。这次北人南迁，人数众多，延续时间长达百年，[1] 而江东地区则是最主要的移民接受地。[2] 这些移民被称为"侨人"，他们在江东地区的居住

1　周一良：《南朝境内之各种人及政府对待之政策》，收于周氏：《魏晋南北朝史论集》，中华书局，1963年。

2　谭其骧：《晋永嘉丧乱之后之民族迁徙》，原刊于《燕京学报》1934年第15期，后收于谭其骧：《长水集》上册，人民出版社，1987年。

方式分为两种：第一，在首都建康周围，移民尤为集中，东晋政府也因此而设置了二十多个侨州郡县来管理他们；第二，吴、吴兴、义兴与会稽诸郡，虽然也接受了相当数量的移民，例如在会稽地区，有东晋南朝头等士族王、谢家族（包括王羲之、谢安等），在吴郡、吴兴郡，有著名侨姓士族如琅邪王氏、庐江何氏等，但是移民却分散在人数上占绝对优势的吴人中，政府也未设置侨州郡县。

东晋南朝时期的北人南迁除了规模大、时间长外，还有一个特点，即在许多情况下，这种南迁是由世家大族领导的。这些世家大族以曹魏和西晋的中原名门（如王、谢、袁、萧等高门名族）为首，南渡后形成了侨姓士族，掌握着政权，高居于社会的顶层。此外还有大量的普通北人也迁入江东，形成了侨姓庶族。侨姓庶族不像侨姓士族那样享有特权，其中大部分人地位颇为卑下，只能当兵打仗，或者成为士族的佃客和私属。

侨人数量虽然不少，但就东晋南朝全境而言，主要居民仍然是土著。在江东，土著居民大部分是吴人，而吴人和侨人的主要差别在于文化与风俗习惯。[1]

3. 侨、吴、士、庶文化之别

东晋南朝的社会分为士（士族、世族、门阀、高门）与庶（庶族、寒门、寒人、寒族）两大等级。士族享有特权，庶族则

1　周一良：《南朝境内之各种人及政府对待之政策》。

没有特权。在这两大等级中，又分为侨姓和吴姓两大部分。这样，当时的社会中的四个基本群体是侨姓士族、吴姓士族、侨姓庶族和吴姓庶族。这四大群体都有自己的文化特征，因此在东晋南朝的江东地区，存在着侨姓士族、侨姓庶族、吴姓士族和吴姓庶族四种文化。

一般而言，士族文化体现了精英文化。余英时强调中国的精英文化（即"雅言"传统）不但起源很早，而且一脉相承，即使在政治分裂的时代，这种精英文化仍然继续维系着一种共同的文化意识。而汉魏中原儒家精英文化的重要特征之一，就是文化的统一。[1]这种统一性也清楚地表现在东晋南朝的侨、吴士族文化中。侨姓士族是汉魏中原精英文化的主要承继者，吴姓士族是吴地精英文化的负载者，而吴地的精英文化又源自先秦时代的中原精英文化。因此二者可以说是同源而异派。但是侨姓士族文化和吴姓士族文化既云同源异派，因此也存在着差异。

侨姓士族是汉魏中原精英文化的主要承继者，因此从某种意义上来说，以这些中原名门为主要基础的东晋政权，南渡时也把汉魏中原精英文化比较完整地搬迁到江东来了，即如隋人牛弘所言："衣冠轨物，图画记注，播迁之余，皆归江左。"（《隋书》卷四九《牛弘传》）来到江东之后，他们竭力保持自己的文化特征，因而这种文化特征也成了士族身份的主要标志之一。[2]

1　余英时：《汉代循吏与文化传播》。
2　田余庆：《东晋门阀政治》，北京大学出版社，1989年，第348页。

吴地的精英文化在汉代尚未能进入主流,[1]江东士人因之在全国也没有地位。按照卫聚贤的统计,西汉的23个著名学者中,出自山东者为15人,河北3人,河南2人,江苏2人,陕西1人。[2]到了三国时,中原精英文化发生了颇大变化,而江东则依然保持故我。因此周一良指出:"三吴人士之政事文学俱有可观,而中原人犹以化外视之。"[3]吴地士人亦因此为北方士人所轻。[4]此外,吴姓士族也有自己的文化特征。这种特征不仅体现在他们使用的原始吴语与中原汉语有很大差距上,[5]而且也体现在礼俗、书法等其他方面,因此与中原精英文化有所不同,在某种意义上自成一系。

在庶族方面,无论是侨、吴,也都自有其文化特征。例如,侨姓庶族文化以受到胡人影响的尚武、好斗为重要特征,[6]而吴姓庶族文化则以"妖而浮"的吴歌等著称。较之侨、吴士族文化之间的差距,侨、吴庶族文化之间的差距可能大一些,但二者在许

---

1 唐长孺:《东汉末期的大姓名士》,收于唐长孺:《魏晋南北朝史拾遗》,中华书局,1983年。

2 转引自陈登原:《国史旧闻》第一分册卷二〇"六朝时东南开启"条,生活·读书·新知三联书店,1958年,第569页。

3 周一良:《南朝境内之各种人及政府对待之政策》。

4 陈登原:《国史旧闻》第一分册卷二〇"六朝时东南开启"条,第568页。

5 周振鹤、游汝杰:《方言与中国文化》,上海人民出版社,1986年,第38、90页。

6 例如王敬则出身侨姓庶族,名位显达后仍然不失本色,"善拍张,补刀戟左右"(《南齐书》卷二六《王敬则传》),甚至在宫廷宴乐中也"脱朝服袒,以绛纠髻,奋臂拍张,叫动左右。上(齐高帝)不悦曰:'岂闻三公如此?'答曰:'臣以拍张,故得三公,不可忘拍张。'时以为名答"(《南史》卷二二《王昙首传附王俭传》)。张自烈《正字通·卯集·手部》"拍"字:"拍,张手搏挃,胡之戏也。"并举王敬则事为例。侨姓来自北方,与胡人接触较多,故善胡戏。

多方面也颇有一致之处。

由于这四大群体都自有其文化特征，因此东晋南朝的文化的融合，就是这四种文化的融合。

三、东晋南朝侨、吴、士、庶文化的融合

东晋南朝江东侨姓士族、吴姓士族、侨姓庶族、吴姓庶族四种文化的融合，始于东晋建立，一直继续到陈朝灭亡。这种融合有一个重要的特点，即带有明显的等级性。换言之，这种融合首先发生在同一等级之间，亦即侨、吴士族文化融合，以及侨、吴庶族文化融合，从而使得侨、吴文化的差异，逐渐演化为士、庶文化的差异。尔后，这种体现等级差异的士、庶文化，又逐渐融合，最后形成一种体现江东社会整体特点的新文化——江东文化。因此，这里我们先看侨、吴文化，然后再看士、庶文化的融合的情况。

1. 侨、吴文化的融合

（1）侨、吴士族文化的融合

北人大批南渡后，不可避免地与原住民吴人发生利益冲突。这种冲突主要发生在士族之间。经过一段时间后，侨、吴士族之间达成一定的妥协，王、谢等侨姓士族避开吴姓士族集中的吴郡、吴兴等地，主要去开发会稽等地。但是政权仍然主要把持在侨姓士族手中。

　　侨、吴士族的冲突也表现在文化上，甚至影响到侨、吴士族之间的通婚。晋室南渡之初，出身于侨姓头等高门的王导为笼络吴姓士族，曾向吴地名门陆玩求婚，但却遭到拒绝，理由是不能"乱伦"（《世说新语》"方正"条）。可见侨、吴之间的隔阂竟然如许之甚。甚至到了南齐时，吴姓士族对侨、吴之别仍然耿耿于怀。吴兴乌程文人丘灵鞠说："我应还东，掘顾荣冢。江南地方数千里，士子风流，皆出其中，顾荣忽引诸伧渡，妨我辈途辙，死有余辜。"（《南齐书》卷五二《文学·丘灵鞠传》）从中可以看到"江南士子风流"与"诸伧"两种文化之间的对立。然而，随着侨、吴士族之间妥协的达成，两种文化的融合加速了。

　　在上层社会中，文化融合的主要趋势是吴姓士族"北化"。在东晋南朝的大部分时间内，侨姓士族不仅把持了中央政权，而且高居于社会顶层，因此成为吴姓士族人士仿效的榜样。东晋初年，王导还不得不强作吴语，以笼络不愿说北语的吴地士大夫。但是到了刘宋时，吴地士大夫在正式场合（如朝廷议论、社会交际时）说吴语者反而成了少数。吴姓士族在正式场合都不操吴语，在咏诗作赋时当然更不用土音。[1]除了语言，吴姓士族还积极学习侨姓士族带来的中原精英文化。东晋初年，吴地士人葛洪对此深有感触地说："上国众事所以胜江表者多，然亦有可否者。君子行礼，不求变俗，谓违本邦之他国，不改其桑梓之法也，况于

---

[1] 陈寅恪：《东晋南朝的吴语》，收于陈寅恪：《金明馆丛稿二编》，上海古籍出版社，1980年。

在其父母之乡，亦何为当事弃旧而强更学乎?"(《抱朴子》外篇之二六《讥惑篇》)他看不惯吴姓士人在文化上一味慕效侨姓士族，用讽刺的笔调写道："（吴人）乃有转易其声音以效北语，既不能便良似，可耻可笑，所谓不得邯郸之步，而有匍匐之嗤者。此犹其小者，乃有遭丧而学中国哭者，令忽然无复念之情，……曰：'此京洛之法也。'"(同上)葛氏的这些话，正是当时吴姓士族在文化上力求模仿侨姓士族的生动写照。

（2）侨、吴庶族文化的融合

在下层社会，主要趋势则刚好相反，是侨姓庶族的"吴化"。三吴地区的侨姓庶族分散于吴人之中，社会、经济地位不高，因此他们与吴姓庶族接触较为密切，彼此通婚，也大多不同程度地采用了吴语。典型的例子是陈霸先，其先世为下层侨人，因与土著通婚，说吴语，久已同化于吴人，本人则为"火耕水耨之夫，荜门圭窦之子，无行于乡曲，充部隶于藩侯"(《文苑英华》卷六四五韦孝宽《檄陈文》)，故亦自认为吴兴土著庶民。另一个例子是萧齐大将王敬则，亦系侨姓寒人，居晋陵南沙县，母为女巫，本人年轻时"屠狗商贩徧于三吴"，终生不识字。他显达后，"名位虽达，不以富贵自遇，危拱傍遑，略不尝坐，接士庶皆吴语"。其世子仲雄更作吴歌(《南史》卷四五《王敬则传》，《南齐书》卷二六《王敬则传》)。王氏父子显然已经相当"吴化"。由此可见侨姓庶族的"吴化"，殆已形成趋势。

东晋南朝江东经济和城市的发展，也为侨、吴庶族文化的融合提供了有利的条件。《南史》卷七〇《循吏列传》记宋文帝元嘉时，"凡百户之乡，有市之邑，歌谣舞蹈，触处成群"；齐武帝永明时，"都市之盛，士女昌逸，歌舞声节，袨服华装，桃花渌水之间，秋月春风之下，无往非适"。这对于生活在大小城市里的侨、吴庶族来说，意义尤大。因为城市生活使他们之间接触更为密切，从而也使文化融合更为迅速。

我们还要注意到，上层和下层社会的侨、吴融合，在速度上颇不相同。大体而言，侨、吴融合在上层社会比较缓慢，而在下层社会则比较迅速。周振鹤、游汝杰在分析一个地区双语并行时，指出双语并行要长期存在，必须是（1）移民有较强的族系意识，有意识地保持原有的文化传统；（2）移民聚居，自成社区。[1]这两种情况明显地存在于东晋南朝时代的江东。事实上，东晋南朝（特别是东晋）的士族，无论侨、吴（特别是侨姓），都具有相当强的封闭性。他们的族系意识十分牢固，宗族成员对本宗族有强烈的依附关系，生活在高度自给自足的庄园里。在这种封闭的环境中，他们自然可以脱离外界的影响。与此相反，庶族的宗族组织和族系意识都较弱，居住也往往很分散，难以自成社区，因此无法与外界隔绝。同时，由于彼此接触较多，社会地位较为接近，畛域之见也比较淡薄，相互关系也比较密切。特别是在土断之后，侨、吴普通人民都处于同一行政体系管理之下，身份差异日渐消失，在认同方面的差距也随之缩小，因此融合也更为迅速。总而言之，庶族之间侨、吴融合的完成，比士族之间侨、吴

---

[1] 周振鹤、游汝杰：《方言与中国文化》，第26页。

融合的完成，要来得更早。

上层社会的侨、吴融合以侨人带来的汉魏中原文化占主导地位，而下层社会的侨、吴融合则以吴地原有的吴文化占主导地位。从此意义上来说，侨、吴文化的差异，逐渐演化为一种等级的差异。这种情况最明显地表现在当时的双语并行上，即如陈寅恪先生所指出的那样，东晋南朝士人讲北语，庶人讲吴语。[1] 这在《颜氏家训·音辞篇》中可以得到印证。据颜之推本人的直接感受，"易服而与之谈，南方士庶，数言可辨"；而"隔垣而听其语，北方朝野，终日难分"。陈寅恪对此解释说："南北所以有如此不同者，盖江左士族操北语，而庶人操吴语；而河北则社会阶级虽殊，而语音无别故也。"换言之，在北方，上下层社会所使用的语言差别不大，而在南方则差异明显，以至于仅听"数言"，即可辨"士庶"。在此意义上，"士人皆北语阶级，而庶人皆吴语阶级"[2]。当然，这种语言差异既然体现了士、庶的等级差异，它也会随着士、庶关系的变化而发生改变。

2. 士、庶文化的融合

我们也要注意到：在东晋南朝时期的侨、吴文化融合中，也存在着与上述趋势相反的倾向，即在士族方面，侨姓士族越来越多地受到吴姓庶族文化的影响；而在庶族方面，吴姓庶族也越来越多地接受了侨姓士族的文化。

1　陈寅恪：《东晋南朝的吴语》。

2　同上。

（1）士族文化的"庶族化"

在士族方面，周一良先生指出："（南朝时，）渡江已百余年，侨人虽高自标置，不自觉中亦受南人影响。"[1]如何影响呢？唐长孺指出南朝宫廷文学的产生及其特点与吴姓寒人（特别是商人）有很大关系，同时反映城市生活并以爱情为主题的吴歌、西曲等，也在东晋南朝侨姓士族中传播开来。[2]甚至在语言方面，虽然士族以洛阳话为正式语言，但是如前所言，东晋以来士族以吴语接庶族。换言之，侨姓士族也逐渐学会了吴语，因而才能对庶族使用吴语。甚至皇室也因为受到他们周围吴姓寒人的影响而使用吴语。

到了南朝时期，最高统治集团基本上出身于庶族。在他们身上，仍然保持着浓重的庶族色彩，并未受到多少儒家礼教的熏陶，其所作所为与世家大族的门风礼仪背道相驰，[3]在文化上也明显地保留着下层社会的文化特征。因此之故，下层庶人的文化也堂而皇之地进入了宫廷（《南齐书》卷四六《萧惠基传》），成为南朝上层社会文化的一个来源。宫廷的特殊地位，使得这些源自下层社会的庶族文化也逐渐为士族所接受，因此史称"自宋大明以来，声伎所尚，多郑卫淫俗，雅乐正声，鲜有好者"[4]。

可见，在东晋南朝时期（特别是南朝时期），出自庶族的俗

1　周一良：《南朝境内之各种人及政府对待之政策》。

2　唐长孺：《南朝寒人的兴起》，收于唐长孺：《魏晋南北朝史论丛续编》。

3　赵翼在《廿二史札记》卷一一"宋世闺门无礼"条、卷一一"宋齐多荒主"条中，已明白地指出了这一点。

4　刘师培：《中国中古文学史》，育民出版社，1979年，第91页。

文化逐渐变成士族文化的一个部分，殆已成为不可逆转之势。从某种意义上可以说，士族文化也在"庶族化"。

（2）庶族文化的"士族化"

在庶族方面，无论吴姓还是侨姓，都受到士族的重大影响。因为士族在社会上居于主导地位，因此是庶族仿效的榜样。庶族中的许多人逐渐接受了以儒家价值观为核心的中原文化。经过东晋南朝，"毗陵、吴郡、会稽、余杭、东阳，……君子尚礼，庸庶敦庞，故风俗澄清而道教隆洽，亦其风气所尚也"（《隋书》卷三一《地理志下》）。[1]庶族中受过教育者，其受汉魏中原文化影响的程度更深。他们在作诗撰文时，"必依仿胜流，同用北音，以冒充士族，则更宜力避吴音而不敢用"[2]。典型的例子如东晋南朝江东著名的地方豪强武康沈氏。沈氏是吴姓庶族，具有反对侨姓统治的倾向，但是在东晋与南朝各朝，沈氏都有人在朝廷任职。沈氏出仕者，在东晋和刘宋时代以武人著称（如沈充，沈田子、沈林子兄弟等），而到了齐、梁、陈时则以文人闻名（如沈麟士、沈约、沈旋、沈众、沈文阿、沈沫、沈不害等）。这表明侨人带来的汉魏中原文化已在吴兴土著沈氏家族生根，并已成为该家族的特征。即使在江东的边缘地区，如斯波义信所言，原有的土著文化在以儒家、佛教为代表的中原文化的渗透下，也发生了很大

---

1 《隋书》十志（包括《地理志》）本为《五代史志》，因此所述并非仅只是隋代情况，而是南朝与隋时的情况。

2 陈寅恪：《东晋南朝的吴语》。

改变。[1]例如吴兴郡故鄣县，侨人不多，文风亦不盛，但到了南朝时代，本地人士向学者渐多。该县青山人吴均，"家世寒贱，至均好学，有俊才"，成为梁朝著名文士和学者，并深受梁朝临川王和武帝赏识。像这样的吴姓庶族，在文学和学术乃至意识形态上与侨姓文士和学者已无二致，所用语言也是一种"北化"了的吴语。如后所述，到了梁、陈时代，士、庶之分很大程度上表现为文化的差异，而庶族在文化上竭力仿效士族的结果，是家世谱系逐渐不被重视。唐人薛谦说："晋、宋祗重门资，有梁雅爱属词，陈氏特珍赋咏。"[2]换言之，寒人倘若受了一定的精英文化的教育（如能够诗词歌咏），就有可能成为士人。同时，这样就使得士、庶越来越不易区别，因此社会等级的文化特征的差别也在逐渐缩小之中。

更为重要的是，许多庶族地主经济地位上升后，以各种手段挤入士族行列，从而改变了士族的组成。士、庶虽然从来有别，但是怎样才能算士族却缺乏明确规定。刘宋时国家颁布了一种硬性规定后，士族标准方有定。不料弄巧成拙，这个规定成为"众巧之所始"，士族的称号反而易于获得。于是大量的庶族冒称士族，以致宋、齐时政府不得不多次清查，将冒称者"却籍"。但是冒称者实在太多，因此这些清查也无济于事。冒称士族当然需要一些条件，其中之一就是学习士族文化，尽力模仿士族。典型

1　斯波义信：《宋代江南経済史の研究》，第371、375页。
2　钱穆：《国史大纲》修订本，商务印书馆，1994年，第385—386页。

的例子如张敬儿，出身侨姓寒人，原名狗儿，显达后"宋明帝嫌狗儿名鄙，改为敬儿"，"始不识书，及为方伯，乃习学读《孝经》《论语》。初征为护军，乃潜于密室中，屏人学揖让答对，空中俯仰，妾侍窃窥笑焉"（《南史》卷四五《张敬儿传》）。这样，就使得庶族文化在某种程度上"士族化"。

因此总的来说，虽然在东晋南朝时期，士族和庶族在文化上的差异很明显，而且士族竭力保持自己高不可攀的地位，但是到了南朝，士族代表的精英文化和庶族代表的大众文化之间的差异开始缩小。这种缩小，主要原因如余英时所言，是大众文化的发展演变往往并非独立进行，而是从上层文化中渗透下来的，只不过是经过了一番"俗化"而已。[1]庶族在文化上竭力模仿士族，士族代表的精英文化当然"渗透"到了庶族中。在此同时，如上所述，在东晋南朝时期，吴地俗文化（实际上也就是庶族文化）的一些内容（如吴歌、白苎舞等）也逐渐向上进入了士族文化。虽然士族中的保守人士（如王僧虔等）对此深感不满，并且公开反对（《南史》卷二二《王昙首传附僧虔传》），但是这种俗文化不仅受到宫廷和庶族出身的高官显贵的喜爱，而且逐渐也为许多出身士族高门的人士接受。

四、东晋南朝江东文化融合的社会背景

无论在什么社会中，精英文化和大众文化之间都存在距离，

1　余英时:《从史学看传统》，收于余英时:《史学与传统》，时报出版公司，1982年。

但同时也具有一种共生的关系，彼此发生影响。精英文化和大众文化之间差异的大小，往往取决于社会流动性的强弱。社会流动性越强，这种差异就越小；反之则越大。在大多数传统社会中，社会等级结构僵化，导致社会流动性很小，因此上下层文化差异不仅很大，而且持久，成为等级差异的一种表现。这一点，在语言方面表现得最为明显。在中世纪欧洲许多国家，上层社会使用拉丁语，下层社会使用土语。而在印度的莫卧儿帝国，上层社会使用波斯语和突厥语，下层社会则使用各种印度原有的语言。因此，只有当原有的社会等级结构被打破、社会流动加强后，这种差异才会消失，从而出现一种全社会普遍接受的文化。

余英时先生指出：在传统的中国，精英文化和大众文化之间的交流比较畅通。[1]弗里德曼则说传统中国的"精英文化和农民文化并非不同的两回事，前者是后者的另一版本，而后者也是前者的另一版本"[2]。尽管弗氏所言可能失之过于简略，但是较之与中世纪欧洲那种精英文化自成一个"封闭的传统"（closed tradition）的情况，中国精英文化和大众文化之间的双向交流和互动确实比较显著。由于这个特点，这两种文化也比较容易结合起来形成一种整体的文化，而不像欧洲那样两种文化彼此隔绝。[3]但是在东晋南朝时代的江东，也出现了与中世纪欧洲相类似的情况。其主要

1　余英时：《汉代循吏与文化传播》。

2　G. William Skinner ed., *The Study of Chinese Society: Essays by Maurice Freedman*, Stanford University Press (Stanford), 1979, p. 355.

3　余英时：《汉代循吏与文化传播》。

原因，是这个时期的江东社会是一种僵化的等级社会。其主要特征，用当时的话来说，就是"士庶悬绝"。士、庶两大等级具有世袭性，变动非常困难。到了在东晋、刘宋之间，"士庶区别似乎已成为不可逾越的鸿沟"[1]。由于士族在文化上日益"北化"而庶族在文化上不断"吴化"，因此原来的侨、吴文化差异已转化为一种社会的等级差异，即士、庶差异。在此情况下，为何会出现士、庶文化融合呢？

由于长期的相互影响，侨、吴、士、庶文化越来越相互接近。从技术上来说，这使得彼此的进一步融合变得比较容易。但是，如果作为它们基础的等级壁垒不打破的话，融合仍然是很困难的。因此现在关键主要在于导致这种文化差异的社会等级界限是否能消除。如果社会等级界限逐渐消除，这两种新的文化就有可能融合成为一种朝野士庶都接受的共同文化。

士族衰落和庶族兴起，是南朝时代江东社会的重大变化，意义十分深远。作为这一变化的主要表现，政权先由侨姓士族手中转移到侨姓庶族手中，然而再转移到吴姓庶族手中。自刘裕建立宋朝开始，侨姓庶族实际上已掌握了最高政权，但是士族在社会上还有很大的影响，庶族仍然在文化上竭力仿效士族。不过随着庶族在政治、经济、军事等方面地位的上升，他们自己的文化也逐渐挤入了以往一向由士族垄断的上层社会，成为上层文化的一部分。正是在此背景下，"梁武帝时南北区别渐泯，不惟南人日

1　唐长孺：《南朝寒人的兴起》。

一兴起，荒伧亦复进用。……及梁朝末年，不惟南境内百姓中侨旧之别渐消灭，即观北人、吴人之区别亦远不如昔"[1]。侯景之乱后，以陈霸先为代表的吴姓庶族取得了政权，士族对政权的支配基本结束。士族的衰落和庶族的胜利也加快了体现社会等级差异的文化鸿沟的缩小。但是，这需要一定的具体场合。否则，如果还是侨、吴、士、庶隔绝的话，文化鸿沟仍然无法缩小。

在这个侨、吴、士、庶文化融合过程中，国家起了重要的作用。这里所说的国家，包括三个主要部分：（1）官僚机构，（2）军队，（3）宫廷。这些机构使得来自不同社会阶层的人物不得不集中到了一起，从而使得他们有了密切的接触，促进了他们所代表的不同文化的融合。

东晋和宋、齐、梁朝虽然是侨人掌握政权，但吴人在国家机构中也具有重要的地位。东晋是侨姓士族控制政权，但是南渡侨姓士族，连同司马睿本人在内，实际上不过是一批被江东大族代表义兴周𫖮称为"亡官失守之士"（《晋书》卷五八《周处传孙𫖮附传》）的人。司马睿自己也承认"寄人国土，心常怀惭"（《世说新语》上卷《言语第二》）。他们把持政权，"驾御吴人"，当然会招致吴人（特别是吴姓士族）的不满，甚至举兵叛乱。为此，东晋最高统治集团不得不大力笼络吴姓士族，让他们在政权中分一杯羹。尔后宋、齐、梁三朝，侨姓庶族掌握了最高权力，侨、吴士族在政权中的地位都有所下降，而侨、吴庶族的地位则明显

1　周一良：《南朝境内之各种人及政府对待之政策》。

上升。到了陈朝，政权转移到吴姓庶族手中，而其他势力（侨、吴士族和侨姓庶族）的作用仍然很重要。因此东晋南朝政权从一开始起，就是一个各种社会集团共同参与的政权。由于这种性质，东晋南朝的官僚机构和军队都是各种势力的集合点。

在官僚机构中，虽然朝廷中的高官重位多为士族垄断，但这并非绝对。特别是到了南朝，朝廷的机要官位多为寒人（庶族）所专，士族则大多任"清要"之官，地位虽高，实权却小。至于中下级官位，则以庶族任官者为多。在军队中，侨人（特别是侨姓庶族）占了绝对优势，但是其他社会阶层人士也参与其中。例如东晋时握有重兵的王敦，本人出身侨姓士族高门，其麾下的中下级军官和士兵基本上是侨姓庶族，但其幕府中也有像沈充那样的吴姓士族。到了南朝，寒门出身的军人有很多位至三公，任总方面。他们在政治上的势力很大，因此也有一些士族和他们结亲。[1]这种情况尽管很不普遍，但是也表现了政治权力在破除社会阶层界限方面的作用。

在东晋南朝，宫廷是社会精英最重要的社交场所。这种社交作用，在唐宋以后已不很重要，但在贵族社会色彩尚浓的东晋南朝（特别是东晋）却不容忽视。通过宫廷的社交活动，具有各种背景的人物得以聚集在一起，从而加强统治集团的凝聚力。这些宫廷社交活动为侨、吴、士、庶文化的接触和融合提供了重要的场所。

萧齐时代的一次宫廷盛宴，就生动地显示了这种情况。据

---

1 王仲荦：《魏晋南北朝隋初唐史》上册，第271页。

《南史》卷二二《王俭传》，齐高帝萧道成曾设宴于华林园，令参加宴会的文武群臣"各效伎艺"。于是褚彦回弹琵琶，王僧虔、柳世隆弹琴，沈文秀歌《子夜来》，张敬儿舞，王俭则说："臣无所解，唯知颂书。"于是"跪上前颂相如《封禅书》"。高帝说："此盛德之事，吾何以堪之。"后又令陆澄颂《孝经》。接着王敬则"脱朝服袒，以绛纠髻，奋臂拍张，叫动左右"。在这些大臣中，王僧虔、王俭、褚彦回、柳世隆是侨姓士族（其中王僧虔和王俭叔侄更出于一等高门的琅琊王氏），陆澄是吴姓士族，而沈文秀是吴姓庶族，张敬儿、王敬则是侨姓庶族。在这次宴会上，陆澄敬颂儒家经典，王俭朗诵汉代中原文学名篇，王僧虔和柳世隆用古琴进行演奏，而褚彦回则弹奏北方传来的胡人乐器，沈文秀唱吴地民歌，张敬儿跳的大约是军中舞蹈，而王敬则拍张则充分体现了吴地下层侨姓的文化。在宫廷的宴会上，侨、吴、士、庶文化共聚一堂，可见彼此已经可以和平共处，或者说彼此开始相互接受。

因此，东晋南朝的主要社会集团，围绕国家权力机构这个中心，密切了彼此之间的接触，从而大大促进了彼此文化的融合。

五、江东文化的形成

杜佑在谈到江东社会风气变化时说："扬州人性轻扬而尚鬼好祀，每王纲解纽，宇内分崩，江淮滨海，地非形势，得之与失，未必轻重，故不暇先争。然长淮大江，皆可据守；闽越遐阻，僻在一隅；凭山负海，难以德抚。永嘉之后，帝室东迁，衣冠避难，多所萃止。艺文儒术，斯之为盛。今虽闾阎贱品，处力役之际，吟咏不辍，盖因颜、谢、徐、庾之风扇焉。"（《通典》卷一八二《州郡十一》）这段话，可以视为对东晋南朝江东文化融合的一个总结。由于江东特殊的地理位置和经历，自永嘉之乱起，经过几个世纪的融合，在江东逐渐形成了一种新的文化。这种新文化已非汉魏中原文化，亦非原有的吴文化，而是兼具二者特点的新文化，我们称之为"江东文化"。随着这种江东文化在从"闾阎贱品"到士大夫的各社会等级中逐渐取得统治地位，原先的侨、吴文化的界限也最后趋于消失。

这种情况，非常明显地表现在语言的变化方面。在士族方面，虽然坚持以洛阳话为标准语，但天长日久，在吴语的影响下，士族使用的洛阳话也发生了变化，成为一种"音杂夷夏"的北语。[1]余嘉锡指出："自西晋以前之语言，必以洛阳语为准。南渡以后，更以建康为归。但中原士大夫，居吴已久，既为忘其土风，亦渐效为吴语，……于是建武以后之建康，自成一种南北相参之音调，如后世之所谓官话然者。士人如不解此，则无以应对周旋。……大抵晋宋以后，凡南人而不能操建康语者，则皆目之为楚云。"[2]周一良也认为："南境诸州中，扬州人口最多，而侨人最少，占全州人口一百四十五万余人之百分一点五。故扬州虽为侨人之政治中心，而此州之少数侨人实最易为绝大多数之吴人所

1　陈寅恪：《东晋南朝的吴语》。
2　余嘉锡：《释伧楚》。

同化。颜之推已言'南染吴越'，吴越即南朝扬州之境。盖扬州之侨人不自觉中受吴人熏染，于中原与吴人语音以外，渐形成一种混合之语音。同时扬州土著士大夫求与侨人沆瀣一气，竟弃吴语而效中原语音。然未必能得其似，中原语音反而因吴人之模拟施用，益糅入南方成分。此种特殊语音视扬州闾里之纯粹吴语固异，视百年未变之楚言亦自不同。"[1] 唐长孺先生则指出：在东晋南朝，"吴士虽然学说洛阳话，终究带着吴音。《颜氏家训·音辞篇》便说'南染吴越，北杂夷虏，皆有深弊，不可具论'。颜之推所说的'南染吴越'的音辞，包括南渡侨姓与吴士。葛洪所谓'既不能便良似，可耻可笑'的语言就是这种吴人口中的北语。隔了多少年之后，连侨人也受到同化，一样的说那种不南不北的吴化洛阳语了。简单地说，这种吴化洛阳语相当于蓝青官话，因为是官话，所以只行于士族间"[2]。这种吴化洛阳语当然已非原来以汉魏洛阳方言为标准音的北语。因此操北语者如刘裕，虽"累叶江南，楚言未变"，反被说是"雅道风流，无闻焉尔"（《宋书》卷五二虞悦等传论）。这种情况不仅对于武夫如此，对文士亦然。"其时（南朝时经学家）自北来者，崔灵恩、宋怀方、戚衮外，尚有孙祥、蒋显等，并讲学而音辞鄙拙，唯卢广言论清雅，不类北人。"（赵翼《廿二史札记》卷一五"南朝经学"条）[3] 可见即使是学者操"正宗"北语者，亦被轻视。周一良先生对此发问

1　周一良：《南朝境内之各种人及政府对待之政策》。

2　唐长孺：《读〈抱朴子〉推论南北学风的异同》，生活·读书·新知三联书店，1955年。

3　另参阅周一良：《南朝境内之各种人及政府对待之政策》。

说:"渡江以后,侨人既以中原为尚,一切皆北胜于南。保存百年未变之楚音,自当为侨人所贵,何以……对楚音表示轻视?此其一。侨人语音即来自中原,虽晋宋以后中原语音渐杂胡语,亦不致相悬已甚,何以梁时对伧人语音如是之厌恶?此其二。"周氏的答案是:"窃谓一言以蔽,侨人同化于吴人耳。"[1]与此相类,如果说南朝士族讲的是一种"不南不北的吴化洛阳语",那么我们可以说南朝庶族讲的是一种"不南不北的北化吴语"。

随着士族的衰落和庶族的兴起,士族讲的"不南不北的吴化洛阳语"进入了下层社会,而庶族讲的"不南不北的北化吴语"也进入了上层社会。这种相互渗透更促进了这两种"不南不北"的语言的融合,最后导致一种朝野及士庶通用的新语言的出现。[2]这种新语言,本文称之为"新吴语"。到了陈朝,"新吴语"成了宫廷使用的语言。它同时具有汉魏中原汉语的基本语法和丰富词汇,以及原始吴语的婉转发音和生动习语,是一种非常优雅和富于表现能力的新汉语方言。因此之故,自此以后不仅不再有北人像过去那样说吴语是"鸟声禽呼",相反中原语音倒被视为"鄙拙"。[3]

在音乐舞蹈方面,代表汉魏精英文化的清商乐在永嘉之乱后,大部分丧失,一部分随东晋政权传入江东。但是正是这部分中原精英阶层的乐舞,南渡后与江东的民间乐舞结合,形成新的

1　周一良:《南朝境内之各种人及政府对待之政策》。

2　同上。

3　同上。

乐舞。故《旧唐书》卷二八《音乐志》说："永嘉之乱，五都沦覆，遗声旧制，散落江左。宋、梁之间，南朝文物号为最盛，人谣国俗，亦世有新声。"这种"新声"，就是侨、吴乐舞融合的产物。

在文化融合的其他方面（如学术风气、生活方式、风俗习惯、宗教信仰等），也都经历了类似的变化。由此可见，到了南朝时代，江东已形成了一种新的文化即江东文化。

六、江东文化对后代汉文化的影响

这种新形成的江东文化，由于继承了汉魏中原文化和原有吴文化的精华，因此不仅优于汉魏中原文化和原有吴文化，而且也优于北朝时期形成的新的中原文化。特别是其精英文化，更是如此，因而成为后世中国精英文化的基础。这里我们简略地把南朝的江东文化和北朝的中原文化做一点比较。

在江东侨、吴文化融合的同时，中原也经历了一个胡、汉文化融合的过程。这两种融合都是汉魏中原文化与不同的文化之间的融合，因此彼此有一些相同之处。例如陈登原已指出：在南北朝时期，江东和中原在语言和文字方面都各自发生了相当的变化。[1]在语言方面，早在南北朝末年，颜之推就已指出当时的汉语，"南染吴越，北杂夷虏，皆有深弊，不可具论"（《颜氏家训》卷七《音辞篇》）。亦即南朝江东形成的"新吴语"，与北朝中原受

1　陈登原：《国史旧闻》第一分册卷二〇"南北朝语文变化"条，第631—633页。

到"五胡"各族语言影响的新中原汉语，都与汉魏中原汉语有很大差异。顾炎武说："说者谓自五胡乱华，驱中原之人入于江左，而河、淮南北，间杂夷言，声音之变，或自此始。"（顾炎武《音论》卷一）由此而言，可能"新吴语"所保留的汉魏中原汉语的成分还多一些。在文字方面，则如颜之推所言，"晋宋已来，多能书者，楷正可观，不无俗字，非为大损，至梁大同之末，讹替滋生；北朝丧乱之余，书迹鄙陋，加以专辄，造字猥拙，甚于江南。……盖文字之不同，人心之好异，莫甚于魏、齐、周、隋之世"（《颜氏家训》卷七《音辞篇》）。据此，倘若把江东与中原相比较，则似乎中原在语言文化方面的变化甚至更大。

在精英文化方面，东晋南北朝时期的南北差异似乎更为明显。中国传统的精英文化向来以经学为核心，并以诗（歌）书（法）为表征。赵翼指出："南朝经学，本不如北。兼以上之人不以次为重，故习业益少。"但是到了"梁武之世，不特江左诸儒充习经学，而北人之深于经者亦闻风而来，此南朝经学之极盛也"（赵翼《廿二史札记》卷一五"南朝经学"条）。在诗、书方面，在东晋以前，著名骚人、书家均出于中原，江东罕有其人，但是到了东晋南北朝时期，中原文风衰颓，而江东则欣欣向荣。在诗歌方面，陶渊明、谢灵运成为中国诗坛的领袖，他们开创的田园诗、山水诗，对后世中国诗歌的发展具有深远的影响。在书法方面，行书是一种较新的书体，可能很早就流传于民间，但是到了曹魏时才流行于中原士大夫间。江南民间虽或流行，而士大夫尚未接受。灭吴后行书传入江南，到了东晋，王羲之、献之父子将其发展至完美，从此书艺重心亦移到了建康。

在北方，汉魏中原精英文化极度衰落，甚至连祭孔大典，也不用雅乐，而采用"女巫妖觋，淫进非礼，杀牲鼓舞，倡优媟狎"（《魏书》卷七《高祖纪》）的方式。中原的大众文化，加入了许多胡人文化成分，形成了一种"新中原文化"。二者相较，这种江东文化显然保留了更多的汉魏中原精英文化的内容，即如王通所说："江东，中国之旧也，衣冠礼乐之所就也。"（王通《中说·述文篇》）也正是因为如此，占有汉魏时代中原文化核心地区——山东——的高欢，也大发感慨说："江东复有吴翁萧衍，专事衣冠礼乐，中原士大夫望之，以为正朔所在。"（《资治通鉴》卷一五七"梁武帝大同三年"条）因此从某种意义上来说，这种江东文化可以视为汉魏中原精英文化的直系传承者。

由于江东文化体现了汉魏中原文化的精髓，因此即使在北朝，江东也被视为正统华夏文化之所在。唐长孺先生说："吴亡之后，江南士人羡慕中原风尚……一到晋室东迁，以洛阳为中心的中原文化便转移到了建康，改变了江南所固有的较保守的文化、风俗等等。因此我们可以说东晋以后所谓江南的风尚，有一部分实际上乃是发源于洛阳而以侨人为代表，并非江南所固有。"[1]陈寅恪先生则从更长远的历史对此做了精辟的总结："隋唐之制度虽极广博纷复，然究析其因素，不出三源，一曰（北）魏、（北）齐，二曰梁、陈，三曰（西）魏、周。所谓（北）魏、（北）齐

---

1 唐长孺:《读〈抱朴子〉推论南北学风的异同》。

之源者，凡江左承袭汉、魏、西晋之礼乐政刑典章文物，自东晋至南齐其间所发展变迁，而为北魏孝文帝及其子孙摹仿采用，传至北齐成一大结集者是也。其在旧史往往以'汉魏'制度目之，实则其流变所及，不止限于汉魏，而东晋南朝前半期俱包括在内。……所谓梁陈之源者，凡梁代继承创作、陈氏因袭无改之制度，迄杨隋统一中国吸收采用，而传之于李唐者，易言之，即南朝后半期内其文物制度之变迁发展乃王肃等输入之所不及，故北魏孝文帝及其子孙未能采用，而北齐之一大结集中遂无此因素者也。……凡西魏、北周之创作有异于山东及江左之旧制……其影响及于隋唐制度者，实较微末。故在此三源中，此（西）魏、周之源远不及其它二源之重要。"[1]由此可见，南朝后期创造的江左新制，与东晋和南朝前期保留下来而又传回北方的汉魏旧制，一同构成了后日隋唐制度的基础。陈氏在此所说的制度，不仅包括职官、刑律、兵制和财政，而且也包括礼仪和音乐。礼乐（礼仪和音乐）向来是华夏正统精英文化的核心，因此也可见东晋南朝形成的江东文化在中国文明史上的地位。

正是由于江东文化的这种特点，在隋统一中国后，它也受到北方精英阶层的认同和羡慕。出身关陇胡汉军人集团的隋文帝、炀帝父子，一接触吴文化之后，即表现出了深深的爱慕和眷恋。隋灭陈后，陈朝乐工被送到长安，文帝听了他们演奏的"清乐"后，大为赞赏，说这才是"华夏正声"（《隋书》卷一五《音

1　陈寅恪：《隋唐制度渊源略论稿》，生活·读书·新知三联书店，1954年，第1—2页。

乐志》）。炀帝更甚，在伐陈时，"殆已深深呼吸到南方文学的新空气"，因为"染到了南方文学风尚"，遂"看不起前人（即北朝）的简陋"。[1] "陈平后，广为扬州总管，前后十年，以北方朴俭之资，熏染于江南奢靡之俗。"[2] 他"沿齐、梁故习"，揽士修书，俨然以江东风雅自命。[3] 更有甚者，他对北方权贵窦威等"以吴人为东夷"的说法深感不悦，对此进行了公开的驳斥，说："昔汉末三方鼎立，大吴之国以称人物。故晋武帝云江东之有吴、会，犹江西之有汝、颍。衣冠人物，千载一时。及永嘉之末，华夏衣缨尽过江表，此乃天下之名都。自平陈之后，硕学通儒，文人才子，莫非彼至。尔等著其风俗，乃为东夷之人，度越礼义，于尔等可乎！"（《全隋文》卷五隋炀帝《敕窦威、崔祖濬》）炀帝不仅仰慕江东精英文化，而且也非常喜爱江东大众文化。他好吴俗，好吴语（《资治通鉴》卷一八五"唐高祖武德元年三月"条）。因此天下大乱开始后，炀帝居然用吴语对萧后说："侬不失为长城公，卿不失为沈后。"（《资治通鉴》卷一八五"唐高祖武德元年三月"条）颇有乐不思蜀的意思。这与西晋时中原士人鄙视吴人，称之为"貉子"的情况，已不可同日而语。隋亡后，唐太宗更"能够把南方的文学和北方的吏治、武力绾合，造成更高、更合理的政权"[4]。出身于中原、自命为华夏正统文化代表者的隋唐皇帝对江东

1　钱穆：《国史大纲》修订本，第385—386页。
2　岑仲勉：《隋唐史》，中华书局，1982年，第39页。
3　钱穆：《国史大纲》修订本，第382页。
4　同上，第385—386页。

文化的这种崇拜，在汉魏西晋时代是难以想象的，因此可以说是前所未有的新现象。这也从一个方面说明，在新的统一帝国内，虽然北人在政治上居于统治地位，但在文化上，东晋南朝形成的江东文化却已被大多数人视为华夏正统文化的传承者。

这种江东文化在隋唐和北宋时期继续保持着这样一种地位，所以到了以后战乱时，虽有北人再次大量涌入江东，却不见侨、吴文化对立。例如，安史之乱时北人南迁至吴地的人数，可能不逊于永嘉之乱时北人南迁至吴地的人数，甚至可能有过之而无不及。到了靖康之难，宋室南渡，北人又一次大量涌入这一地区。乍看上去，似乎东晋南朝的历史又在重演。但事实却非如此。以杭州为例，由于是行在，迁入的北人在杭州居民中占有很大的比例，以致连本地方言也因受北语影响而发生了相当大的变化。[1] 而在迁入杭州的北人中，上层社会人士和文化精英又占了很大比重，可以说把汴梁的文化（特别是精英文化）搬到了这里。但奇怪的是，在南宋的杭州，却未出现一种新的侨人文化。相反，北来人士很快就与当地居民融为一体，以至于北人也乐不思蜀，"直把杭州作汴州"。造成南宋情况与东晋情况强烈反差的一个关键原因，我以为乃是早在宋室南渡前很久，江东地区在文化上就已十分发达，成为中国其他地区仿效的榜样。而在晋室南渡时，吴文化还是被中原文化精英视为比较落后甚至有些异类的文化。

江东文化所具有的这种地位，并未随着南宋的灭亡而消失。

---

1 周振鹤、游汝杰：《方言与中国文化》，第19页。

到了明清时期，中国人对江东文化的倾慕依然不减，使得江东（明清称为江南）成为全国公认的文化上的领导者。在上千年的时期内，江东一直是中国物质文化和精神文化的中心。追溯其源，其滥觞就是在东晋南朝时期形成的江东文化。

结　语

在东晋南朝江东文化形成并成为江东主流文化的过程中，我们可以清楚地看到：

第一，中国历史上的汉文化，并非单元性的，而是多元性的。例如在东晋南朝时代的江东地区，就有侨、吴、士、庶等不同类型的文化。这些文化虽然都属于广义的汉文化，但是彼此之间的差异也是十分明显的，以至于形成一个多种文化并存的局面。

第二，在自永嘉之乱到陈亡的近三个世纪中，东晋南朝江东的侨、吴文化融合，并未采用所谓的"汉化/中原化"模式。侨人所带来的中原文化与原有的吴文化并存了很久，彼此渗透，相互影响，最后发展成为一种江东文化。这种江东文化兼具侨、吴文化的特点，同时又不同于二者，并在其发展过程中逐渐取代了二者而成为江东地区的主流文化。

第三，东晋南朝时代形成的江东文化，继承了汉魏中原文化和原有吴文化的精华，因此比这两种文化更加优胜。在此时的中原，长期的胡汉融合也产生出一种新的中原文化。两者相比较，江东文化显然更为精致，更为优雅，因此也被视为汉魏中原文化的直系继承者。它后来传回北方，成为隋唐新的中原汉文化的重要源头。在此意义上可以说，不是汉魏中原文化取代原有的吴文化，而是新形成的兼具汉魏中原文化和原有吴文化双方精华的江东文化成为隋唐精英文化的基础。

总之，从东晋南朝江东的情况来看，其文化融合所采取的并非过去所说的"汉化/中原化"模式，而是一种新的模式，即不同文化相结合，产生出一种新的文化。生活在这一地区的人民，不论其文化渊源如何，后来都接受了这种新的文化。

我曾指出在中国社会经济史研究中，应当反对"中原中心主义"等先验模式。[1]在文化研究中的"汉化/中原化"模式，就是"中原中心主义"的产物。汉文化系由多种文化融合而成，并由多个分支组成。这些分支在我们的研究中，都应处于平等的地位。由此出发去研究它们之间的相互关系，才不致落入"中原中心主义"的老套。

（原载《历史研究》2005年第6期，收入本书时删去了很多脚注）

1　李伯重：《斯波义信〈宋代江南经济史研究〉评介》，《中国经济史研究》1990年第4期。

丝绸之路及其终结

"丝绸之路"今天已成为国内外学界和社会上的热门话题。然而,"丝绸之路"的定义到底是什么?它是一条怎样的道路?它的实际状况是怎样的?下面,我们将就这些问题进行讨论。

一、丝绸之路:思想、文化与宗教交流之路

首先,关于丝绸之路,如今有很多种说法,例如陆上丝绸之路、海上丝绸之路等等;许多人更认为丝绸之路从汉代一直延续到了今天。其中,"海上丝绸之路"一说是比较牵强的。而"陆上丝绸之路"的提出者也不是中国人,而是19世纪的德国地理学家李希霍芬(F. von Richthofen)。他在出版于1877年的《中国——亲身旅行和据此所做研究的成果》(*China: Ergebnisse eigner Reisen unddarauf geründete Studien*)一书中,最早创造了"丝绸之路"这

一名词。书中提到，在公元2世纪，即中国的汉代和西方的罗马帝国时期，存在一条从洛阳—长安到中亚撒马尔罕的商道，这条道路上的主要物流是丝。他把这条中国丝绸输出到中亚、西亚，最终到达欧洲的道路命名为"丝绸之路"。这个概念在被提出后的很长一段时间里并没有得到重视，直到20世纪中后期才真正热了起来。关于这条道路，李希霍芬定义得很明确：第一，它是一条陆路；第二，它是公元2世纪左右才出现的；第三，这条路从中国，经中亚和西亚，一直延伸到地中海东岸；第四，这条路上主要的贸易商品是丝。这是我们今天所要探讨的丝绸之路，并不包括现今被泛化的海上路线或是通过俄罗斯与东欧的陆上道路。

丝绸之路是一条思想、文化、宗教交流的道路。在古代，除了中国的儒家文明之外，大部分文明的思想、文化交流都是通过宗教来进行的。古代丝绸之路历史上存在过许多不同的宗教，如佛教、基督教、犹太教、摩尼教、祆教、伊斯兰教等等。这些宗教的发源地虽然都不在丝绸之路上，但都通过丝绸之路传到了中国。

对中国影响最大的外来宗教是佛教。来自印度和中亚等地的高僧，正是通过丝绸之路将佛教带到了中国。早在汉代，佛教就已经传入了中国，建于公元68年的白马寺是中国最早的官修佛寺。建于公元6世纪的壮观的山西蒙山大佛、云冈石窟和麦积山石窟，都是佛教传入中国并迅速发展的明证。佛教的传播极大地改变了中国人的精神世界，诸如此生来世、地狱天堂、轮回转世的观念本是中国文化中没有的，是佛教带到了中国，融入中国文化，成为中国传统文化的重要组成部分。不仅印度僧人东来，中国也不乏僧人西去取经，例如高僧玄奘法师就是其中的一位。他们走的都是这条丝绸之路。

基督教各教派中最先进入中国的是景教，即聂斯托里安派基督教。景教的建立者是叙利亚人，利用古叙利亚文书写经文，传入唐朝后一度非常繁盛。景教徒们在长安建立了自己的寺院，据说唐玄宗就很喜欢景教的音乐。在唐朝的几次灭佛运动中，景教也受到了打击。最后的打击是黄巢的军队占领长安后，将所有的景教寺庙都毁了。直到17世纪上半叶，当地的农民种地时挖出了一块碑，就是《大秦景教流行中国碑》，讲述了最早的基督教是如何传到中国来的。

伊斯兰教传入中国也很早，大概在隋唐之际从陆路传入。到了元朝，大批中亚和西亚的穆斯林随着蒙古人进入中国，从而使得伊斯兰教成为在中国拥有广大信众的宗教。

犹太教传入中国，也是通过丝绸之路。古代丝绸之路上曾经存在一个强大的犹太教国家，即公元6—10世纪位于南俄草原的可萨汗国。在宋代，犹太人来到中国，在开封形成定居点，建立了犹太会堂。这些犹太人一开始严格地遵守犹太教教义，后来为了融入中国社会，开始阅读四书五经，参加科举，一些人考中进士，做了高官。近年来开封犹太人研究已经成了学界的热门话题，出版了多部著作。

此外，还有摩尼教和拜火教等，也通过丝绸之路传入中国。

这些宗教都是通过丝绸之路传到中国，并带来了相应的哲学、科学、艺术，成为中国的重要文化资源。

在艺术方面，丝绸之路也为中国带来了大量新的元素。例如深受唐朝皇室贵族喜爱的胡旋舞，还有琵琶、二胡、胡琴等乐器，都是通过丝绸之路传来的。在隋唐的九部乐中，中国传统音乐（清商乐）只占一部，其他多是经丝绸之路从西域传入的音乐。

中国由东向西输出的主要是实用技术，也是经由丝绸之路。中国的四大发明，特别是造纸术和火药，都是通过战争等非正常手段传播出去的。例如造纸术经由怛罗斯战役传播到阿拉伯世界，火器则通过蒙古征服传播到西亚。

丝绸之路也传播疾病。例如可怕的黑死病，不少人认为它其实就是鼠疫，发源蒙古高原和青藏高原，随同蒙古人的征战扩散，经由丝绸之路传播到欧洲，引发了欧洲历史上最惨烈的人口损失。

因此，丝绸之路无疑是一条思想、文化、艺术、技术乃至疾病的交流之道。但它是否是一条重要的商贸通道？要回答这个问题，需要我们从经济史的角度来进行研究。

二、丝绸之路不是"洲际商贸大通道"

在近代以前的历史上，这条横亘欧亚大陆的丝绸之路曾经是世界上路程最远、为时最长，同时意义也最重要的国际商道。早在两千年前，罗马地理博物学家老普林尼（Gaius Plinius Secundus）

就说道："遥远的东方丝国在森林中收获丝制品，经过浸泡等程序的加工，出口到罗马，使得罗马开始崇尚丝制衣服。"他还说："保守估计，印度、塞雷斯（中国）和阿拉伯半岛每年可以通过贸易从罗马帝国赚取一亿银币（Sesterces）的利润，这便是我们罗马帝国的妇女每年用作购买奢侈品的花费。"虽然他说的贸易数字无从证实，但这段话也表明：早在公元之初，丝绸之路已把欧亚大陆两端的汉帝国和罗马帝国以及中间的印度联系了起来。

然而，丝绸之路的经济意义不宜夸大。

首先，这条丝绸之路是一条漫长的路。它在历史上经历了不少变化。在汉代，它西起罗马帝国首都罗马城，经西亚、中亚，最终到达中国的首都长安。到了唐代以后，丝绸之路覆盖范围扩大，西起地中海东岸与黑海沿岸港口城市（例如亚历山大港、大马士革、阿勒颇、君士坦丁堡等），经过里海南部进入亚洲，穿过巴格达，分为几条支路穿过内陆地区，再汇集于咸海附近，然后在中亚的布哈拉开始分路前往印度的德里与阿格拉。经过布哈拉，到达帕米尔北部的撒马尔罕后，丝绸之路再次出现分支：往北通向阿拉木图，往东穿越中亚，并沿昆仑山脉或天山山脉行进抵达西安。

其次，这是一条非常艰险的道路。从地形图上可以看到，这条路穿越了世界上最高的高原青藏高原，穿越了世界上第二大沙漠塔克拉玛干沙漠，还有群山耸立的帕米尔高原和中亚的干旱地区，直到抵达伏尔加河下游后才进入相对富饶的地区。整个路程中，从今天的新疆到伊朗的路段最为艰险，最大的山脉、沙漠和关隘都在这一地区。丝绸之路一路上尽是高山、大漠、草原、荒野，大多数地方人烟稀少，许多地方甚至人迹罕至。唐代高僧玄奘沿着丝绸之路西行，行至莫贺延碛，"长八百余里，古曰沙河，上无飞鸟，下无走兽，复无水草"，"唯望骨聚马粪等渐进"，"四顾茫然，人鸟俱绝，夜则妖魑举火，烂若繁星，昼则惊风拥沙，散如时雨。虽遇如是，心无所惧，但苦水尽，渴不能前。是时四夜五日，无一滴沾喉，口腹干燋，几将殒绝，不复能进"。到了梵衍那国，"在雪山中，涂路艰危倍于凌碛之地，凝云飞雪，曾不暂霁，或逢尤甚之处，则平途数丈。故宋王称，西方之难，增冰峨峨，飞雪千里，即此也"。又"渡一碛至凌山，即葱岭北隅也。其山险峭峻极于天，自开辟已来，冰雪所聚，积而为凌，春夏不解，凝冱污漫，与云连属，仰之皑然莫睹其际。其凌峰摧落横路侧者，或高百尺，或广数丈。由是蹊径崎岖登涉艰阻。加以风雪杂飞，虽复屡重裘，不免寒战。将欲眠食，复无燥处可停，唯知悬釜而炊，席冰而寝。七日之后方始出山。徒侣之中冻死者十有三四。牛马逾甚"，旅途极尽艰难。宋元间周密说："回回国所经道中，有沙碛数千里，不生草木，亦无水泉，尘沙眯目，凡一月方能过此。每以盐和面作大裔，置橐驼口中，仍系其口，勿令噬嗑，使盐面之气沾濡，庶不致饿死。人则以面作饼，各贮水一榼于腰间（或牛羊浑脱皮盛水置车中）每日略食饵饼，濡之以水。或迷路水竭，太渴，则饮马溺，或压马粪汁而饮之。其国人亦以为如登天之难。"马可·波罗行经中国新疆的罗布荒原时，从荒原的最窄处穿过，也需要一个月时间；倘若要穿过其最宽部分，则几乎需要一年的时间。人们要过此荒原，必须要准备能够支持一个月的食物。在穿越荒原的三十天的路程中，不是经过沙地，就是经过不毛的山峰。特别是帕米尔高原，沿高原走十二日，看不见一个居民。此处群山巍峨，看不见任何鸟雀在山顶上盘旋。因为高原上海拔高，空气稀薄，食物也很难煮熟。直到17世纪初，葡萄牙传教士鄂本笃（Bento de Gois）沿着丝绸之路从印度经中亚来中国，旅程依然非常艰险。在翻越帕米尔高原时，"由于天气寒冷、空气稀薄，人、马几乎不能呼吸，因此而致死者比比皆是，人们只有靠吃蒜、葱或杏干来抵御"。他们经过了一段最恶劣的道路，在滕吉巴达克（Tengi-Badascian）山附近损失了大量财物和马匹，在翻越撒克力斯玛（Sacrithma）高山的时候又冻死了许多同伴。在与盗贼、火灾、山岭、风雪相争斗后，1603年11月末这支商队终于到达目的地——喀什噶尔的鸭儿看城。此时距鄂本笃等离开果阿东行已有一年。鄂本笃所带的马有六匹都死于冻饿困乏。

丝绸之路上的主要交通工具是骆驼和马、驴，特别是被称为"沙漠之舟"的骆驼。据马可·波罗在罗布荒原所见，商人们用骆驼的多，因为骆驼能载重物，而食量又小，比较合算。他们将食物和商品装在驴子和骆驼背上，如果这些牲畜在走完这个荒原之前就已精疲力竭，不能再使用的话，他们就把它们杀而食之。

然而，骆驼的运载能力也十分有限。例如连接欧亚海上贸易的苏伊士地峡，长不过160余公里，沿途是沙漠，货物运输只能靠骆驼。适应这里天气和地理情况的阿拉伯骆驼，在最佳状况下能驮运400磅（180公斤）重的货物，每天走40英里（64公里）的路程。与此相比，丝绸之路沿途的地形更为复杂，行程更为遥远和艰苦，因此骆驼的运输能力更受限制。考古学家李肖曾参加了纵贯塔克拉玛干大沙漠的驼队考察，据他的亲身经历和在近三十年的时间里参与了所有在塔里木盆地南缘的考古项目的买提卡斯木先生所提供的资料，在新疆地区，一峰骆驼在一般情况下可以驮载150—180公斤货物（夏季可能100公斤左右），驮载货物的骆驼每天最多可以走20公里左右，秋季5—6天喝一次水，夏季可能2—3天喝一次水，冬季就长了，8—10天。一般5—6天吃一次饲料（一般情况下看驮载的货物、走的时间），每次15—20公斤左右饲料，驼队基本上已驯化的骆驼负责驮载人员，其他的负责驮载装备。因此，依靠骆驼作为基本运输工具的丝绸之路贸易，其运力非常有限。不仅如此，丝绸之路漫长，中国古话说，"十里不贩樵（柴），百里不贩米"，超过了一定的距离，运费就要超过商品本身的价值了。在丝绸之路的长途运输中，运费可能超出货物原有价值若干倍。昂贵的运费无疑大大制约了贸易规模。

再者，前近代时期的世界上，各个国家（或政权）的领土往往没有明确的边界，因此出现许多管辖权不清的地方。不少地区在若干时期中甚至没有国家（或政权）管治，成为政治管辖的真空地区。这种情况使得国际贸易成为高风险的事业。特别是前近代时期国际贸易中的商品主要是价格昂贵的奢侈品。这样一来，从事国际贸易的商队更加成为沿途盗匪垂涎的目标。因此丝绸之路上盗匪横行，洗劫商旅，杀人劫财，乃是常情。玄奘西行中就多次遇到盗匪，有一次遇到多达二千余骑的"突厥寇贼"。另外一次与商人同行，有一日，"同侣商胡数十，贪先贸易，夜中私发。前去十余里，遇贼劫杀，无一脱者。比法师等到，见其遗骸，无复财产"。蒙古帝国时期治安情况有所好转，丝绸之路得以重现繁荣。但是从马可·波罗的记述来看，盗匪依然不少。像著名的商业中心忽里模子城附近就因有成群的强盗不断袭击、抢劫商旅，所以极其危险。蒙古帝国瓦解后，中亚地区大多数时期处于混乱状态。鄂本笃于1603年3月从印度启程前往中国，在拉合尔随同商队出发去喀布尔，同行的有500人，已有相当的自卫能力，但途中遇到盗匪，多人受重伤，鄂本笃和其他几人逃到了树林里才得以脱险。因此之故，商人只能结成大团伙，携带武器，雇用卫队，以对付小股盗匪。荷兰人白斯拜克（Auger Gislende Busbeck）奉日耳曼皇帝查理五世之命，出任驻奥斯曼帝国使节。1560年，他在伊斯坦布尔见到一位去过中国的土耳其伊斯兰麦沃拉纳教派的传教士。此教士讲了他去中国的经历。他加入了进行丝绸之路贸易的商队。这个商队规模颇大，原因是路上艰难险阻，非结大队不可。他们一直行抵中国嘉峪关后，方才安全。

复之，丝绸之路是一条国际贸易路线。涉及国际贸易的各国（或者领土政权），在经济政策、语言、法律、风俗习惯以及货币、度量衡、海关制度等方面都不相同。由于这些差异，进行国际贸易有诸多困难。例如因为贸易主体为不同国籍，资信调查比较困难；因涉及进出口，易受双边关系、国家政策的影响；交易金额往往较大，运输距离较远，旅行时间较长，因此贸易风险较大；除交易双方外，还涉及运输、保险、银行、商检、海关等部门；参与方众多，各方之间的法律关系较为复杂。即使在今天，国际贸易也比国内贸易更困难，同时商业风险也更大。至于在前近代时期，情况就更为严峻了。由于没有国际法和国际公约一类共同的游戏规则，一旦商业纠纷出现，在大多数情况下，就只有靠纠纷发生地的统治者意志来解决。丝绸之路上存在着形形色色的大小邦国及游牧部落政权。用今天的眼光来看，其中许多可以说就是当时的"流氓国家"（rogue states）。它们往往对过往商旅横征暴敛，雁过拔毛，过往商队不得不忍受它们的勒索。即使是那些"非流氓国家"，商队也往往要向它们上贡，寻求它们在其境内经过时予以保护。更严重的是，这条路上的政治状况很不稳定，正如法国历史学家让–诺埃尔·罗伯特（Jean-Noel Robert）所说的那样，在罗马帝国时代，丝绸之路沿途所经之地区政治相对稳定，因此无论怎样困难，东西方之间的道路还是通贯了近两个世纪。但是公元3世纪以后，世界陷入一片混乱，安全得不到保证，贸易也随之越来越少。

罗伯特对丝绸之路的撒马尔罕到嘉峪关路段的情况做了生动的描述：

> 成百上千头骆驼、牦牛、骡子和马载着沉重的货物要穿过敌方屏障，这是最大的困难。沙漠商队重新聚集不仅是要在艰难的旅途中互相帮助，同时也为了更好地抵御埋伏在高地等待已久的强盗。那里没有逃生之路，除非迅速地翻过悬

崖峭壁，方有一线生机。商队没有想到带上弓箭手，而这对他们一路行走是有用的。对于残忍的强盗们而言，一条人命抵不上几颗宝石或一点儿黄金。

　　他们知道沙漠商队是不会停下来的，只会继续前行，因为稍有延误，他们就会出现诸如降雪或提前结冰等其他困难。（在越过帕米尔山脉时）商人们不顾已经冻伤的脚和雪盲，为得到第一份可能的报酬惴惴不安地冒险前进，严重的支气管炎或一次袭击便会夺去他们的生命。半山腰的小路刚好能容牲口通行，崖下水流湍急，声震山谷。水流撞击的声音回荡在岩壁间，震耳欲聋。在通过一些可怕的峡谷时，走在一些摇摇晃晃的木桥上，令人头晕目眩，难以忍受。这一段路对牲畜来讲，同样是一种残酷，但此时已无同情可言。一头筋疲力尽的牦牛倒下了，再让它重新苏醒是不可能的。空气随着海拔增高变得稀薄，高山反应渐渐显现出来，令人恶心的洋葱气味刺激着鼻腔。在这险恶之地，大量令人讨厌的植物名称成为商队对这些山的别称：葱岭便是一类。地面湿滑，大地被凝固的雪封冻起来。为避免骆驼载着贵重的货物掉进深渊，需要在骆驼蹄下垫上毯子。夜幕降临，商人们得给牦牛喂草，但草料短缺，已不足喂饱。他们自己则用挖空的牛角盛一种用豌豆粉和干荨麻粉兑入茶水做成的汤。除此之外，人畜吃的都差不多。搭起营地，首先要照料牲口，有时需要把它们拴起来不让它们躺下睡觉，因为冰冷的地面会导致充血死亡。这一切完成后，商人们便可尽情享用那道始终不变的汤，还往里添加一点装在羊皮袋里的精炼羊油。第二天继续赶路，但永远也不知道会在何处丧命。

　　能逃离这个地狱吗？这是不可能的。因为，沙漠正在另一头无情地等候着。一望无际的沙漠、戈壁，到处都是一片黄褐色，单调如一，无法辨认基准点，更有难耐的炎热。将塔克拉玛干大沙漠称为"火之沙漠"是十分确切的，因为那里极易达到50摄氏度，地面发烫，空气灼热，疾风不知何时就将沙暴刮起，它吞没一切，把起伏的沙丘重新均匀地分布开。商旅们夜间行进，航海家们一样根据天上的星斗辨认方向。对水的渴望一直困扰着他们，是正好走在通往下一口井的途中吗？会不会是腐败的死水呢？坚硬的地面使牲口的脚蹄不堪其苦。到处都是抵挡不住沙漠热浪的人畜干尸，这些尸体好似沿途的路标一般。朝太阳看久了，人会精神失常。沙漠里的岩石发出哀怨之声，它们不停地受到风沙的侵蚀。据说幽灵会突然出现，吞食行人，并做出不为人知、心存不良的诡秘之事……地平线上终于现出了绿洲，而不是海市蜃楼，商队终于可以享受一丝清凉，稍作休息了。……（到了玉门关）标志着迈进了中国的大门。之后，道路渐显安全。

以上各种情况，都大大增加了丝绸之路贸易的成本。由于贸易成本高昂，因此丝绸之路贸易只能进行丝绸、宝石、香料、黄金等体积小、重量轻、价值昂贵的商品贩运。而活跃在丝绸之路上的"胡商""番客"（特别是波斯商人）在唐代文献中多半被描绘为慧眼识宝的人。即使是这样的商品，由于以上原因，从产地运到销售地后的价格也高得惊人。在古罗马时期，确实有一些中国丝绸通过丝绸之路运到了罗马帝国。恺撒大帝有一次穿了一件丝绸做的袍子去参加公共活动，结果被元老院抨击过于奢侈。

美国学者拉铁摩尔（Owen Lattimore）说：中国与中亚、西亚之间的"长期贸易主要是奢侈品的交换，丝（后来又有茶和瓷器）是中国的输出品。金、玉、良马，喀什以西的五金、葡萄干一类的珍味，奴隶、歌女、乐工等都输入中国"。从经济学的角度来看，这些商品的贸易对经济发展的意义并不大，而且非常容易受到各种非经济因素的影响。

中亚和西亚向中国输出的最主要货品实际上是马匹。伊朗学者阿里·玛扎海里（Aly Mazahéri）说："中国人在与西亚的贸易中仅仅偏爱唯一的一种西方产品，即作为阿拉伯马之先祖的波斯马。"这种马就是中国古书上说的"汗血马"，学名"阿哈尔捷金马"（拉丁名Akhal-teke horses）。汗血马的皮肤较薄，奔跑时，血液在血管中流动容易被看到，另外，马的肩部和颈部汗腺发达，马出汗时往往先潮后湿，对于枣红色或栗色毛的马，出汗后局部颜色会显得更加鲜艳，而这种马身上的一种寄生虫，会导致马的皮肤上出现红斑，给人以流血的错觉，因此这种马也被称为"汗血马"。司马迁在《史记》中说，汗血马日行千里，汉武帝时外国进献乌孙马，武帝见此马神俊挺拔，便赐名"天马"；后来又有人进贡了西域大宛的汗血马，于是他又将乌孙马更名为"西极马"，而称汗血马为"天马"。由于种种原因，波斯马不能很好地适应中原的水土，因此未能在中国繁衍起来，因此以后不断有西域良马输入中国的记载。直到明末崇祯十六年（1643）仍有"西域献千里马"的记载，这是目前发现的明朝与西域朝贡贸易的最后一次记载。不过到了明代中后期，这种以进贡方式输入的中亚、西亚良马的数量已经非常有限。

与此同时，中国人发现从北面的蒙古高原和中国东北地区输入的蒙古马，虽然不如波斯马高大俊美，但价格便宜得多，而且更加吃苦耐劳，因此宁愿购买这种价廉物美的蒙古马。明代中亚、西亚接近中国的地区大部分处于蒙古人的统治之下，蒙古马成为这些地区对明朝朝贡贸易的主要内容。为蒙古统治者进行这种贸易的中亚商人就通过朝贡贸易把马大量送到中国。15世纪，中亚商人马茂德侍奉瓦剌汗也先，并作为瓦剌官员在中国开展贸易活动。他几乎每隔一年来中国一次，大约在农历九月或十月到达北京，度过冬季，次年春天返回蒙古高原。正统十二年（1447）他出现在大同的时候，据说率领超过2000人的大商队，带来貂皮12000多张、马4000匹，用来交换中国产品。西域各国（或政权）的朝贡使团人数少则几十人，多则三四百人；进贡的方物主要是马，数量少则几十、几百匹，多则3000匹，个别时候甚至6000匹。但是中国输入马主要是为了军事用途，其输入处于国家严格的控制之下，对于民间经济并无多大意义。不仅如此，明代中后期，西北方边防线退到了嘉峪关长城一线。借助于火器，长城防线有效地防御了北方游牧人的攻击，因此明朝不像汉、唐两朝为了西北边境的安全需要建立一支强大的骑兵来对抗北方和西北的游牧人，从而也不必从外地大量输入马匹。换言之，马匹输入的重要性大大降低了。

高成本、高风险，又没有太多商品可以购买，决定了丝绸之路不可能是一条"商贸大通道"。但丝绸之路上也确实还有另一些"贸易"，这些"贸易"不是靠商人，而是靠国家，不计成本地来做。其中最主要的就是朝贡贸易。

中国与丝绸之路沿途各国（或政权）之间的朝贡贸易，是一种官方贸易，是中国各王朝笼络其他国家（或政权）的一种政治手段。这种贸易完全取决于有关国家（或政权）之间的政治关系，因而不是真正的商业活动。朝贡贸易由于不遵循等价交换的原则，因此也不具有现代意义上的贸易性质。明朝在朝贡贸易中实行"厚往薄来"的政策，使得这种贸易成为明朝政府的沉重财政负担。由于中国在这种朝贡贸易中实际上是赔本的，所以费正清说："不能说中国朝廷从朝贡中获得了利润。回赠的皇家礼物通常比那些贡品有价值得多。在中国看来，对于这一贸易的首肯更多的是一种帝国边界的象征和一种使蛮夷们处于某种适当的顺从状态的手段。"正因为这样，我们也就很容易理解为什么今天有许多对历史有兴趣的国人抱怨，这种朝贡贸易只是为了满足中国皇帝的虚荣心，"花钱赚吆喝"。

明朝中后期，一则由于财力紧张，二则由于越来越意识到丝绸之路贸易在经济上得不偿失，明朝政府对维护丝绸之路贡赐的愿望和能力都与日递减。明朝政府派遣出使西域的人数减少乃至没有，双方往来成为西域人单方面来华。从经济学的角度来看，朝贡贸易由于违背了商业以牟利为目的这一根本原则，因此缺乏发展的内在动力。到了隆庆初年，朝贡贸易制度也基本瓦解了。

事实上，丝绸之路上的民间商贸早就衰落了。由于路途艰难，沿着丝绸之路来做生意的各国商人经历千辛万苦来到中国这个富庶之乡后，都乐不思蜀，不想再回去了。周密说：由于回回商人从中亚到中国"如登天之难"，因此"今回回皆以中原为家，江南尤多，宜乎不复回首故国也"。这些外来客商不想从原路返回故土，中国本土商人更不愿沿着这条艰辛之路去那个危险之地做生意。在这种情况下，贸易怎么进行呢？在此情况下，中国与中亚、西亚之间的贸易也因此不可避免地走向衰亡。

造成丝绸之路贸易衰落的一个重要原因是在中国与丝绸之路沿线各地的贸易中存在着严重的不对等。换言之，中亚、西亚地区需要中国产品，而中国则基本上不需要这些地区的产品。阿里·玛扎海里正确地指出："中国当时与世界的其余地方比较起来极为富裕和技术发达。中国生产和拥有一切，它丝毫不需要与胡人从事交易。18世纪末东印度公司的英国人在想到用鸦片交纳茶叶和瓷器价款之前就发现了这一事实。"明朝人对这一点知道得很清楚。嘉靖初年，都御史陈九畴、御史卢问之向嘉靖皇帝提出："番人之所利于中国者甚多"，而中国却不仅未从中获利，反而受害，因此要求明朝政府"闭关绝贡，永不与通"。这个建议也获得兵部的支持。虽然明朝政府没有采纳这个建议，但是丝绸之路的商贸地位已大不如前。随着海上贸易的蓬勃发展，丝绸之路贸易情况更是每况愈下。

因此，我们应当实事求是地看待丝绸之路的历史。历史上的丝绸之路在文化交流方面有重要意义，但在经济上则否。到了近代，随着大规模商贸活动的发展，这条丝绸之路上的贸易更是已经成为过时之物。正如任何历史上存在过的客观事物一样，丝绸之路也是有兴必有衰，最后乃至终结。那种把丝绸之路称为"洲际商贸大通道""永远的通道"的说法，肯定是不符历史实际的。

三、丝绸之路的另一面

最后，我还要说一说，以往人们在谈论丝绸之路时，往往把它描绘为充满鲜花和歌声的和平友谊之路。然而问题是，丝绸之路的历史都是这样的吗？

如前所述，丝绸之路沿途充满各式各样的国家和政权，政治状况极不稳定，反复多变。一些强势的地区势力（特别是游牧政权）往往通过这条通道向外扩张，而中国往往是这种扩张的终极目标。这一点过去往往为人所忽视，但的确是历史事实。

阿拉伯人于公元7世纪中叶从沙漠中兴起后，迅速征服了欧亚非广大地区，建立了广袤的阿拉伯帝国，中国史籍中称为"大食国"。早在公元8世纪初，阿拉伯帝国在东方的最高长官哈贾吉·本·优素福就应许他的两个大将——穆罕默德和古太白·伊本·穆斯林，谁首先踏上中国的领土，就任命谁做中国的长官。于是前者征服了印度的边疆地区，后者征服了塔立甘、舒曼、塔哈斯坦、布哈拉等大片中亚地区，但谁都没能到达中国。唐朝开元三年（715）和五年（717），西突厥部落突骑施联合大食向唐朝的安西四镇（位于今天的新疆地区）发动过两次战争，均被唐军击退。为了消除大食的威胁，天宝十年（751）四月，唐朝安西节度使高仙芝率唐、番联军3万人从安西出发，翻过葱岭，越过沙漠，经过了三个月的长途跋涉之后，在七月份到达了中亚名城怛罗斯（今哈萨克斯坦的江布尔城附近）城下。阿拉伯人在接到高仙芝进军的消息之后，驻巴士拉的东方总督艾布·穆斯林立即派遣部将塞义德·本·侯梅德带部下数千人的部队抢先驻守怛罗斯城中，加强防守，为大军集结赢得时间。艾布·穆斯林带着自己的1万人赶往撒马尔罕构筑工事准备大战，齐雅德和另一将领艾布达·乌德·哈里德·本·伊卜拉欣·祖赫利召集河中的驻屯军1万迅速赶往怛罗斯城，高仙芝攻城五天不克，阿拉伯援军赶到，从背后袭击唐军。配合唐军作战的葛逻禄部兵突然逃跑，导致唐军战败，高仙芝率领残兵数千逃回安西。此后，安史之乱爆发，唐朝将安西驻军东撤，参加平乱，于是西部防线空虚，中国本土暴露在大食兵锋之前。幸亏此时吐蕃勃兴，占领了西域，与大食鏖战，阻挡了大食东侵。著名史学家范文澜先生讲到此情况时说："这个新形势，从长远处看，吐蕃阻止武力传教的大食东侵，使汉族文化免于大破坏，又为后来回纥西迁，定居在天山南北作了准备，对中国历史是一个巨大的贡献。"

到了明代，情况变得更加严峻。差不多就在明朝建立的同时，中亚兴起了一个极具侵略性的游牧政权——帖木儿帝国。这个帝国的创始人是帖木儿（1336—1405），历史上也称为"跛子帖

木儿"。他自称是成吉思汗的嫡派后裔，并以成吉思汗的继承人
自居。帖木儿的势力兴起于中亚的河中地区，迅速成为中亚最强
大的军事力量。此人以残暴著称，对一切敢于抗拒的敌人进行大
屠杀，并用被杀者的头颅建立人头金字塔，以警示他人，不得反
抗。他一生都在征战：三征花剌子模，六次或者七次征伊犁，两
征东波斯，三征西波斯，打败了奥斯曼帝国、东欧的金帐汗国、
中亚的东察合台汗国和印度德里苏丹国等伊斯兰强国，并对俄罗
斯发动了两次战争。中亚、中东、印度的重要城市报达（今巴格
达）、布鲁萨、萨莱、焉耆和德里等著名城市都遭到过他的洗劫。
通过三十多年的征战，他建立了从德里到大马士革、从咸海到波
斯湾的帖木儿帝国，定都于撒马尔罕。他到了晚年打算要征服中
国。此时明太祖建立了明朝，于洪武十八年（1385）派使者傅安、
刘伟等出使西域，来到撒马尔罕后，被帖木儿王朝逮捕，经过长
时期的谈判后才获释。尔后，帖木儿于洪武二十年（1387）、二
十五年（1392）、二十七年（1394）三次派使者携带礼物到明朝，
呈上了措辞谦卑的称臣书信，以刺探明朝的虚实和麻痹明朝。洪
武二十八年（1395），朱元璋派傅安携带一封向帖木儿表达感谢
的信到撒马尔罕。但在此时帖木儿已经宣布他要征服中国以迫使
中国人皈依伊斯兰教，并且开始在位于今哈萨克斯坦南部的讹答
剌城聚集大军。傅安尚未返回，明成祖已即位。成祖得到帖木儿
准备入侵的消息，立即命令甘肃总兵宋晟进行戒备。永乐二年
（1404），帖木儿兴兵20万远征中国，途中突然于次年（1405年1月
19日）在讹答剌城病逝，终年71岁。在他壮丽的蓝色圆顶陵墓内

的绿玉色棺材上，写着他的豪言："只要我仍然活在人间，全人类都会发抖！"台湾作家柏杨在《中国人史纲》中对此事进行评论说："仅只比明王朝晚一年，在中亚兴起的帖木儿汗国，正决心恢复蒙古帝国东方的故有版图。1404年，靖难结束之后第二年，帖木儿大汗从他的首都撒马尔罕出发东征，进攻中国。不料在中途逝世，军事行动中止。如果帖木儿不适时地死，根据已知的资料推断，以明王朝那残破的力量，势将无力抵抗。一个新的异族统治可能再现。"柏杨仅只提到"新的异族统治"。如果帖木儿的计划成功，中国的历史可能就是另外一个样子了。

帖木儿帝国之后，中亚一些统治者依然企图染指中国西北地区。1517年，满速儿汗从哈密向甘肃的敦煌、肃州和甘州方向攻击中国本土。与此同时，他的弟弟、喀什噶尔的统治者赛德汗把所谓的"圣战"引入了吐蕃人的拉达克地区。《明史》和《拉失德史》都记载了满速儿汗对中国的战争，《拉失德史》并指出这是一次"反异教的圣战"。在"圣战"的威胁下，嘉峪关以西地区各族人民大多皈依了伊斯兰教。

这些中国所面对的严重威胁都是来自丝绸之路。因此把丝绸之路想象为歌舞剧《丝绸之路花雨》所描绘的那种莺歌燕舞、歌舞升平的和平友好景象，当然不符合历史。

有鉴于以上各方面的原因，到了明代中后期，明朝政府重新检讨对丝绸之路沿途地区的政策，采取更为现实的态度。为了保障西北地区的安全和丝绸之路沿途地区的秩序，明初在嘉峪关以西（今甘肃西北、青海北部及新疆东部）设立了七个羁縻卫所，称为"关西七卫"或"西北七卫"或"蒙古七卫"（因七卫首领皆为蒙古贵族），作为处理这些地区事务的机构。经过多年的考量，到了嘉靖三年（1524），明朝政府将七卫全部撤入嘉峪关以内。这一行动不仅表现了明朝将边防线收缩到其力所能及的范围，而且也表现了明朝不愿意再介入中亚地区的纷争。晚明著名文人袁宏道在谈到中国对待邻国之间的纠纷的方针时说："譬如邻人自相讦讼，我乃鬻田宅、卖儿女为之佐斗，不亦惑乎？"撤回关西七卫也体现了这种态度。撤回关西七卫的决定是明智的，因为这可以使明朝政府将有限的资源用到更加需要的地方。这一行动标志着在过去两千年中时通时闭的丝绸之路，终于到了其终结之时。到了清代，丝绸之路贸易在中国外贸中所占的地位已经无足轻重。因此可以说，到了明代后期，丝绸之路就已完成了其历史使命。

（本文由作者在"腾讯大家"刊出的短文［2015年］以及在湖南大学岳麓书院讲座的讲演稿［2020年11月1日］合并而成）

漫谈"文化接轨"和"接轨心态"

"与国际接轨",是当今汉语新生语汇中使用频率最高者之一。不仅科技、经济、工商、学术、教育、文艺、体育各界人士,莫不挂在口边,即如饭店旅馆、旅游交通、服装鞋帽各行各业者,亦尽皆津津乐道于此。人不分行业,地不分东西,举国上下,众口一词说"接轨",洵为90年代神州一盛况。

案"接轨"一词,显然借之于铁道用语。以往中苏交恶,中国铁路修到新疆西部某地就停下了,为的是防止苏联火车尾随红军坦克长驱直入。后来两国和好,于是双方铁路也修通了,于是欧亚大陆桥随之建成。不过单单铁路相连还不是彻底的"接轨",因为中国与西欧的铁路是准轨,而当时苏联各国的铁路是宽轨,所以中国的火车到了苏联地区的东西边境处,还需调整轨距,然后方可从连云港一路开到鹿特丹。因此,真正的"接轨",指的是改变我之既往,以合人之现状,从而"冲出国门"也。广义上的"接轨",虽未见有人下确切定义,但在实际运用中,我们可以做如下理解:"轨"者,事物运行方式或规范之谓也;而"与国际接轨"者,则是改变中国原有规范,以符合国际通行规范也。

对世界开放,乃是我国社会经济现代化的必由之路。要对外开放,就不能不改变我们原有的许多规范,而采用人家的规范,亦即努力做到"与国际接轨"。我国的火车轨距不调为从前苏联地区的轨距,就不能跨越欧亚大陆。同样的道理,我国要加入世界贸易组织,就不得不按照人家制定的条件,调整自己的经济,尽管有些条件对我国并不公平。即使在社会科学研究方面,情况亦未必不然。林毅夫先生的《本土化、规范化、国际化》一文,针对我国近年来社会科学界出现的严重失序现象(例如剽窃抄袭成风、问题重复讨论而又不见水平提高等),提出应当引进、推广国外比较成熟和公认的研究、写作、发表范式,加以规范化。至于在科技、经济、工商、贸易、教育、行政、体育、服务等行业中引进与推广国外比较成熟和公认的规范,其必要性更不说自明。因此,"与国际接轨",是我国发展的必由之路。

在今日的各行各业的"接轨"高潮中,文化领域亦莫能置身事外。虽"接轨"口号在文化领域中未如在科技等领域那么鲜明,但是实际行动则似有过之,达到了令人惊叹的程度。从狭义的文化而言,多年来,国内文艺界人士一直大声疾呼中国文艺要"冲出国门"。既要"冲出",就要"接轨",否则岂不冲到汪洋大海或陷入戈壁沙漠里去了?但是,文化领域却不同于经济、贸易、科技等领域,并没有一个世界贸易组织之类的机构来制定各种标准（即"国际通行之轨"）。那么，在文化领域中如何"接轨"？最佳捷径莫过于在"国际"上获得某项"公认"的"世界性"大奖（例如奥斯卡奖和诺贝尔文学奖）。因为这些大奖被认为代表了"国际影坛""国际文坛"等"世界文化"的最高水平，如果中国文艺作品有幸荣获这些大奖，中国文艺也就达到了"国际水平"，得到了"国际承认"，或者说"接"上了"国际"之"轨"了。可惜的是，冲来冲去，中国电影总是只能在奥斯卡奖评选的外围打圈子，而诺贝尔文学奖更是"高不可攀"。于是怨怼之情蜂起，感叹中国翻译界无人。然而热心人依然对这些大奖一往情深，追求不懈。高山仰止，景行行止，虽不能至，心向往之。不屈不挠，志以必得。今年既不中，明年又再来。其精神之坚韧不拔，实在感人。一些有心计者，见无法进行"正面强攻"，于是采取"迂回战术"，即将西方情节加以中国包装，以求受知于评委。更有甚者，某些作品在进行包装之时，细揣洋人心理，专拣某些洋人所乐见者，于是"小脚、长辫、大烟枪"，居然成了某些作品中"中国传统文化"的象征。鲁迅先生在《忽然想到》一文中曾说："有些外人，很希望中国永是一个大古董，以供他们的赏鉴，这虽然可恶，却还不奇，因为他们究竟是外人。而中国竟也有自己还不够，并且要率领了少年、赤子，共成一个大古董以供他们的赏鉴者，则真不知是生着怎样的心肝。"对于那些专门从事"小、长、大"之类外销产品制作的文艺专业户，若鲁迅先生有知，想必也不见得会予以什么好评。更加令人叫绝的是，这种产品往往经"出口转内销"而坐享"墙外开花墙内香"的良好效应。例如,某部原先并不叫座的中国电影一旦得到了某项国际大奖或者仅仅被提名,马上在国内就起死回生,一夜之间"生猛火爆"了起来。或者是一位歌手,由某单位出资,租用维也纳金色大厅开一个演唱会,也马上成为"国际著名艺术表演家"。

在广义的文化方面,情况更加明显。仅以服式为例,即可略见一斑。亚洲邻邦如南洋、南亚诸国,即使是西方文化熏陶至深的人士,在"国际场合"仍必着民族服装;而东亚中国文化圈中的其他国家如日、韩、越等国人士,在"正式场合",虽然男士多穿西服,但女士依然多着其"国服"。唯有我们这个具有五千年文明的泱泱大国,才尽以西服为正。近年来,公职人员制服三年一小变,五年一大变,趋势总是越来越向西服靠拢。打开电视,各地乡村干部,在出席会议、接待上级、宴请宾客、誓师动员、表彰授奖各种"正式"场合,西服也几近成为"官服"。走到街头,每见小商小贩和废品收购人员,亦多身穿邋遢西服,沿街叫买或叫卖。至于大小公司经理、涉外宾馆饭店侍应生等社会中的高薪阶层人士,更是以其西服之完美傲视世人。在往返于中外的国际班机上,凡穿西服、打领带的"正装"者,泰半是国家公派赴外考察的国人。有趣的是,洋人反倒较少穿西服——谁愿在旅途中还受那份束缚呢?明人李乐戏改唐诗,以讥当时士人之尽衣红紫以求时髦,云:"昨日到城市,归来泪满襟。遍身女衣者,尽是读书人。"而在今日,则可改为:"昨日回国来,心里大吃惊。遍处西服者,只有中国人。"至于年轻或不年轻的女士们甘愿花钱受罪去割眼染发，隆鼻丰胸，以求在形体上"脱亚入欧"，更成为一时之盛。在此方面，国人"与国际接轨"的"力度"（借用时髦名词）之大，令人叹为观止。

感叹之余，我们也不得不对这种文化上的"接轨心态"稍加分析。首先，我们要看一看到底有没有这样一个文化上的"国际之轨"？接着看一看那些"公认"的"国际之轨"究竟是怎么回事？是不是有必要去努力"接"这种"轨"？

我国向来有"接轨"的传统。春秋时期诸侯争霸，胜者常常要求败者按照己方的标准，改变彼方境内田地起垄方向，以保障日后一旦争端再起，己方战车能够长驱直入彼疆，这可以说是"接归"之滥觞。赵武灵王"胡服骑射"，用今天的话来说，也可以说是文化上的"与邻国接轨"。不过，公认在大范围内最早搞"接轨"的人，似乎是秦始皇。他统一中国之后，明令"车同轨，书同文"，开创了中国历史的新一页。自此以后，形形色色的"接轨"一直不断。北魏孝文帝的强制汉化，北周宇文泰的强制胡化，都是其例。朱元璋赶走了蒙古人，下令复汉唐衣冠，要少数民族与汉人文化"接轨"；而清朝入主中原，又强令汉人剃发留辫，与满人习俗"接轨"。尽管这些举措，都只限于中国国内，而且大多凭借政治力量推行，不过却倒都是货真价实的文化"接轨"之举。这些举措消除了地方和民族之间的隔阂，为中华世界的"天下大一统"，起了积极的作用。由此角度来看，今日文化上的"与国际接轨"，似乎也符合于"人类大同"的大趋势。

确定一种轨距，大家都以此为标准去"接"之，本是经济一体化之必然。在铁路运输兴起于英国之初,多种轨距林立,出现了有名的"轨距大战"。到1846年英国议会决定以史蒂文生(George Stephenson)的4英尺零8.5英寸轨距为标准轨距之后,英国铁路运输系统的"接轨"才得以逐渐完成,从而国内经济一体化也才蓬勃发展起来。在今天,世界经济的"车同轨"正在逐步成为现实,因此在经济上努力"与国际接轨",是一个大方向。然而,尽管世界在变小,天下"定于一"也是人类社会发展的终极远景,但如今在文化上"接轨",借用太史公《报任少卿书》中的话来说,实属"大谬不然"之举。首先,直至今日,世界范围内的文化一体化(即"书同文")还只是一个遥远的梦境,因此,要现在的人去做遥远未来的工作,正如要求一个正在蹒跚学步的孩童去跑完马拉松全程一样不近情理。如要强求,事实证明是不行的。其次,尽管"书同文"按理来说是大方向,但事实上是,在文化方面,一股与"一体化"相反的"多元化"潮流,似乎正方兴未艾于冷战之后的世界。例如新加坡人之"西化"为亚洲之冠,但现在却声明"我们不是黄皮肤的英国绅士",不是"黄皮白心"的"香蕉"。马来西亚人则调侃说:"我们的身材不同于西方人,因此西方衣服对我们来说总嫌太大。"至于伊朗等伊斯兰国家,过去多年积极推行西化的结果,却是今日文化上的全面复古。更有甚者,在西方文明的主要起源地之一英国,英格兰人、苏格兰人、威尔士人虽然同文同教,而且缔结良缘已长达数百年,但是如今人们却大谈彼此之间的文化差异,激进者甚至于要求劳燕分飞,各自立国。我在苏格兰旅行时,几乎所遇到的每个人都郑重地提醒我：我们是苏格兰人（Scott），不是英国人（English，即英格兰人），尽管言者并不一定是政治上的分离主义者。

既然文化是多元的，那么当然也就没有一个"国际通行之轨"。人为地设立这样一个"轨"，并以此来品衡一切，肯定是不妥之至。仁者乐山，智者乐水。兔者山之精，龟者水之灵。仁者爱兔奔腾之轻盈，智者喜龟优游之安闲，自是人之常情。如果一定要搞什么荒唐的"龟兔赛跑"或"龟兔赛泳"，只能令仁者太息而智者蹙眉。这种故事，作为一种"寓教于乐"的形象化教材，讲给幼儿园的小朋友们听，自然是不错的。但是如果大人依然迷恋于此，似乎就不大妙了。帕瓦罗蒂和梅兰芳的演唱，不用说都是头一流的，但是如果一定要把二位硬拉到一场"国际歌剧演唱大奖赛"中一决雌雄，结果一定令人啼笑皆非。如请维多利亚女王任评委，梅氏必定败北无疑；而若由慈禧老佛爷裁决，帕氏又绝对榜上无名。因此之故，在诺贝尔文学奖的评选史上，鲁迅之输给赛珍珠，乃属必然。相反，如果赛珍珠输给了鲁迅，反倒会一如在意大利歌剧大赛中帕瓦罗蒂输给梅兰芳一样，令人匪夷所思了。对曹雪芹那样的伟大文学家来说，如果其呕心沥血之作《红楼梦》被一批没有读过老、庄、李、杜原著的评委判定达到了"世界水平"，想来他绝不会感到这是一种荣誉。

从此种意义上来说，今日被视为"世界文化"评判标准的诺贝尔文学奖和奥斯卡电影奖，其实只不过是西方文化的评判标准，或者说只是为"兔"或"龟"一方而设立的，并非能够涵盖一切。诺贝尔文学奖并不具有世界意义,一如资中筠先生大文《诺贝尔文学奖具有世界意义吗?》所论。近日美国《基督教科学箴言报》文章《诺贝尔文学奖是如何产生的?》,更直截了当地点明了该奖评选中在文化方面的局限性:在迄今为止获得过该奖的91位人士中,以欧洲主流语言之外语言写作的作家仅有5位,在这硕果仅存的5位中,如果再除去用欧洲非主流语言写作的2位作家外,就只剩下日本的川端康成、大江健三郎和埃及的纳吉布·马赫福兹了。此外,正如诺贝尔本人所言:"公平不过是想象出来的东西。"这一点,在诺贝尔文学奖的评选中也不是不存在。例如首个文学奖的评选,就已颇为世人诟病,因为评委们以"否认教会权威、国家权威和财产权"为由否决了众望所归的俄国的列夫·托尔斯泰而授予法国的普鲁多姆。在冷战时代,肖洛霍夫、索尔任尼琴等苏联作家被诺贝尔文学奖评委会选定为此项奖金得主,但这一决定到底是出于政治考虑还是完全凭艺术水准,以往曾有激烈争论,以致有些欧洲左派人士称此项奖金为给予"东方叛徒们"的奖赏。就有关中国的作品而言,没有多少文学圈中的人,会认为荣获此奖的赛珍珠的《大地》,水平高于根本未被提名的鲁迅的《阿Q正传》。至于奥斯卡奖,固然获奖者中不乏精品,但是此奖是否真的代表了"国际影坛"的最高水平,则即使在西方社会中也向来有争议。就我所知而言,许多学养深厚的人士并不看重之,甚者乃至不屑一顾。

尽管诺贝尔文学奖、奥斯卡奖并不具有世界意义,但是它们却被视为"国际文坛""国际影坛"最高水平的评判标准,引得无数英雄为之竞折腰。不必多说，这实际上乃是今日西方文化独大的产物。"冲出国门""为中国文艺在国际上争光"的口号虽然颇为动人，但是言者眼睛所盯，仍然是西方。尽管印度的电影观众人数为世界各国之首，尼日利亚读者的绝对总数也大大超过瑞典（尼国人口总数20余倍于瑞典，即使识字率低，识字者的绝对数目仍然可能远超瑞典），可是没有听说哪位中国文学家，打算将"冲"到尼日利亚作为其奋斗目标的；也没有听说哪位中国电影艺术家，把在印度电影节上获奖视为"在国际上争光"之事。可见，以西方人的臧否为"国际标准"而努力靠拢之，乃是文化"接轨"心态的潜台词。

在多元文化中"独尊一种，罢黜百家"的做法，本是一种十分荒唐的做法。各种文化出自不同文明，各有其优劣，并没有一种十全十美。例如浅而言之，西服自有其优点，不过其弊端（例如拘束身体）也是人人都可体会到的。林语堂在《论西装》一文中，将西服的缺点阐述得淋漓尽致，称西服"在伦理上、美感上、卫生上，是决无立足根据的"，"倘若一人不是俗人，又能用点天赋的聪明，兼又不染季常癖，总没有肯穿西装的"。因此之故，今日西人穿之者也越来越少。卡特入主白宫，常着牛仔装以求方便；而多尔近日竞选总统，亦不复打林语堂称之为"狗领"的领带，以示潇洒无拘。据我所见，在美国大学里，西服笔挺者，多系第三世界国家初来美国之人士。在保持传统最甚的剑桥大学圣约翰学院，研究员们晚餐一律全副行头：内着西服，外罩黑袍，五百年来坚持弗替。但近年来随着世风改变，学院对研究员们也"网开一面",不再要求午餐亦如是。于是午餐时穿西服、打领带者寥寥无几。又如小脚、长辫和长衫,"五四"以来一直被视为中国落后的象征。但是从社会文化学的角度来看,弓鞋与高跟并无大异。"高跟思想,属舶来革履,以之笑弓鞋思想之国货,为理亦未甚平。"至于长辫长衫,在人类学家眼中,与西人之假发长袍并无二致。要说假发长袍必定优于长辫长衫,也是"为理亦未甚平"。因此,今日一以西方文化为"轨"而"接"之,于理言之,亦颇为荒唐。

嫌贫爱富,尊强鄙弱,本是贫者、弱者之常有心态。就西方而言,在伏尔泰时代,英国国力尚未发达,故英语文化颇为欧陆人士所不齿,以致伏尔泰轻蔑地说莎士比亚的戏剧只配马车夫观看。若请伏氏任诺贝尔文学奖评委,莎士比亚定然不能中选。直至第二次世界大战之前,英语文化依然还只能与法语、德语和俄语文化共分天下,并未独领风骚。只是到了第二次世界大战以后(特别是冷战结束以后),由于美国的经济、政治力量独步世界,英语文化独尊的局面方得渐次形成。也正因为如此,奥斯卡奖、诺贝尔文学奖也才成为世人心中的最高境界(尽管后者要求的语言还包括法语),而以超短裙、牛仔裤、摇滚乐、麦当劳、可口可乐等为象征,原先被视为"登不得大雅之堂"的美国大众文化,也才得以风靡世界。

在中国与西方的两种文化的相互关系中,情况亦如是。在中国国力尚称强大之时,国人在文化方面效仿的楷模并非西洋。明清中国"领导时代新潮流"的,是苏州的戏曲、书画、小说、饮食、衣着，远道而来的欧美人被视为尚未开化的"红毛番人"，没有多少人会去仿效其文化。相反，林语堂指出：在18世纪的欧洲，不仅启蒙思想家们把中国视为"理想国"而极力讴歌，而且欧洲上流社会也崇拜中国文化成风，"男人梳辫子，女人执扇子，公卿穿绸缎，士人藏磁器，宫廷妃嫔乘轿出进"，皆为时髦。后来西方强大了，中国文化也随国势的下落而变得一钱不值。"因为国弱，中国人也失了自信心。"于是"凡是舶来货都是好的，古老的都是不好"。流风所及，直至今日。

因此，所谓文化的"国际标准"，实际上只是强者文化的代称。今日一以西方（特别是美国）文化为"国际标准"，实际上乃是西方（特别是美国）经济政治强权在世界文化领域中的表现。国力强，一切俱佳；国力弱，一切皆劣。西方强，故一切应以西方为"轨"以"接"之，"脱亚入欧"或"脱土入洋"。"见贤思齐焉"，也就演化为"见洋思齐焉"了。

然而，"三十年河东，三十年河西"。天道不常，也没有西方永远是强者的道理。今日东亚（特别是中国）在经济上的崛起，似乎也预示着西方文化独尊之局将难以为继。既然西方文化不复一定是"轨"，国人原有的那种"接轨"心态亦似可以改变。否则，倘若有朝一日西亚、南亚国家在经济上走到了前头，国人岂非又要改穿阿拉伯大袍或印度纱丽、舍弃筷子而用手抓食了？一个自己无定见的人，要追赶时髦，总是无法赶上的，正如契诃夫小说《跳来跳去的女人》中的主人公那样。"是真名士自风流。"一个有自信的人，断不会不分青红皂白，尽舍我之既有，以"接"别人之"轨"。"邯郸学步"，结果往往只是"东施效颦"或"沐猴而冠"而已。有五千年文化积存和13亿人口的中国，何必一定要事事以西方为标准而去"与国际接轨"呢？

当然，我绝不是主张文化上的自我封闭。相反，我认为中国传统文化自身缺陷甚多，而西方文化中确有许多东西值得我们学习。为振兴、发展中国文化，非采取鲁迅先生的"拿来主义"不可。贝多芬的音乐、莎士比亚的戏剧、伦勃朗的绘画和米开朗基罗的雕塑确是珍品，当代美国的大众文化也有许多方面的确不错，我们都可"拿来"。这里我所要说的，只是"拿来"要有个合理的取舍标准，不能以人之是非为己之是非。传统文化中确有许多东西应当舍去，但舍去的正确理由，应当是它们有害或不方便，而不必出于它们不能"与国际接轨"。例如，缠足之弊，是因为此种恶习摧残妇女身体与精神，而非因为西人无此俗。因此废止缠足之后，再仿效西人追求高跟，则似大可不必，因为从性别歧视和损害健康的意义上来说，缠足与高跟只是五十步之与百步而已。传统的长衫马褂也应当抛弃，但也只是因为其不便，一如西人因传统的假发长袍乃至燕尾西服不便而亦逐渐舍弃一样。"拿来主义"造就了恢宏的盛唐文化，遗泽至今尚见于东亚文化。但是我们并未听说唐人因好龟兹乐而废清商乐，或因慕佛陀而弃老庄孔孟。深具自信方能真正采取"拿来主义"，此其唐代文化所以不朽之一因乎？

　　总之，在当今的"接轨"大潮中，似有必要对国人的"文化接轨"心态进行反思。兹模仿禅宗六祖慧能的著名偈语，戏诌打油诗一首以结束本文：

　　　　大千世界中，文化自多采。
　　　　本来无一"轨"，何事言相"接"？

　　　　　　　　　　　　（原载《社会科学论坛》2000年第10期）

学　术

为人与为学

"中国的脊梁"

——读《大唐大慈恩寺三藏法师传》

　　年轻时读鲁迅先生的作品，特别为他的一段话感到震撼："我们从古以来，就有埋头苦干的人，有拼命硬干的人，有为民请命的人，有舍身求法的人……虽是等于为帝王将相作家谱的所谓'正史'也往往掩不住他们的光耀，这就是中国的脊梁。"[1]

　　虽然鲁迅先生对佛教并无好感，但他说到"舍身求法的人"也是"中国的脊梁"。这使我感到意外，但随后不由得想到玄奘法师。

　　幼年时读《西游记》，对那个神秘的"西域"充满好奇。先君李埏先生见状，令我读释慧立本、释彦悰笺的《大唐大慈恩寺三藏法师传》[2]。先君说："佛教是一门高深的学问，你现在不可能懂。你今天读这本书，可以跳过书中谈论佛教的内容，只要专注

1　鲁迅：《中国人失掉自信力了吗？》，收于鲁迅：《且介亭杂文》，人民文学出版社，1973年。

2　本文凡未注明出处的文言引文，均出于《大慈恩寺三藏法师传》，巴蜀书社，1992年。

玄奘法师个人的经历就行了。你要把他当作一个普通人，一个和我们一样的人，去了解他的一生。你读后肯定会感到有收获的。"于是我依照先君指示的方法开始读这本书。自此之后，我又多次读此书，每次都会受到心灵的震撼。特别是在"文革"十年中，精神上极度苦闷，在感到迷茫无助和对前途绝望之时，咀嚼此书中玄奘法师那种对知识的渴求和为求知而不惧艰难险阻的坚强意志，对我具有特别的意义。

傅雷先生翻译的罗曼·罗兰《名人传序》写道："不幸的人啊！切勿过于怨叹，人类中最优秀的和你们同在。汲取他们的勇气做我们的养料罢；倘使我们太弱，就把我们的头枕在他们膝上休息一会罢。他们会安慰我们。在这些神圣的心灵中，有一股清明的力和强烈的慈爱，像激流一般飞涌出来。甚至毋须探询他们的作品或倾听他们的声音，就在他们的眼里，他们的行述里，即可看到生命从没像处于患难时的那么伟大，那么丰满，那么幸福。"[1] 可以说，是玄奘法师这样的先贤，支持我度过了那个悲惨和痛苦的年代，由于心中有他们作为榜样，因此也没有虚度年华，在逆境中依靠自学，读完了"我的大学"[2]。

到了改革开放以后，我依然不时重读此书。随着年龄增长，对玄奘法师的认识也不断加深。虽然我至今依然不是佛门弟子，但对这位伟人的崇敬却与日俱增，确信在鲁迅先生所说的"中国的脊梁"中，玄奘法师必然占有突出的一席。

1　傅雷：《傅雷译文集》第11卷，安徽人民出版社，1983年，第13页。

2　同时，《我的大学》是苏联作家高尔基的一部自传体小说的书名。

一

我对玄奘法师的敬仰，首先是他那对学问的热爱和为追求学问而一往无前的精神。

玄奘法师年轻时，为了学习佛学的真谛，遍访国内佛学重镇，求教高僧大德，学识已远超侪辈，成为中土佛学的翘楚。但是他觉得中国佛学水平和印度佛学水平仍有差距，"所悲本国法义未周，经教少阙，怀疑蕴惑，启访莫从。以是毕命西方，请未闻之旨，欲令方等甘露，不但独洒于迦维，决择微言庶，得尽沾于东国"。于是决意西去求法，时年二十六。其时唐朝建立未久，边疆多事，约禁百姓不许出蕃。"李大亮为凉州都督，既奉严敕防禁特切。有人报亮云有僧从长安来欲向西国，不知何意。亮惧，追法师问来由，法师报云欲西求法，亮闻之逼还京。"法师坚持西行，"不敢公出，乃昼伏夜行遂至瓜州"。到瓜州后，"凉州访牒又至，云：'有僧字玄奘欲入西蕃，所在州县宜严候捉。'"法师又赶快逃走，一位熟悉西域道路的胡人老翁对他说："西路险恶，沙河阻远，鬼魅热风，过无达者，徒侣众多，犹数迷失。况师单独，如何可行？愿自斟量，勿轻身命。"法师回答说："贫道为求大法，发趣西方，若不至婆罗门国，终不东归，纵死中途，非所悔也。"正是这种精神，支持他经历了难以想象的艰难险阻，勇往直前。出了玉门关之后，"孑然孤游沙漠矣。唯望骨聚马粪等渐进"。特别是到了莫贺延碛，"长八百余里，古曰沙河，上无飞鸟，下无走兽，复无水草。……时行百余里失道，觅野马泉不得，下水欲饮，袋重，失手覆之，千里行资，一朝斯罄，又失路，盘回不知所趣。乃欲东归还第四烽，行十余里，自念：我先发愿，若不至天竺，终不东归一步，今何故来？宁可就西而死，岂归东而生。于是旋辔，专念观音，西北而进。是时四顾茫然，人鸟俱绝，夜则妖魑举火，烂若繁星；昼则惊风拥沙，散如时雨。虽遇如是，心无所惧，但苦水尽，渴不能前，是时四夜五日，无一滴沾喉，口腹干燋，几将殒绝，不复能进"。一路上还遇到盗贼，几乎殒命。就这样，经历了千辛万苦，最终到达目的地——当时世界佛学中心所在的那烂陀寺。

在印度前后十七年，玄奘法师努力学习，掌握了印度佛教的大小乘各种学说，成为公认的佛学大师。当时印度正值"百花齐放，百家争鸣"的学术盛世，各种思想流派之间展开激烈的论战。玄奘法师针对佛教内外对大乘唯识学说的批评，用典雅的梵文撰写了一千六百颂的《制恶见论》作为回应。为了深入讨论，戒日王在曲女城举办了辩论大会，"遍诸天竺，简选贤良，皆集会所，遣外道、小乘，竞申论诘"。玄奘法师成为大会的主角，弘扬大乘佛教的义理，破除小乘佛教与外道的各种异见。"大师立量，时人无敢对扬。"最后，戒日王"将法师袈裟遍唱曰：'支那国法师立大乘义破诸异见，自十八日来无敢论者，普宜知之。'诸众欢喜，为法师竞立美名。大乘众号曰'摩诃耶那提婆'，此云'大乘天'；小乘众号曰'木叉提婆'，此云'解脱天'，烧香散花礼敬而去。自是德音弥远矣"。可以说，这是自古至今，中国学者在世界学术舞台上最亮丽的表现。玄奘法师誉满印度，但他始终不忘初衷，婉辞了那烂陀寺的大力挽留，携带梵文佛教经论657部，又经历艰难险阻，回到中国。

二

玄奘法师把学问当作自己的终身志业，为了寻求学问的真谛，他不仅不惜以身历险，战胜各种艰难险阻去印度取经，而且不慕荣利，把功名利禄视为草芥。

在西行取经路上，高昌国国王麹文泰深慕法师的人品学问，提出"直以国无导师故，屈留法师以引愚迷耳"，恳请法师留在高昌国，"止受弟子供养以终一身，令一国人皆为师弟子"。法师坚辞，"王乃动色攘袂大言曰：'弟子有异途处师，师安能自去？或定相留，或送师还国，请自思之，相顺犹胜。'法师报曰：'玄奘来者为乎大法。今逢为障，只可骨被王留，识神未必留也。'因呜咽不复能言。王亦不纳，更使增加供养，每日进食，王躬捧槃。法师既被停留，违阻先志，遂誓不食，以感其心。于是端坐，水浆不涉于口三日"。最后感动了麹文泰，才放法师西行。

曲女城大会后，印度上层社会对玄奘法师大为敬佩，"（鸠摩罗王）谓法师曰：'师能住弟子处受供养者，当为师造一百寺。'法师见诸王意不解，乃告以苦言曰：'支那国去此遐远，晚闻佛法，虽沾梗概，不能委具，为此故来访殊异耳。今果愿者，皆由本土诸贤思渴诚深之所致也。以是不敢须臾而忘……'"坚拒了他们的盛情挽留。

　　玄奘法师回国后，受到唐太宗的敬重。太宗"察法师堪公辅之寄，因劝归俗，助秉俗务。法师谢曰：'玄奘少践缁门，伏膺佛道，玄宗是习，孔教未闻。今遣从俗，无异乘流之舟，使弃水而就陆，不唯无功，亦徒令腐败也。愿得毕身行道，以报国恩，即玄奘之幸甚。'如是固辞，乃止"。他恳辞了太宗让他从政的盛意，唯愿毕生行道，"自此之后，专务翻译，无弃寸阴。每日自立程课，若昼日有事不充，必兼夜以续之，过乙之后，方乃停笔摄经已。复礼佛行道，至三更暂眠，五更复起。读诵梵本，朱点次第，拟明旦所翻。每日斋讫，黄昏二时讲新经论，及诸州听学僧等，恒来决疑请义"。

　　虽然学贯中西，名满天下，但玄奘法师译经依然殚精竭虑，一丝不苟。他"翻《大般若经》，经梵本总有二十万颂。文既广大，学徒每请删略"。但他却"不敢更删，一如梵本。佛说此经，凡在四处。……法师于西域得三本，到此翻译之日，文有疑错，即校三本以定之。殷勤省覆，方乃著文，审慎之心，古来无比。……法师翻此经，时汲汲然，恒虑无常。谓诸僧曰：'玄奘今年六十有五，必当卒命于此伽蓝。经部甚大，每惧不终。努力人加勤恳，勿辞劳苦。'至龙朔三年（663）冬十月二十三日，功毕绝笔，合成六百卷，称为《大般若经》焉。合掌欢喜告徒众曰：'此经于汉地有缘。'"

　　玄奘法师及其弟子共译出佛典75部1335卷。他本人的译典著作有《大般若经》《心经》《解深密经》《瑜伽师地论》《成唯识论》等篇幅浩大、翻译艰深的重要经典。此外，他还根据亲身经历，写出《大唐西域记》这部研究中古时期印度和中亚历史和地理的最重要的著作。

玄奘法师是伟大的学者，这不仅是因为他学术精深，学贯中西，而且因为他真正热爱学问，以学术为志业。马克斯·韦伯在那篇脍炙人口的《以学术为志业》的著名文章中说：一个真正的学者，必须有"我只为我的天职而活着"的信念，献身于学术而非利用学术谋求私利，"我们不知道有哪位伟大的艺术家，他除了献身于自己的工作，完全献身于自己的工作，还会做别的事情。……不是发自内心地献身于学科，献身于使他因自己所服务的主题而达到高贵与尊严的学科，则他必定会受到败坏和贬低"。只有这样，才会有对学术充满发自内心深处的热情。"没有这种被所有局外人所嘲讽的独特的迷狂，没有这份热情，坚信'你生之前悠悠千载已逝，未来还会有千年沉寂的期待'……没有这些东西，这个人便不会有科学的志向，他也不该再做下去了。"[1]玄奘法师正是这样，发自内心地献身于学问，献身于使他因自己所服务的主题而达到高贵与尊严的学问，因此生前身后都受到人们的尊重和敬仰。

三

玄奘法师不仅是伟大的学者，更是伟大的真理追求者。他把

1　马克斯·韦伯：《学术与政治——韦伯的两篇演说》，生活·读书·新知三联书店，2005年。

他的全部聪明才智、他的毕生精力都毫无保留地献给他心目中的真理——佛学。

我少年时代开始读《三藏法师传》时，和大多数我的同龄人一样，对佛教不仅一无所知，而且充满偏见，认为那是"迷信"，因而不屑一顾，甚至盲目地反对。后来，随着知识渐长，偏见也慢慢消减，体会到佛教是一个博大精深的思想体系，从而也渐生敬意。确实，佛教思想体系的宏大精妙，在近代以前的世界史上罕有其匹。到了科学昌明的今天，像爱因斯坦那样的大科学家对佛教的伟大也予以高度的肯定。他说："如果世界上有一个宗教不但不与科学相违，而且每一次的科学新发现都能够验证她的观点，这就是佛教"；"如果有一个能够应付现代科学需求，又能与科学相依共存的宗教，那必定是佛教"；"佛学这种直觉的智慧，是一切真正的科学动力。世界上如果有什么真正的宗教的话，那就是佛教"；"未来的宗教是一种宇宙宗教。它将是一种超越人格化神，远离一切教条和神学的宗教。这种宗教，包容自然和精神两个方面，作为一个有意义的统一体，必定是建立在由对事物的——无论是精神，还是自然的——实践与体验而产生的宗教观念之上的。佛教符合这种特征"；因此"我不是一名宗教徒，但如果我是的话，我愿成为一名佛教徒"。[1]

---

1 《爱因斯坦震惊世界的预言：科学的终极归宿是佛教》，"凤凰佛教综合"频道2016年6月4日，发布于 https://fo.ifeng.com/a/20160604/41618561_0.shtml。《爱因斯坦所写自传的谈论中谈到："我不是一名宗教徒……"》，发布于 https://www.douban.com/group/topic/31159238/。

由于悟性低下，我至今还是未能领会佛学真谛，但是佛教的一些基本理念却令我深感敬服。《长阿含经》说："尔时无有男女、尊卑、上下，亦无异名，众共生世，故名众生。"《大般涅槃经》更进一步提出"以佛性等故，视众生无有差别"，因此"一切众生皆可成佛"。这个"众生平等""一切众生皆可成佛"之说，是人类历史上第一次出现的"人人平等"理念，在等级森严的传统社会中，是一个革命性的观念，也是中国儒家文化所缺乏的。

佛教以慈悲为本，《大智度论》说："慈悲乃佛道之根本。"《观无量寿佛经》也说："佛心者，大慈悲是。"魏晋南北朝是中国历史上最为长久的"黑暗时代"。在这四百年的漫长时期里，中国到处腥风血雨，血流成河，"铠甲生虮虱，万姓以死亡。白骨露于野，千里无鸡鸣。生民百遗一，念之断人肠"[1]，成了暗无天日的人间地狱。原有社会秩序崩溃解体，使得广大人民陷于无边苦海之中而不能自拔。在此时候，佛教的慈悲精神和为此采取的各种社会救助手段，给陷于极度苦难中的中国人民提供了精神上的慰藉和物质上的帮助。在佛教所倡导的福田思想的影响下，广大信众通过救助贫乏、赈济饥荒、举办斋会、施医舍药、瘗葬贫民等方式，践行佛教倡导的"菩萨行"思想。这突破了以往中国社会中仅只依靠血缘和地缘维系，对本团体人群进行的救助方式的局限，使得千千万万流离失所、绝望无助的人得到起码的救援，从而得以存活下来。也正是因为如此，佛教在这个"黑暗时代"

[1] 曹操：《蒿里行》，收于余冠英：《三曹诗选》，人民文学出版社，1997年，第4—5页。

获得了长足发展，成为社会最主要的精神支柱，以至于儒家思想的坚定捍卫者韩愈痛心地说："周道衰，孔子没，火于秦，黄老于汉，佛于晋、魏、梁、隋之间。其言道德仁义者，不入于杨，则入于墨；不入于老，则入于佛。入于彼，必出于此。"[1]

在所有的宗教中，佛教是最具有和平精神的宗教，这已为人们所共许，[2]这也许是它在中国成功的一个重要原因。在中国历史上，多种外来宗教进入中国，但只有佛教是不依靠政治、军事、经济的势力支持而传入并传播开来的。正是因为这种和平方式，大大减轻了中国人民对这种外来宗教的抵触，使它能够在广大民众心里扎下根，因此虽然有多次由统治者发动的"灭佛"运动，但佛教在民间依然香火昌盛。因为它已经为广大人民接受，故后来也得到儒家正统的宽容和接纳。宋代儒学吸收和采纳了佛教的众多理念和思想，使得佛教也充分地融入了以儒家为核心的中华文明体系中。这也是外来宗教成功地成为广大中国人民普遍信奉的宗教的唯一例子。

由于佛教体现了一种与儒家完全不同的文明和价值观，因此其传入是一个对中国传统文化的冲击。既有冲击，就有回应。特别是佛教关于"众生平等"的基本价值观，和以"君君、臣臣、父父、子子""三纲五常"为核心的中国儒家价值观是截然对立的。正是因为这个原因，佛教传入中国后，引起固守传统的保守

1　韩愈：《原道》，收于韩愈：《韩昌黎文集校注》，上海古籍出版社，1986年，第14页。
2　楼宇烈：《天台宗的核心是和合》，发布于http://ttnews.zjol.com.cn/ttxw/system/2008/05/21/010467317.shtml。

人士的强烈反弹。早在南朝，范缜就作了著名的《神灭论》，痛斥佛教："佛在西域，言妖路远，汉译胡书，恣其假托。故使不忠不孝，削发而揖君亲"；"演其妖书，述其邪法，伪启三途，谬张六道，恐吓愚夫，诈欺庸品"。[1]到了唐代，那位"文起八代之衰"、被陈寅恪先生誉为"唐代文化学术史上承先启后转旧为新关捩点之人物"的韩愈，也抨击佛教说："夫佛本夷狄之人，与中国言语不通，衣服殊制；口不言先王之法言，身不服先王之法服；不知君臣之义，父子之情。"[2]北宋大文豪欧阳修也说："彼为佛者，弃其父子，绝其夫妇，于人之性甚戾，又有蚕食虫蠹之弊"，"今佛之法，可谓奸且邪矣"。[3]因此，许多著名学者都坚信佛教就是祸国殃民的邪教："洎于苻、石，羌胡乱华，主庸臣佞，政虐祚短，皆由佛教致灾也"[4]；"浮屠西来何施为，扰扰四海争奔驰"[5]。佛教流行，是"夷狄之术，行于中华，故吉凶之礼谬乱，其不尽为戎礼也无几矣"，"溺于其教者，以夷狄之风而变乎诸夏，祸之大者也，其不为戎乎幸矣"。[6]这种对佛教的排斥态度也导致了中国佛教史上的"三武之祸"，即运用国家权力禁绝佛教。

在这样的历史背景下，玄奘法师以毕生精力促进佛教在中国

1　范缜：《神灭论》，收于严可均辑：《全梁文》，商务印书馆，1999年，第479页。
2　韩愈：《论佛骨表》，收于韩愈：《韩昌黎文集校注》，第615—616页。
3　欧阳修：《本论》，收于欧阳修：《欧阳修全集》第17卷，中华书局，2001年，第288—289页。
4　范缜：《神灭论》。
5　韩愈：《韩愈集》，岳麓书社，2000年，第87页。
6　李翱：《去佛斋论》，收于王水照主编：《传世藏书·集库·总集》7—12《全唐文》，海南国际新闻出版中心，1996年，第4423页。

的发展，这对居于主流的儒家保守人士来说，无疑是传播邪说。但是，玄奘法师却为了追寻、捍卫和传播他所笃信的佛学真谛，献出了自己的一生。和《西游记》中那位善良、软弱、有点昏庸和无能的白面和尚"唐僧"不同，真实的玄奘法师仪表堂堂，聪明过人，不仅学识渊博，辩才无双，而且洞察人情世故，能够很好地处理人际关系。玄奘法师的才干，受到多位君主的赏识和敬佩，其中就包括中国历史上最英明的皇帝之一唐太宗。"使李将军，遇高皇帝，万户侯何足道哉！"因此不论是在中国还是西域、印度，如果他要还俗出仕或者留在佛门之内成为"国师"，前景都无限光明。但是他却坚定不移地拒绝了各国统治者主动送上的"良机"，笃守初衷，潜心探求真理，将个人荣辱乃至生死都置之度外。这种为探究真理而牺牲一切的精神，使他成为一个与众不同的人。罗曼·罗兰在《名人传序》说："我称为英雄的，并非以思想或强力称雄的人；而只是靠心灵而伟大的人。……没有伟大的品格，就没有伟大的人，甚至也没有伟大的艺术家、伟大的行动者；所有的只是些空虚的偶像，匹配下贱的群众：时间会把他们一齐摧毁。成败又有什么相干？主要是成为伟大，而非显得伟大。"我想正是因为如此，鲁迅先生把"舍身求法"的人也列入"中国的脊梁"。而其中第一人，无疑就是玄奘法师。

孟子说："居天下之广居，立天下之正位，行天下之大道。得志，与民由之；不得志，独行其道。富贵不能淫，贫贱不能移，威武不能屈，此之谓大丈夫。"玄奘法师就是这样一位"大丈夫"。孟子所说的"大丈夫"，我觉得就是鲁迅先生所说的"中国的脊梁"。

四

玄奘法师圆寂之后，虽然还出现了像明末顾炎武、黄宗羲、王夫之那样的大思想家和清代阎若璩、钱大昕、段玉裁、王念孙、王引之那样的大学问家，但像玄奘法师那样学贯中西，学识精深，而又坚定追寻真理，甘愿为真理的引进、研究和传布献身，堪称"中国的脊梁"的"知识分子"却已不复多见。

到了宋代，真宗皇帝写了那篇脍炙人口的文章《励学篇》，为中国有志青年指出了一条走向未来的通途："富家不用买良田，书中自有千钟粟。安居不用架高堂，书中自有黄金屋。出门莫恨无人随，书中车马多如簇。娶妻无媒毋须恨，书中有女颜如玉。男儿欲遂平生志，勤向窗前读六经。"自此以后，"一心只读圣贤书""学而优则仕"成为中国"读书人"的人生信条。吴敬梓在《儒林外史》中，以入木三分的笔调，描绘出了当时"读书人"的人生百态。其中最能够体现他们人生价值观的，就是科举制度下的成功者周进对一位年轻学子所做的点拨："当今天子重文章，足下何须讲汉唐？"还有一位科举制度下的失败者马纯上（马二先生），对一位忘年交做了这样的忠告："'举业'二字是从古及今人人必要做的。就如孔子生在春秋时候，那时用'言扬行举'做官，故孔子只讲得个'言寡尤，行寡悔，禄在其中'，这便是孔子的举业。……到本朝用文章取士，这是极好的法则，就是夫子在而今，也要念文章、做举业，断不讲那'言寡尤，行寡悔'的话，何也？就日日讲究'言寡尤，行寡悔'，那个给你官做？孔子的道也就不行了"，"人生世上，除了这事，就没有第二件可以出头"。换言之，出头的唯一途径就是读书做官。由于科举考试严格限定读书范围，所以"读书人"的全部聪明才智就集中在怎么背诵四书五经，怎么写好应试文章。只要四书五经背得熟，八股文做得好，"一鞭一条痕，一掴一掌血"，别的"都是野狐禅、邪魔外道"。这样，他们的整个精神世界，就局限于建立在"三纲五常"等儒家教条基础之上的狭小天地中，即如《儒林外史》中王德兄弟所言："我们念书的人，全在纲常上做工夫，就是做文章，代孔子说话，也不过这个理。"[1]

鲁迅先生对这种教育制度进行了深刻的批判。他说："我出世的时候是清朝的末年，孔夫子已经有了'大成至圣文宣王'这一个阔得可怕的头衔，不消说，正是圣道支配了全国的时代。政府对于读书的人们，使读一定的书，即四书和五经；使遵守一定的注释；使写一定的文章，即所谓'八股文'，并且使发一定的议论。然而这些千篇一律的儒者们，倘是四方的大地，那是很知道的，但一到圆形的地球，却什么也不知道，于是和四书上并无记载的法兰西和英吉利打仗而失败了。"但是，"儒生在私塾里揣摩高头讲章，和天下国家何涉。但一登第，真是'一举成名天下知'，他可以修史，可以衡文，可以临民，可以治河，到清朝之末，更可以办学校，开煤矿，练新军，造战舰，条陈新政，出洋考察了。成绩如何呢？不待我多说"。

1　吴敬梓：《儒林外史》第三、五、十一、十三、十五回，人民文学出版社，1977年。

这种情况并未随着清朝的灭亡而消失。到了民初，虽然新式教育日益发展，但传统的教育制度和思想依然强势存在。鲁迅先生说："对'教育当局'谈教育的根本误点，是在将这四个字的力点看错了：以为他要来办'教育'，其实不然，大抵是来做'当局'的"，而所谓做"当局"，"说得露骨一点，就是做官"。在这样的氛围之下，读书、做学问，都成为博取功名、谋求私利的工具。清代学者俞樾说："今人以时文为敲门砖，宋人已如此矣。"[1]鲁迅先生进一步说："清朝人称八股为'敲门砖'，因为得到功名，就如打开了门，砖即无用。"[2]既然已经无用，还再要它作甚。倘若还要为学问、为真理吃苦，那就愚不可及了，"聪明人"绝不会为之。像玄奘法师那样舍身求法，为了追求学问真谛，为了寻觅人生真理，不惧艰难困苦，视功名利禄为敝屣的"不识时务"的人，也理该被淘汰出局了。在那些"识时务"的"俊杰"们大展身手的康雍乾时代，中国出现了史无前例的经济繁荣，成为世界第一大经济体。然而，与此同时，欧亚大陆另一端出现了改变人类命运的意义深远的科学革命、技术革命和思想革命。而沉醉在"康雍乾盛世"之中的千千万万中国"知识分子"，对这些伟大的革命茫然无知，没有做出任何贡献。这，应当就是回答"李约瑟难题"的一个答案吧。

到了20世纪，虽然世界已经发生了巨大变化，但是爱德

---

1 俞樾：《焚时文》，收于俞樾：《茶香室丛钞》，中华书局，1995年。
2 鲁迅：《吃教》，收于鲁迅：《准风月谈》，人民文学出版社，2006年；鲁迅：《反"漫谈"》，收于鲁迅：《而已集》，人民文学出版社，2006年。

华·萨义德仍然感叹说:"当今世界更充满了专业人士、专家、顾问,总之,更充满了知识分子,而这些人的主要角色就是以其心力提供权威,同时获取巨利。"[1]像玄奘法师这样的大"丈夫"已不多见。因此,读读像《大唐大慈恩寺三藏法师传》这样的名著,重温鲁迅先生称为"中国的脊梁"的那些先贤的光辉事迹,对于我们来说是十分有意义的。

（原载《学术界》2019年第11期）

1　萨义德:《知识分子论》,生活·读书·新知三联书店,2002年,第4页。

学术批评琐谈

严肃的学术批评是促成学术研究规范化的主要手段之一，同时学术批评本身也应有规范。这两点，已是大多数学者的共识。但是，究竟应当如何进行规范化的学术批评，学者之间尚有分歧。为了推动对此问题的讨论，兹提出几点粗浅的看法，以请教于同行学者。

一、学术批评并非"找茬"的代名词

所谓批评，依照一般的理解，虽然包括"批"与"评"，但通常以前者为主，所以在某种意义上来说与"批驳"和"批判"有相近之处，尽管程度较后者要轻得多。但严格地说，现代汉语中的"批"字有多种含义，并非都指"批驳"和"批判"。例如从我手头仅有的1979年版《辞海》所做的解释来看，"批"也可作"评定"解。出于众所周知的原因，在1979年以前的几十年中，"批评"一词似乎专指对缺点谬误的批驳或批判。在学术论争中的"批评"，也不例外，往往成为"整人"的一种方式。戚本禹、姚文元之流对罗尔纲、吴晗先生史学著作所做的"批评"，至今还使经历过"文革"的学人谈虎色变，不寒而栗。但是当学界的极"左"思潮随着"文革"的结束而退去时，人们也逐渐发现"批评"并非只是"批驳"或"批判"。1979年《辞海》修订版刊出时，编者已察觉到这一点，但尚未便公开表明自己的新见解，因此对"批评"一词避而不下定义。但到了1992年，新华出版社与远东图书公司联合出版《远东汉英大辞典》时，已明确地将"批评"一词定义为"to criticize, criticism"和"comment"两个内容。而据1995年版的《剑桥国际英语辞典》(*Cambridge International Dictionary of English*)，"criticize"意为"to express disapproval of something or someone"；而"comment"则意为"to express an opinion"。前者仅是"表达不赞同"，并不一定有"批判"或"批驳"之意，而后者更完全是中性化的，仅只是对某事物发表自己的意见而已。在学术论争中，即使是前者，也并非都具有否定的意味，因此在《远东汉英大辞典》中"批评"词条下才会有"He was pleased to read the favorable criticisms of his new book"（他高兴地看到对其新著的有利的批评）的例句。因此我们可以说，在学术范围内，批评指的是读者对某一学术成果发表自己的意见，即做评论。至于这种意见是赞同或是否定，则并无一定。既然学术批评是读者发表自己的意见，那么把学术批评一概视为"批判""批驳"甚至是

"找茬"或"整人"，只能说是一种"政治运动思维后遗症"，而并非学术批评之本意。

二、学术批评是互惠性的

为什么要进行学术批评？换言之，为什么读者要对某一学术成果发表评论？如果我们谈的是严肃的学术批评，那么应当是因为我们读了一部学术成果后，对其中一些东西产生了特别的感受，觉得有必要将这些感受写出来，与其他读者分享。有些东西我们觉得特别重要或特别有意义，希望其他读者也能体会，并对之发扬光大，用于各人的研究。也有一些东西我们自己读后觉得不很清楚，把它们写出来，希望作者能够对此做出进一步的说明，从而加深或纠正人们对有关问题的理解。还有一些东西我们认为有错误，则希望作者加以更正，并希望其他学人能够引以为戒，在今后的研究中尽力避免。因此，通过这种批评与反批评，一部学术著作的优点和缺点才能昭然显现，更好地为广大读者所接受，从而起到推动学术进步的作用。如果我们读了一部学术著作后毫无感受，当然也就不会想要发表什么体会了。不过一般而言，这样的著作大多是没有特色的大路货，所以读后难以使人产生感受，自然也不值得拿来讨论。

这种批评无论对于批评者还是被批评者，都是有益的。从批评者的角度出发，由于个人学识、学养、功力有限，所看到的优点和缺点未必都正确。把自己的感受发表出来，听听作者和其他读者对于这些感受的看法，对于批评者来说是一种提高认识的重要方法。而从被批评者的角度而言，通过对批评的答辩，可以澄清自己成果中不够清楚的地方，阐明被误解的观点，从而使得自己有机会进一步改进原有的研究。因此一篇批评文章出来，不论它对所评学术成果持肯定或是否定的态度，于批评者和被批评者都同样有益，因而也是互惠性的。当然，广大读者也会从这样的批评和反批评中受益。因此把学术批评视为"杀伤性"的或导致"两败俱伤"的行为，也不是对学术批评的正确看法。

三、学术批评：有规矩而无定式

严肃的学术批评必须有规矩。这些规矩包括批评应就事论事，对事不对人；批评者和反批评者都应与人为善，不应怀疑对方的人格和动机，不应进行人身攻击，不应使用过激的或情绪化的言辞，不应扣帽子，等等。如果不遵循这些规矩，所做批评也就不成其为学术批评，而只能落入出于文人相轻的意气之争或以往那种政治性"大批判"的老套了。因此批评要有规矩，这是进行严肃的学术批评的前提。

但是，学术批评有规矩，并不意味着学术批评有固定模式。在过去政治运动挂帅的年代，对一个人或一件事进行评价，总要首先辨清正确和错误、主流和支流、成绩和不足到底是"三七开"还是"七三开"，确定"九个指头和一个指头"的关系。在今天许多单位的学术成果鉴定或学术职称评定中，这种模式还在普遍使用，当然可能也确有其合理之处。但是在学术批评中，这种模式却显然不适用。原因很简单：既然学术批评不过是读者读了某一学术成果后就其所获得的感受发表个人看法，并非某单位学术委员会或职称评定委员会对某人的学术成就做全面鉴定，那么套用这种惯用的鉴定模式，未免使人有杀鸡用牛刀之感。如果报刊上所有的学术批评都遵循这种模式，那么我们所读到的将只会是千篇一律的八股文章。这样的书评，除了在作者申请评奖、提职称时可以在"成果影响"一栏中充数外，难说还有什么意义。因此，学术批评要遵守规范，但却不能有定式。否则就无真正的学术批评了。

四、"以己之长，攻人之短"

"以己之长，攻人之短"，历来被认为是一种武夫竞技的手段，非文雅君子所宜。但在严肃的学术批评中，这却是应当大力提倡的做法。韩愈早已有言："闻道有先后，术业有专攻。"这在学科分工高度发达的今天，情况更是如此。既然学科分工越来越细，当然也不可能再出现通晓一切的学者。同时，不同学科的交汇和融合，在今天也愈来愈显著。一部真正有影响的学术成果，大多涉及不同的研究领域。因此不同的读者从不同学科的角度出发对此进行学术批评，乃是必然之举。由于受自身知识结构所限，各位批评者的批评总是从自己的专业领域出发。而在他们自己的专业领域里，他们当然也最有发言权。换言之，也就是以其所长对该成果进行批评。

由于专业眼光的不同，各位批评者所看到的情况也自然难有一致，即所谓"仁者见仁，智者见智"之意。打个比方，当"包装"界专业人士对一个模特儿进行评论的时候，发型师注意的是该模特儿的头发，美容师注意的是面部，时装设计师注意的是衣着，而鞋匠（或许应称为鞋类设计师）注意的则是鞋子。如果不让这些专家"以己之长，攻人之短"，那么这场鉴评会就只会是走过场。设想一下，要是这些专家都是"以己之短，攻人之长"，也就是说请发型师批评鞋子样式是否"体现最新美学观念"，请美容师判断裤子风格是否"领导时代新潮流"，其结论必定不会被人们所重视，也不会有哪一个厂商会召开这种荒唐的鉴评会。同样的道理，如果不是由不同专业的学者以其所长对某一学术成果进行批评，那么这种批评又有什么价值呢？著名经济学家索洛在《经济史与经济学》中，批评这两个学科的现状说：当代经济学脱离历史和实际，埋头制造模型，而当代经济史也像经济学那样，"同样讲整合，同样讲回归，同样用时间变量代替思考"，而不是从社会制度、文化习俗和心态上给经济学提供更广阔的视野。"经济学没有从经济史那里学到什么，经济史从经济学那里得到的和被经济学损害的一样多"。因此他强调经济史学家可以利用经济学家提供的工具，而不要回敬经济学家"同样的一碗粥"。

也正因如此，在学术批评中，"以己之短，攻人之长"是不宜提倡的。一个批评者强不知以为知，对他自己尚未真正了解的东西做武断的肯定或否定，必然是没有说服力的。

五、"外行"与"内行"

由于一个重要的学术成果往往涉及不同的学科，因此对此成果进行批评的人士也常常出于不同专业领域。在此情况下，"外行"与"内行"的界限，也就难以划分了。譬如一位经济学家写了一部经济史著作，虽然他是从经济学的角度来研究问题，但是既然已经涉及了历史学科的范围，那么历史学家对该著作所做的批评就不能说是"外行"的批评了，尽管这种批评是从一个完全不同的角度出发，所用的方法和分析构架乃至批评的内容可能与作者全然不同。在此时候，作者不能以"批评者不懂经济学，因而其批评是外行话"为由而拒绝批评。相反，认真听取历史学家的意见，以改进自己的研究，才是明智的办法。在此方面，安格斯·麦迪森就树立了一个良好的榜样。他是当今国际著名的经济学家，PPP（购买力平价）计算方法的创立者，在当代世界经济研究中享有盛誉。他近年来对中国经济史产生了兴趣，撰写了一部名为《中国长期的经济实践》（*Chinese Economic Performance in the Long Run*）的著作。由于该著作超出了经济学的范围，他数易其稿，每稿都送请包括我在内的历史学者批评，征求意见，加以修改。虽然有些历史学家对经济学家写经济史著作怀有成见，但他依然真正虚心地请历史学家批评指正。我认为麦迪森此举确实非常明智，不愧为大家所为。

此外，即使是真正的外行（即非专业人士），他们的意见也并非没有价值。正如一位从未下过厨房的人，也可以对某位名厨的作品发表重要的意见。如果只有烹饪界内行的意见才值得重视，那么世界上恐怕也就没有"美食家"这类人士了。而在国外的高档饭店，美食家的意见一向是名厨最希望听取的。

六、有无"旁枝末节"？

对于来自本领域以外学者的学术批评（或曰行外人士的批评），行内人士常认为这些批评往往看不到所批评成果的主要方面，而是仅仅纠缠于细节问题。用过去大家曾经都很熟悉的话来说，就是只见木而不见林，见"旁枝末节"而不见主干。"旁枝末节"据说都是无关紧要的，所以这种批评没有多少意义。然而情况果真是如此吗？

严格地说，在科学研究中，并没有什么对象是无关紧要的。例如，一般而言，社会风俗的变化是一个长期的过程，因此某个具体年代在社会风俗变化的研究中似乎并不重要，但是在某些情况下，某个具体年代（如1911年、1949年、1979年等）对于中国社会风俗的变化却具有非常重要的意义。因此对于一项研究来说，如果具体年代的史实正确与否一概予以忽视，有时也会造成严重的错误。为了避免这种错误，对于具体年代做认真考证就是必不可少的了。就是标点符号，也不是可以忽视的"旁枝末节"。过去国家曾组织一批第一流的学者，从事一项历时长久的集体工作——标点《资治通鉴》和二十四史。标点本刊出后，全世界的中国历史研究者都从中受惠无穷，所以这项工作可谓功德无量之举。这些学者都是文史各领域中成就昭著的大师，他们甘愿穷多年之力从事标点，可见标点符号绝非"旁枝末节"。

由于各个学科的侧重点不同，同样一个事物，某一学科的学者视为不重要，对于另一学科的学者却十分重要。例如对于一部经济史研究著作，一些经济学家可能会认为最重要的是运用了什么理论，提出了什么模式。至于对所用具体史料的订正，似乎可以说是"旁枝末节"。但是对于历史学家来说，情况可能相反。余英时先生在《关于韦伯、马克思与中国史研究的几点反省》说："史学论著必须论证（argument）和证据（evidence）兼而有之，此古今中外之所同。不过二者相较，证据显然占有更基本的地位。证据充分而论证不足，其结果可能是比较粗糙的史学；论证满纸而证据薄弱则并不能成其为史学。韦伯的历史社会学之所以有经久的影响，其原因之一是它十分尊重经验性的证据。甚至马克思本人也仍然力求将他的大理论建筑在历史的资料之上。韦、马两家终能进入西方史学的主流，决不是偶然的。"事实上，在科学研究中，任何理论和方法的运用，都只能以翔实充分的事实为基础。就经济史研究而言，经济学理论和方法确实非常重要，但正如凯恩斯所说："经济学与其说是一种学说，不如说是一种方法，一种思维工具，一种构想技术。"马克思更明确地说：经济学理论是从历史的和当时的经济实践中抽象出来的，"这些抽象本身离开了现实的历史就没有任何价值。它们只能对整理历史资料提供某些方便"。因此吴承明先生下的结论是：经济史研究"只能以历史资料为依据"（凯氏、马氏与吴氏之语均见吴承明《经济学理论与经济史研究》）。方法再好，如果依据的史料不可靠或不准确，也不能得出令人信服的结论。可见史料的考订绝非"旁枝末节"。对于这一点，西方学界并无很大歧见。我在一篇文章里曾提到过20世纪80年代轰动美国学坛的"亚伯拉罕案件"（David Abraham Case）。该公案的主要当事人亚伯拉罕在其所著《魏玛共和国的崩溃》（ *The Collapse of the Weimar Republic: Political Economy* ）中，采用结构主义—马克思主义的观点，对两次大战之间德国的社会、政治、经济结构做了颇为深入的分析，从而对纳粹的崛起做出了新的解释。从社会学的角度来说，该书确实颇有新意，因此出版后颇受好评。但是从历史学的角度来说，该书所引用的史料却多有失误。尽管有的学者指出这些错误并不影响全书的结论，经改正后，全书论旨仍足以成立，但这些错误终使亚氏为学界所不容。

七、对于引进新说也应"求全责备"

时至20世纪之末，各学科的交融已成为人文社会科学发展的必然趋势。因此任何一个学科要生存和发展，都必须从其他学科引进新理论、新方法。这一点，对于人文社会科学中最古老的学科——历史学，尤为重要。早在二十年前，英国历史学会主席巴勒克拉夫受联合国教科文组织委托，为该组织出版的《社会科学和人文科学研究主要趋势》撰写了历史学卷（即《当代史学主要趋势》一书），对第二次世界大战结束以后世界各国史学发展状况进行总结。在该书结语中，他写道："近十五至二十年来历史科学的进步是惊人的事实"，但是"根据记载，近来出版的百分之九十的历史著作，无论从研究方法和研究对象，还是从概念体系来说，完全在沿袭着传统。像老牌发达国家的某些工业部门一样，历史学只满足于依靠继承下来的资本，继续使用陈旧的机器"。而造成这种状况的最重要的原因，则在于历史学家"根深蒂固的心理障碍"，即"历史学家不会心甘情愿地放弃他们的积习并且对他们工作的基本原理进行重新思考"。要克服这一严重弊端，就必须积极而大胆地引进其他学科的理论方法，否则历史学家确是很难揪着自己的头发跃出习惯的泥沼的。

引进新理论方法并使之为历史学家所接受，是一个长期的过程。在起始阶段，由于将有关理论方法运用于史学研究尚处于尝试之中，因此出现若干差错是必不可免的。对于这些差错，我们应当加以宽容，动辄斥之为"伪学术"是十分不妥的。但是这种宽容不应妨碍对这些尝试进行认真的学术批评。否则，这些新理论方法的合理内容必将受其差错之累，得不到广大历史学家的认可，从而造成洗澡水和婴儿一同被泼出的后果。在此意义上而言，对引进的新理论方法也应当"求全责备"。只有如此，才能使历史学家们看到这些理论方法的成就与不足，从而使这些理论方法的合理部分能够在历史学科的改进方面起到积极作用。

对引进的新理论方法进行认真的学术批评，对于今天我国文科学坛尤为重要。余英时先生指出：在西方的多元史学传统中，任何新奇的观点都可以觅得容身之地。近年来西方学界涌现了各种新理论方法，包括许多有悖于主流的"异义怪论"，例如德里达（Derrida）、傅柯（Foucault）、哈伯马斯（Habermas）等人的理论系统，不过"这些'异义怪论'是否都具有普遍的有效性，尚远有待于事实的证明"。但是"最近海内外中国人文学界似乎有一种过于趋新的风气。有些研究中国文史，尤其是所谓思想史的人，由于受到西方少数'非常异义可怪之论'的激动，大有走向清儒所谓'空腹高心之学'的趋势"。特别是"在古典文字的训练日趋松懈的今天，这一新流派为中文程度不足的人开了一个方便法门。因此有些人可以在他们不甚了解的中国文献上玩弄种种抽象的西方名词，这是中国史研究的一个潜在危机"。虽然"到现在，这一流派在美国绝大多数史学家眼中尚不过是一种'野狐禅'"，但是对青年学生却有严重的消极影响，"有志于史学的青年朋友们在接触了一些似通非通的观念之后，会更加强他们重视西方理论而轻视中国史料的原有倾向。其结合则将引出一种可怕的看法，以为治史只需有论证而不必有证据"（余英时《关于韦伯、马克思与中国史研究的几点反省》与《中国文化的海外媒介》）。为了使鉴别能力有限的年轻一代能够更好地对待引进的新理论方法，对这些理论方法从各个方面进行学术批评，"求全责备"，就更有必要了。

总之，我个人认为不应把学术批评视为"找茬"，而应视为被批评者、批评者和广大读者都可从中受惠之事。学术批评要守规矩，但不应有定式。在学术批评中，应当提倡"以己之长，攻人之短"。对待学术批评，不应心存"外行"和"内行"的畛域，也不应将其他学科学者所重视的批评内容视为"旁枝末节"。对于从其他学科引进的新理论、新方法"求全责备",是学术批评的重要内容,应从积极的方面予以理解,而不应加以拒绝。以上这些,都只能说是开展学术批评的起码条件。如果我们在学术批评中连这些也做不到,那么要指望能够热烈而健康地开展学术批评,恐怕只是一个可望而不可即的愿望。

（本文原系1999年在一个会议上的发言,后收入李伯重:《史潮与学风》,中国人民大学出版社,2014年）

从我做起，从"小"做起
——剔除"学术垃圾"的一点浅见

　　创新很难，而制造"垃圾"则很容易。大多数学者都已清楚地指出：现行的科研体制、评价体制和期刊体制，是造成我国"学术垃圾"泛滥的主要原因之一，因此大力呼吁"剔除学术垃圾需彻底改革评价体系"。但是，要改变现行的科研体制、评价体制和期刊体制，只有国家相关部门有这样的权力，用中国古语来说，这是"肉食者谋之"的事。作为单个的学者，除了呼吁之外，对此是无能为力的。那么，我们就可以以此为由，不采取任何措施，任凭垃圾继续泛滥下去吗？如果认为不能如此消极无为，我们就必须从我做起。这也就是古人所说的要治国平天下，首先要从正心诚意做起的意思。换言之，作为学者个人的"正心诚意"，最起码的是"勿以恶小而为之，勿以善小而不为"。制造"垃圾"是恶，不论大小，都不能去做。进行创新是善，不论大小，都应当努力去做。

不制造垃圾，不仅是绝不能做抄袭、剽窃等学术不端之事，而且要在自己的研究中有所创新，尽自己的微薄之力，为人类共同的知识大厦增添一块砖、一片瓦，而不是倾倒一堆废料。

要进行学术创新，首先就要知道学术创新是一件艰苦的工作。今天我国撰写"学术"著作似乎人人可为，处处可为，时时可为，事事可为。大学里30多岁的年轻教师，已是"著作等身"。这在全世界（至少是世界一流大学中）可谓绝无仅有的。

进行创新性的学术研究非常艰辛。在美国，文科的名教授一辈子通常也就是两三本书，论文十数篇至数十篇而已。"十年磨一剑"是常见的事。一个例子是哈佛大学哲学系教授罗尔斯（John Rawls）的《正义理论》（*A Theory of Justice*）。这本书是多年来国际哲学界公认的最佳著作。罗氏写这本书用了十年以上的时间，而在这段时间中，他没有发表过一篇文章。创新性的研究艰难如此，所以只有下定决心，排除万难，才能做到。马克思说："在科学上没有平坦的大道，只有不畏劳苦，沿着陡峭山路攀登的人，才有希望达到光辉的顶点。"由于学术研究非常艰苦，所以"在科学的入口处，正像在地狱的入口处一样，必须提出这样的要求：这里必须根绝一切犹豫；这里任何怯懦都无济于事"。只有研究者深刻地认识到这一点，真正把学术当回事，而不是"玩学术"，或者把学术研究当作谋取某种"好处"的手段，这样才能够进行创新。

我到清华任教以前，对清华著名的土木工程系和建筑系之间的关系感到很不清楚。到了清华之后方才了解到原来两者虽然都是做建筑的，但彼此之间有很大的差别。简言之，建筑学是设计房子的形状，而土木工程学则是制造用以盖房子的各种部件。

建筑学和土木工程学都非常重要，缺一不可。但是正如历史学家王笛在讨论中所说："任何历史研究，都必须有局部和整体，或者说碎片与整体，两者甚至不存在孰轻孰重的问题。没有局部，哪有整体？没有零件，哪有机器？……所谓'碎片'和'整体'，就是零件与组装的关系。整体是由碎片集成的，可以没有整体，但却不能没有碎片。一个技术不怎么好的技工，如果无法把零件组装成机器，零件毕竟还在，以后还会有高手利用这些零件组装机器。但如果没有零件，就完全不可能有机器。同理，历史研究没有碎片是不行的，这犹如机器没有零件。这些看起来各自分离的'碎片'组起来，让历史研究逐步趋向整体认识。"

在史学研究中，大多数人是应当做土木工程师的工作，做建筑师的工作当然只能是少数。就做重大课题研究而言，我要说的是，绝非人人俱可做重大课题研究。这需要一系列必要条件（不仅包括各种客观的条件，而且也包括研究者自己的主观条件如学养和能力等），如果不具备这些条件，那么最终做出来的只会是次品或者废品，或者说就是"学术垃圾"和"准学术垃圾"，其道理是再清楚不过的。对于大多数研究者而言，做符合自己主客观条件的小课题，只要真正努力，却是可以出真正成果的，这种成果就是创新。

相对而言，做"小"问题研究，比较容易出真正的成果（即创新），但这并不意味着我们不需要关心"大"问题。王国维提出治学应"从宏大处立脚，而从精微处着力"；故"虽好从事于个别问题，为窄而深的研究，而常能从一问题与他问题之关系上，见出最适当之理解，绝无支离破碎、专已守残之弊"。曾对清儒治学多有批评的顾颉刚，后来也认识到"人的知识和心得，总是零碎的。必须把许多人的知识和心得合起来，方可认识它的全体"，"必有零碎材料于先，进一步加以系统之编排，然后再进一步方可作系统之整理"。如若只"要系统之知识，但不要零碎的材料，是犹欲吃饭而不欲煮米"。有些因时代风气而气魄恢宏的东西，一旦风气转变，转瞬即"烟消云散"。故与"其为虚假之伟大，不如作真实之琐碎"。

这些先贤的话都颇有深意。一个学者不论做什么研究，都应当把自己的工作看得很重，只要自己做的工作是创新，成果都是大成就。如果能这样想，就可以从"小"做起，从我做起。如果每个学者都能从"小"题目做起，认真发掘新资料，使用新方法，就能做到有所创新。

（原载《北京日报》2019年4月1日第016版）

谈谈读外国书

　　当年鲁迅先生在其杂文《青年必读书》中对青年发出忠告："我以为要少——或者竟不看——中国书，多看外国书。"原因是"中国书虽有劝人入世的话，也多是僵尸的乐观；外国书即使是颓唐和厌世的，但却是活人的颓唐和厌世"。其实，鲁迅先生所读之书以中国书为多，他的学问也主要是从读中国书得来的。因此这段话听起来虽然有些偏激，但其意在鼓励青年积极进取，并非全盘否定中国书。不过，如果把此话放到今天，或许不乏道理。

　　前些日子在一个会议上，我口无遮拦，讲了一句"中国大多数学报是学术垃圾生产地"。不料此语一出，竟然在媒体上引起轩然大波。大家之所以对此话如此感兴趣，是因为我国学术著作的质量问题已经成为社会关注的焦点。由于学术垃圾充斥，读书就成了一件冒险之事。鲁迅先生说："浪费别人的时间，无异于谋财害命。"从此意义上而言，读了质量低下之作，也就是被害命，不过这还可以说是自认倒霉。要是读了假冒伪劣之作，并以此为据写自己的著作，发表出去，则不仅害己，更要害人。因此之故，在读许多近来出版的中国学术书时，常常不免戒心重重，不知此书所言是否可靠？是否有据？是否抄袭剽窃之作？对于现代人来说，读书与吃饭一样重要。饭不论中西，总是要吃的；书不论中外，总是要读的。当然，由于有比较，有选择，如果中国书的质量不能令人放心，读外国书也就成为理所当然的替代。正如洋快餐有害健康，中餐在西方也得以风行一样。不过，这对于我们中国学者来说，却是很令人感到悲哀的事。

虽然我绝不认为外国月亮比中国的月亮圆，不过也承认在一些发达国家，由于学术管理体制比较成熟，"学术垃圾促产机制"不甚得势，因此其学术著作的质量相对而言也比较高。这是事实，谁也抹煞不了。不过即使如此，余英时先生也警告我们："在西方的多元史学传统中，任何新奇的观点都可以觅得容身之地。近年来西方学界涌现了各种新理论方法，包括许多有悖于主流的'异义怪论'，例如德里达（Derrida）、傅柯（Foucault）、哈伯马斯（Habermas）等人的理论系统"，"这些'异义怪论'是否都具有普遍的有效性，尚远有待于事实的证明"。因此之故，即使是遇到外国著名学者的著作，也需要小心。那么，我们应当怎么读外国书呢？下面，据我个人的经验谈谈。

首先，学问是天下公器，因此没有国界。日本学者中嶋敏先生回忆在做学生时，曾向其师、日本的中国经济史开山鼻祖加藤繁先生抱怨说："像搞（中国）社会经济史这门学问，外国人总不及通晓实际情况的本国人。"加藤繁先生即正言厉色地回答说："不是这样，那只是在常识方面而已。如果真正进入学问的深处，外国人和本国人，并没有两样。"此语极有气魄，事实也确实如此。既然中外学者在学问面前没有两样，其著作的水平当然也不能依作者的国籍而以不同标准对待之。因此读外国书，也同读中国书一样，应当以平常心待之，只可论其优劣，而不可别以中外。

其次，由于学术传统的不同，中外学者的研究在许多方面有明显的差别。对于这些差别，我们应当采取的态度是取其长而弃其短，而非相反。有些人读外国书，一味盲从，即如余英时先生所言，"最近海内外中国人文学界似乎有一种过于趋新的风气。有些研究中国文史，尤其是所谓思想史的人，由于受到西方少数'非常异义可怪之论'的激动，大有走向清儒所谓'空腹高心之学'的趋势"。而另外一些人则没有读懂甚至根本没有读外国书，却一味排斥之。典型的例子是施坚雅（G. William Skinner）关于市场系统与区域系统的理论。此理论当然并非尽善尽美，可是平心而论，至少对于清代中期以来中国比较发达地区的经济史研究来说，该理论是颇有借鉴价值的。但是有些国内学者并未对该理论做深入研究，甚至有人尚未一览其书，便遽以"六边形""切蛋糕"六字概括之，使人以为其论荒诞不经，不值一览。这种做法，其实不仅可笑，而且可悲。

经过三十年的改革开放，我国的史学已成为国际学术的一个重要组成部分。正如我在国际历史科学委员会北京会议上的讲话中所说的那样："中国具有世界上最久远和最系统的有记录的历史，同时也有人数最多的史学工作者队伍，因此中国史学家应当在国际学界有更大的声音。"只有多了解别人的想法，我们发出的声音才能让外人听懂。这需要我们更多地读外国书，更好地读外国书。否则，我们就只能永远陷于那种"躲进小楼成一统"的可悲景况。

（原载《书摘》2007年第12期）

他山之石
美国学界见闻

"何伟亚事件"和"亚伯拉罕案件"

——从"人口史风波"谈学术规范、学术纪律与学术批评

近年来国内学术著作泥沙俱下，鱼龙混杂，已是不争的事实。造成这种局面的主要原因之一，是如今的我国学坛严重失序。国人对于学坛的种种怪现象，已是见惯不怪。但是长此以往，根据经济学中"劣币驱逐良币"的原则，学坛将日愈为"劣品"所占据，而"精品"的生存空间也随之日愈缩减，直至完全丧失。"他山之石，可以攻玉"。通过一些例子，看一看别人的情况，无疑有助于我们发现和解决自己的问题。

一、中美史坛三公案

当前我国学坛风气不正，已引起各方面人士的关注。这些不正之风中最为显著者，就是在学术成果评估和学术批评中"只说

好话，不说缺点和不足，甚至互相吹捧"[1]。在一派互相吹捧的甜言蜜语催眠之下，史坛似乎有些昏昏欲睡了。

今年第1期《历史研究》刊载了葛剑雄、曹树基的长篇书评《是学术创新，还是低水平的资料编纂？》，对杨子惠主编的《中国历代人口统计资料研究》提出了尖锐的批评。3月25日的《中华读书报》又刊出该报记者祝晓风、张洁宇撰写的长篇报道《一篇书评问世的前后》，披露了与该书评有关的种种情况。这两篇文章的相继发表，在学界引起了颇大震撼，寂寞多年的史坛终于再起波澜。不仅被批评者做出了激烈的反应，称该书评"恶意中伤，人身攻击""学阀、学霸作风"，不少局外人士也觉得该文批评太过激烈，不给人留面子，有伤同行和气，等等。当然，为葛、曹书评叫好者也不乏人在。因为这次公案源起于《中国历代人口统计资料研究》一书，因此姑称之为"人口史风波"。

"人口史风波"之所以能够成为一桩引起轰动的学坛公案，主要原因实际上是严肃的学术批评已在史坛绝迹多年。人们已习惯了那些充斥报刊的廉价吹捧文字，乍一碰到这种尖锐的评论，自然不免有愕然之感。套用鲁迅的话，可以说是"学界人士，莫名惊诧，长此以往，和气不保"。然而，这桩公案如果是发生在学坛较为有序的地方，情况又会如何呢？下面讲两个发生于美国史坛的公案，来与"人口史风波"做一对照。之所以选这两个公案为例，一是因为我与这两个公案的一些主要当事人或曾为同事，

---

1 中国社科院副院长王忍之语，引自《中华读书报》1998年3月25日祝晓风、张洁宇文。

或是熟人，因此对其事有些直接的了解；二是这两个公案在海内
外中文报章中曾有报道，读者若有兴趣，不妨去细查有关文字。

这两个公案中，发生时间较近，且国人了解较多者，是新近
发生于美国汉学界的一场笔墨官司。因此公案的主要当事人是何
伟亚（James Hevia），故姑称之为"何伟亚事件"。另一公案发生
较早，影响也更大，在20世纪80年代曾轰动美国学坛。该公案也
因当事人亚伯拉罕而得名，故被美国媒体称为"亚伯拉罕案件"
（David Abraham Case）。前一公案的梗概，孙尚扬《为中国而争吵
的"洋人"》[1]一文做了概述。后一公案则在余英时《中国文化的
海外媒介》一文中有颇为详细的叙述。兹将此二公案略述如下。

何氏新著《怀柔远人：马嘎尔尼使华的中英礼仪冲突》
（*Cherishing Men from Afar: Qing Guest Ritual and the Macartney
Embassy of 1793*），是一部颇有新见的专著，荣获1997年美国亚洲
学会的李文森奖。但是加利福尼亚大学圣地亚哥分校教授周锡瑞
（Joseph Esherick）对该书进行了猛烈的批评，称之为"一派胡言，
望文生义"之作。书评刊出后，加利福尼亚大学洛杉矶分校教授
艾尔曼出来为何氏辩护，称周氏的批评是"充满恶意，小题大
做"，从而成为一场双方均有美国汉学界中重量级人物参加的论
争。此论争涉及诸多方面，其中之一是对原始文献的理解问题。
周氏的文言功底明显较何氏为佳，因此他对何氏书的批评之一，
就是何著正文中有一些对原始史料的错误译法和错误断句，并指

1　该文刊于《中华读书报》1998年6月17日。

出在该书附录的词汇表中还有将"皇帝"误作"黄帝"、"一视同仁"误作"一视同人"之类的问题。艾尔曼尽管在诸多方面为何氏辩解并回击周氏，但对周氏所指出的这些"硬伤"却无法予以有力回答，只能说何氏所犯的此类错误百分比很小，而且周氏断章取义，误解何氏对文献的全面译解。

周锡瑞对何伟亚的批评，在许多中国学者的眼中，似乎是有些"小题大做"，或者是过于"苛刻"了一些。但是在美国学坛上，这不过是司空见惯的现象。就近几年的美国汉学界而言，就发生了多起公案，例如黄宗智与马若孟（Ramon Myers）、罗斯基（Thomas Rawski）之间的交锋，费维恺、王国斌等对布兰德（Loren Brandt）新著《华中和华东的商业化及农业发展，1870—1939年》的抨击，或者是亚洲学会前任主席罗友枝与何炳棣之间的批评与反批评，等等。这些公案争论的焦点都是观点、立场、理论等更"大"的问题，"火力"也更加猛烈。相比之下，周氏对何氏的批评也谈不上"苛刻"。然而，事情还并非至此为止。若与我们还要谈到的另一发生于史坛主流学科中的公案——"亚伯拉罕案件"——相比，汉学界的上述公案更不过只是"小菜一碟"而已。

亚伯拉罕原是普林斯顿大学历史系助理教授，专攻德国近代史。他将其博士论文修改后，写成了《魏玛共和国的崩溃》一书，于1981年刊出。该书出版后颇受好评，普林斯顿大学历史系也因此而正式向校方推荐，请求破格授予他长期教职。但在此时，耶鲁大学教授、德国史专家屠纳（Henry Turner）发表文章指出：亚氏书中所引用的史料多有严重失误，有颠倒日月的，有张冠李戴的，也有查无其文或其书的。因此屠氏认为亚氏是臆造证据以凑成己说。亚氏出来为自己辩护，说明他的结论完全是建立在原始文献的基础之上的，并无欺诈作伪之举。他同时也承认，当初在德国从事档案研究时，因德文尚未精，加上时间匆促，的确犯了许多错误，但都是无心之过。亚氏的申辩博得了不少同情者，但此时加利福尼亚大学伯克利分校教授、曾任美国德国史学会会长的费德曼（Gerald Feldman）又加入论战。费氏强调亚氏有心作伪，为史学界所难容。此事终于激起了美国史学界数十年未有的轩然大波，《纽约时报》《时代周刊》等报章均不断有大幅报道。亚氏的业师、芝加哥大学教授诺维克（Peter Novick）站出来为亚氏辩护，指出亚氏在史料运用上所犯的错误并不影响其结论，经改正后，全书论旨仍足以成立。不过屠氏和费氏后来得到美国历史学会的正式支持，亚氏终于被逐出史学界，不得不以40多岁的年纪，改行去学法律。

从一些报道来看，此桩公案也涉及一些个人因素和学派之争（如在亚氏之书出版之时，屠氏关于同一论题的专著也接近完成，而结论恰恰与亚氏结论相反）。不过显而易见的是，亚氏所犯错误中最为致命者，是他在其研究中，违犯了史学研究的基本纪律。亚氏在自我辩护中，也不得不公开承认他在史料处理方面所犯的错误"不可原谅"，并对他最初在档案处理方面的草率也"无词可以辩解"。其师诺氏虽然站在亚氏一边并极力为之辩护，说以屠氏和费氏为代表的主流史学对亚氏实行了"无情的迫害"，不过他也公正地指出："职业史学家中也许有人同情亚氏，但是由于后者已坦承自己曾犯了无数'不可原谅的'错误，他们觉得为他辩护是一件尴尬而难为情的事，当然更不肯聘用他了。"就这样，一个前途无量的年轻史家，就因史学基本功不到家而违犯学术纪律，从而断送了大好前程。

二、学术纪律：执"法"必严，不能手软

站在局外人的立场来看，美国史学界对亚氏的惩罚似乎过于严厉了些：仅仅因为一些今日许多中国学者看来是无关宏旨的史料使用问题，就将一个饶有才华的年轻学者永远逐出学坛，连一个改过的机会都不给！的确，对于亚氏本人来说，这惩罚似乎是太残酷了。不过要是换个角度，从维护学坛秩序的立场来看，难道能说这种惩罚是不必要的吗？

三年前，林毅夫先生曾在一篇文章中指出：近年来国内社会科学界出现严重失序现象，剽窃抄袭成风，问题经常重复讨论而又不见水平提高。每年发表的论著可谓不少，但迄今为止国内的经济学研究在国际上尚未得到多少承认。要从根本上改变这种情况，就必须规范我们的研究，建立一个大家能够有共识的，理论创新、接受、修改、摒弃乃至理论批评的规范机制。只有大家都能遵循上述规范，才能避免过去那种低水平的重复，使得我国的学术研究能够取得重大进步。[1]

1　林毅夫：《本土化、规范化、国际化》，《经济研究》1995年第10期。

然而，只有规范而无人遵守，依然是于事无补。当今并非人尽尧舜之世，因此只有通过强制执行，才能使这些规范为人人所遵行。由于学术规范的执行具有强制性，因此也是一种纪律，即学术纪律。

不严格执行交通法规，就不会有良好的交通秩序。同样地，要使学风纯正，执行学术纪律自不能不严。严惩违规对一些人（特别是初次违规者）来说，有时可能会显得过于严厉了些。不过与纵容违规所导致的后果相比，严惩违规当然更符合大多数人的利益。设想一下，如果何氏不被严词批评的话，那么以后其他汉学家在文言的断句与文句理解这类"小"问题上犯错误，也就难以杜绝了。如果对亚氏采取的措施不是这么严厉的话，又怎么能够保证日后他人不会心存侥幸，利用类似的借口蒙混过关呢？人非圣贤，如果不必付出大气力就可获得名利，对许多人来说，又何乐而不为呢？"千里之堤，溃于蚁穴。"违规行为如果不从一开始就加以制止，很容易就会泛滥成风。而一旦泛滥成风，想要挽狂澜于既倒，就很困难了。一些发达国家确立了比较完备的学术规范和比较严格的学术纪律，就是有鉴于此，防患于未然。洋人也并非都是君子，因此同样也需要学术纪律的约束。如果违规，定难逃罚。这样一来，只要会做起码的得失算账的人，就不会明知后果还去顶风犯规了。由于大家不敢随便越轨，学坛也自然变得较为有序，而最终的受惠者还是大多数人。由于学界假冒伪劣产品或"低水平重复"产品的空间会变得很小，因而读者也可免去上当受骗之苦。走进书店，至少不必怀疑每一本新书都有可能是由抄袭剽窃、东拼西凑而成的"盗版"货,"绣花枕头一包草"式的"注水"货,或是粗制滥造、"硬伤"累累的"床板"货。正如到王府井百货大楼等较有信誉的大商厦购物时,顾客权益较有保障,因此你也不必像在农贸集市与小贩打交道时那样需要时刻小心翼翼(有时甚至需要带上计算器、弹簧秤、验钞机乃至关于如何鉴别冒牌汾酒或注水猪肉之类的说明书),以免上当受骗。

三、学术批评:旗帜要鲜明,标准要统一

学术纪律既然是一种强制性行为,就要有人来执行。靠谁来执行?当然不能靠少数人作为"执法官",居高临下地加以裁决,而只能靠广大学者通过积极开展学术批评,达到鉴别是非、确定优劣的目的。只有学术批评蔚然成风,形成一种强大的舆论力量(即学坛清议),才能使得每一位学者自觉地不去违规操作。学术批评愈有力,学术纪律也愈严明,学坛风气也将愈端正,这是人人都可明白的道理。但不幸的是,如《中华读书报》在祝、张有关报道的提要中所总结的那样说:"在当前的学术界、出版界,书评变成庸俗的'吹捧文章'、渐渐失去其批评作用的现象已相当普遍。"没有了积极而严肃的批评,违规不受惩罚,自然会有越来越多的人起而效尤,结果是造成了今天学术成果"优汰劣胜"日甚一日的可悲局面。因此,开展严肃的学术批评已成为关系到我国学坛生死存亡的大事。

严肃的学术批评,必须旗帜鲜明,标准统一。只有旗帜鲜

明，才能真正收到振聋发聩之效，从而唤起学界对学风问题的真正关注。而只有标准一致，才会有公平公道。不过，要在学术批评中做到这些，又谈何容易。

首先，学术批评要旗帜鲜明，就要不怕得罪人。要不得罪人，当然最好是超脱世外，对谬误视而不见，缄口不言。万一实在不得已要提点意见，也要尽力避免有"批人"之嫌，因此行文力求委婉含蓄，用词务必温柔圆通。被批评者读后有如春风拂面，而圈外人士读后则莫知所云。倘若在学风醇美的未来，学人尽皆严以自律的谦谦君子，用此种方式来切磋学问，当然最为理想不过。但在学坛风气日下的今日，这种批评方式恐怕未必适用。设想一下，在今日"庸俗的吹捧文章"的汪洋大海中，一篇只有为数极少的圈内人细加把玩才品得出其味的批评文字，会引起多大注意，激起多少波澜？要挽狂澜于既倒，当然就要让尽可能多的学人一读即知其意，因此非旗帜鲜明不可。若是人人都一团和气的话，学坛风气何日才会澄清呢？

其次，学术批评除了要旗帜鲜明外，还要标准统一。也就是说，在学术规范面前必须人人平等。不论是评论何人的作品，都只能遵循同一标准，执行同一规范。既然没有双重或多重标准，那么不论是何人，只要他要做某一领域的研究，他就不仅要恪守普遍的学术纪律，而且还要奉行该领域中具体的学术规范。如果违犯规范，当然也不能享有豁免权。违规就是违规，违规就是该罚。正如在世界杯足球大赛中，不论来自世界哪一个国家的参赛队，都必须遵循同样的游戏规则一样。如果犯规，不论违规者来自何地，是大牌球星还是无名小卒，也不论他是有意无意，或是否"一片热心，不计报酬"，总是要被罚的。轻者黄牌警告，重者红牌逐出，甚至取消以后参赛的资格。

最后，我还要申明：中外国情有异，我国的学术规范应当如何建立，学术纪律应当如何执行，都有待广大学人参加讨论，以取得共识。本文讲述美国史坛公案，目的是希望借鉴人家的经验，绝无要我国学界一切都唯洋人马首是瞻的意思。我想有一点应当是没有异议的：我国史坛的学风今日已到了不能不下大气力来澄清的地步，因此每个学者都有义务积极参加端正学风的工作。否则，在今天因信息革命变得越来越小的世界上，既然学术已真正成为天下公器，而国际公认的规范标准又不能有多种，那么执行学术纪律也自然不会再有国界的隔阻。如果洋人违规，国人自可"替天行道"，进行批评；反之亦然。试想一下，如果有费氏、屠氏或周氏一类洋学者站出来，以对待亚氏或何氏的标准，来对中国的学术著作"评头品足"，那么感到面上无光的当然就不止相关著作的作者了，学术刊物编辑部、出版社乃至对其"热捧"的新闻媒体，恐怕都要小心了。

（原载《中华读书报》1998年10月7日）

批评何必成冤家
——李嘉图和马尔萨斯
两位伟大经济学家之间的争论与友谊

　　学术批评是促进学术进步的重要手段，在"真理越辩越明"的过程中，不仅是广大读者，而且批评者和被批评者双方，都会从中受益，因此应是一件皆大欢喜的大好事。然而由于长期政治运动的后遗症，学术批评在今天的我国学坛上却处于一种相当尴尬的境地。一方面，没有人不承认学术批评的必要性；但是另一方面，许多人在内心深处仍然把学术批评视为一种针对个人的"挑茬"乃至攻击。像"奇文共欣赏，疑义相与析"这种本来是体现学人之间切磋论道之乐的雅事，经过"文革"打手们的恶意歪曲，也成了对人进行"大批判"时使用的专门术语，至今还使人闻而胆寒。因此要营造一个良好的学术批评的气氛，在今天谈何容易！看一些历史上关于学术批评与学者友谊的佳话，或许会对今天的学术批评有所促进。

俗话说"同行出冤家"，心理学也讲能人之间的"瑜亮情结"。大卫·李嘉图（David Ricardo）和托马斯·马尔萨斯两位19世纪的伟大经济学家就是最可能变成冤家的同行，最有可能有"瑜亮情结"的伟人。他们都是亚当·斯密以后英国古典经济学的代表人物，生在同一时代，而且都以政治经济学见长。他们是同行，甚至连各自的代表作的书名和出版时间也很接近——李嘉图的代表作《政治经济学及赋税原理》（On the Principles of Political Economy and Taxation）刊出于1817年；马尔萨斯的代表作《政治经济学原理》（Principles of Political Economy）则于1820年出版。因此如果真的是"同行出冤家"的话，他们的确很有条件成为冤家。不仅如此，这两位学者在出身、经历、个性和当时的社会评价等方面也截然不同。这些当然更增加了彼此成为对头的可能。

马尔萨斯出身于英国上层阶级，而李嘉图则是一个犹太移民的后代，而犹太人在当时英国的社会地位不高。马尔萨斯在少年时代，在其学识渊博的父亲的精心指导下博览群书，后来又进入剑桥大学深造；而李嘉图则从14岁起，就不得不在父亲身边从事商业和金融工作，学术上全靠自学成才。马尔萨斯一生从事于学术研究，是个典型的职业学者；而李嘉图则是一个精明的证券经纪人，与著名的金融大王内森·罗斯柴尔德（Nathan M. Rothschild）一道成为伦敦证券交易所的主要人物。马尔萨斯从来没有富裕过；而李嘉图于26岁起即已走上了致富之途，在开始自己经营业务时资本仅有800镑，但到他1814年（时年42岁）引退时，个人财产已达50万—160万镑，这在当时的西方世界已经是巨富。在社交方面，当时的人称马尔萨斯为"一位地地道道的伦理学家"，而且说话时有些口齿不清；而李嘉图则被称为"花花公子"。与马尔萨斯平淡无奇的教书生涯不同，李嘉图是一个一帆风顺的人。他虽然是犹太人，但很早就自作主张皈依了基督教，并娶了一个漂亮的基督徒姑娘为妻，结果是他在社会地位等方面如愿以偿。后来他进入下议院，并被认为是对下议院进行教育的人。甚至他的激进主义也没有减损人们对他的崇敬。

他们不仅出身、经历不同，而且所受到的社会评价也截然而异。当时的人们讨论李嘉图的见解时劲头十足，说得有声有色；而对于马尔萨斯的贡献（除关于人口的文章外），却淡然处之。传记作者詹姆斯·博纳（James Bonar）说：不幸的马尔萨斯"是个在其生活的时代被批评得坏透了的人。此人对天花、奴隶制及溺婴加以辩护，对施舍衣食、早婚和教区补助则加以谴责。他指出家庭的流弊之后，自己却实行结婚"；"马尔萨斯从开始起就没有被人饶放。在三十年间，对他的责难之词没有断过"。而李嘉图却极受崇敬，一举一动都被大众欢迎。他在议会中发表讲演时，尽管有的人说他的声音"尖锐刺耳"，但其他人则说"虽然他把嗓子提得极高，而听起来很悦耳"。当时上流社会的主妇们在雇用家庭女教师时都要查问，她们是否能够把李嘉图的经济学原理教给孩子。而马尔萨斯关于人口的文章虽广被传阅，但一再受到激烈反驳。这不是没有道理的，因为如经济学家罗伯特·海尔布罗纳所说，这篇文章"使得一个不切实际的和谐世界的幻梦一下子烟消云散。马尔萨斯只用了几页文字，就破灭了当时自鸣得意的思想家的空中楼阁"。这当然不会受欢迎，因此当时的大臣威廉·戈德温（William Godwin）说"马尔萨斯把成百的进步论点支持者改变成了反动分子"。两人在其他方面的情况也大相异趣。海尔布罗纳说：马尔萨斯一辈子过的是学院生涯，却关心现实生活中的事务；而李嘉图虽然经商，但成了理论家。这位证券经纪人所关心的只是无形的"规律"，而那位教授所担忧的是这些规律是否与在他眼前的世界相配合。

这样两位出身、经历、社会评价如此不同的同行，在学术见解上也不会一致。在经济学方面，马尔萨斯是提出"普遍过剩"学说的第一人，并认为这种"普遍过剩"会颠覆社会。但李嘉图则证明这个说法是荒唐的。由于见解迥异，他们在一切方面展开论争就不足为奇了。他们几乎在每件事上都有争执，讨论无休无止。1815年李嘉图出版了《论谷物低价格对资本利润的影响：证明限制进口的不适宜——兼评马尔萨斯最近两本著作〈地租的性质和发展的研究〉和〈对限制外国谷物进口政策的看法的根据〉》（*Essay on the Influence of a Low Price of Corn on the Profits of Stock…*）一书，就是自1814年初以来与马尔萨斯争论的一个结果。在该书中，李嘉图对马尔萨斯的观点进行了猛烈的批驳。但是此书写得很仓促，因此马尔萨斯劝他重新写。李嘉图接受了这一建议，在1816年致信马尔萨斯，说："即使仅仅是为了我自己的满足，我也将继续工作，直到使我的理论达到前后一贯的形式。"于是导致了李嘉图的代表作《政治经济学及赋税原理》的问世。1820年马尔萨斯出版了《政治经济学原理》后，李嘉图不惜用220页的篇幅，摘录了马尔萨斯在论证上的瑕疵，而马尔萨斯则坚决认为这类谬误在李嘉图的著作上也是根深蒂固地存在着的。在李嘉图逝世前的一年中，他们一直为价值规律与劳动和资本相交换之间的矛盾、价值规律与等量资本得到等量利润之间的矛盾等重大理论问题争论不休，写了许多长信相互讨论辩驳。

然而令人奇怪的是，在这两位学者之间却存在着非常深厚和感人的友谊。他们于1809年相遇，共同推翻了一个名叫博桑克（Bosanquet）的人的观点，并因此结为终身好友。他们之间无休止的讨论，也持续到1823年李嘉图去世为止。李嘉图在给马尔萨斯的最后一封信里说："亲爱的马尔萨斯，现在我的工作算完成了。像别的争论者一样，经过了多次讨论之后，我们依然各持己见，相持不下，然而这些讨论丝毫没有影响我们的友谊；即使您是同意了我的意见的，我对您的敬爱也不会比今天更进一步。"马尔萨斯在李嘉图故去后，深情地说道："除了自己的家属外，我从来没有这样爱戴过任何人。"

李嘉图和马尔萨斯的争论和友谊，是近代学术史上的一段佳话。马尔萨斯说："有些奇怪的是，李嘉图是个大量地租的收入者，却会那样低估地主在国家的重要性。而我在地租方面从未有过任何收入，也不想有任何收入，却可能要受到指责，认为我过高地估计了地主的重要性。我们在处境上和意见上的不同，至少可以证明我们相互间的笃实不欺，而且由此提供了一个有力的证据，足以推定我们在学术上有所主张时，无论在心情上受了什么偏见的影响，所受到的总不会是彼此处境和自身利益方面的偏见的影响，而这类偏见的发生是最难防止的。"一位同时代的作家玛利亚·埃奇沃思（Maria Edgeworth）在日记中说，"他们（李嘉图和马尔萨斯）一道寻求真理，当他们找到时，即欢呼若狂，再不计较是谁先发现的"。正是因为这种对真理的追求，使得他们的争论成为浇灌友谊之花的甘霖。而他们的友谊又使得他们不仅在学问上，而且在人格上，也成为伟人。哲学家詹姆斯·麦金托什爵士（Sir James Mackintosh）在马尔萨斯去世之后写道："我同亚当·斯密交往不多，对李嘉图很熟悉，而马尔萨斯则是我的知交。难道为了他们在科学上的成就，才说这三位科学上最伟大的导师是我所认识的第一流人物吗？"这段言简意赅的话，表明认真的学术批评不仅不会影响学者间的友谊，相反倒会使彼此的学问和人格在这种批评中得以提升，最后臻于化境。李嘉图和马尔萨斯十多年的论争和友谊造就了经济学说史上的两位大师，这不正是学术批评所追求的最高意境吗？

（原载《经济学家茶座》2001年第5期）

美国的两个文科学术中心[*]

　　我在1992年和1993年在美国两个著名文科学术中心担任驻院研究员（residential fellow），这段经历给我留下了深刻的印象，使我对这两个国际著名的文科学术中心的情况有切身体会，它们成为我心目中"国际一流"文科学术中心的标杆。这里，我简单地介绍一下这两个中心的情况。

一、两个中心

美国国会伍德罗·威尔逊国际学者中心（The Woodrow Wilson

*　本文原系作者在北京大学文研院成立四周年视频系列讨论就"文科（人文与社会科学）的特点是什么？"的发言的一部分，所谈的情况则以1992年和1993年在美国国会伍德罗·威尔逊国际学者中心做驻院研究员（residential fellow）和在美国全国人文学中心做研究员的所见所闻而写成的《关于美国伍德罗·威尔逊国际学者中心（WWICS）和全国人文科学中心（NHC）的简介》（署名千里，刊于《中国社会科学院院刊》）等文章为基础，于2001年为清华大学文科发展延展而成。

International Center for Scholars，下称"威尔逊中心"），位于美国首都华盛顿，在国会和白宫之间，先前是在史密森学会（Smithonian Institute）的大楼内，后迁至现址。

威尔逊中心是美国国会根据《伍德罗·威尔逊纪念法案》于1968年建立的一个总统纪念馆，以纪念美国第28位总统托马斯·伍德罗·威尔逊（Thomas Woodrow Wilson），体现威尔逊总统一生的理想和实践。威尔逊是美国有名的学者型总统，也是唯一拥有博士学位的美国总统，其博士论文《国会政体：美国政治学研究》至今仍被认为是研究美国政府制度的经典。

威尔逊中心董事会中，有8名是美国政府官员。他们是国务卿、美国新闻署署长、教育部部长、卫生与公众事务部部长、全国人文基金会主席、国会图书馆馆长、国家档案馆馆长以及史密森学会主席。其他董事则由总统任命的非政界人士担任。另外，总统还任命一位政府代表加入董事会。中心经费来自国会拨款以及个人与组织捐赠。

威尔逊中心是世界著名智库。2016年该中心在全球智库排名第八，在美国智库中排名第五。

尽管威尔逊中心官方背景很深厚，但是它仍是一个学术气氛极为浓厚的国际学者交流机构和国际问题研究中心。

美国全国人文学中心（The National Humanities Center）位于北卡罗来纳州的三角科学研究园区（Research Triangle Park）。这是一个独立的没有住宅的科技园，分布着许多科研机构，坐落在绵延数公里的巨大林地里，离名校杜克大学和北卡罗来纳大学都不远。

全国人文学中心是美国唯一独立运作的、不依附任何国家或私人机构的人文高等研究机构，是在美国艺术和科学院的赞助下，于1978年成立的。中心的董事会有30多名成员，来自学、商、政等各界。资金主要来自私人基金会、大企业捐款、国家人文研究基金（NEH）、一些大学和个人捐款以及中心自己的资产收入。另外，中心历届研究员也有捐献，为这些捐款还专门设立了"研究员基金"。

二、两个中心的特点

1. 多学科

威尔逊中心的宗旨是汇集世界各地人文与社会科学方面的同仁，鼓励不同学科与职业之间的交流，发表研究成果，丰富人类的知识财富。

全国人文学中心的宗旨是"为人文研究最优秀的学者提供一个全国中心"。中心建立之初，涉及的领域限于传统人文学科，如文学、哲学、历史等。随着各个学科的发展和交叉，范围也有扩展，包括考古、艺术、语言、宗教、人类学、心理学等。从1978年到2009年的三十一年来，全国人文学中心研究员的研究涉及44个研究领域。

2. 国际化

威尔逊中心旨在汇集世界各地人文与社会科学方面的同仁，

而全国人文学中心虽然名为"全国",但实际上不是仅限于美国,而是一个国际性的学术机构。

这两个中心的国际性,不仅体现在它们倡导的研究课题的国际性方面,而且也体现在中心研究员的国际性方面。

威尔逊中心每年资助150名来自世界各地的访问学者在中心开展研究,其中2/3的学者从事委托项目研究,其他则开展符合中心研究体系的自定主题研究。在全国人文学中心,从1978年到2009年的三十一年来,总共有1108位学者来到中心进行研究和写作,其中外国学者162人,来自35个国家的110个机构;946位学者来自美国的45个机构和哥伦比亚特区的210个机构。

这两个中心每年招收的研究人员中,有30个左右是驻院研究员,被认为是中心研究力量的核心。这些研究员来自世界各地。来自中国大陆的研究员,在我之前有资中筠先生。1992年和我一同当选为威尔逊中心30位驻院研究员的,有20位来自美国各地,10位来自世界其他国家。其中中国学者有两位,一位是我,另一位是台湾"中研院"的朱洪林教授。在全国人文学中心,我是该中心建立后第六位来自中国大陆的学者。

3. "聚天下英才"

研究中心的中心任务之一是聚天下英才,为他们提供一个相互交流切磋的环境。这两个中心所积聚的"英才"就是研究员。

所有到中心工作的学者不管资深资浅、地位高低,都叫研究员(fellow)。其中有部分研究员是"驻院研究员"(residential fellows）。中心为研究员提供优厚的研究经费和优越的研究与生活条件，并给予他们研究的自由空间。

威尔逊中心为驻院研究员提供十二个月的资助，全国人文学中心提供三到九个月的资助，资助包括研究经费、工资、旅行费用、随行家属的机票费用等。

曾当选美国全国人文学中心驻院研究员的王笛教授在一篇回忆文章中说：被中心选作研究员，则被美国各个学校视为一大荣誉，学者本人也会被视为登了学术的"龙庭"，因为他们会就此被认为是本领域的"带头学者"（leading scholars）。学校会发布新闻，甚至还会在本领域学会的会刊上打广告，表示祝贺，作为提高本校本系声望的一个途径（事实确实如此，像朱洪林先生当选为威尔逊中心驻院研究员后，台湾"中研院"也特别发布公报，表示祝贺）。对一个学者来说，能在那里工作，既是对其学术地位的承认，亦是更光明未来的起点。当然最重要的是能与很多杰出学者相处一年，相互交流所学的东西和建立人脉关系的作用是无法估量的。

两个中心每年都收到大量的来自世界各国的学者的申请。申请先是寄同行专家评审，通过层层遴选，挑选出少数人选，然后专门召开董事会，逐个讨论进入最后名单的人，最后选定获选者。学者实力、条件、研究计划的重要性和可行性是基础，但是否能选上，还可能受其他因素影响，如学科名额分配、年龄性别比例等。由于人数有限且审查严格，因此成为研究员是很高的荣誉。

我申请威尔逊中心驻院研究员时，世界各地的申请者近770

位，竞争30个驻院研究员的位置。申请全国人文学中心研究员时，申请者也是近700人。因此，竞争非常激烈。

4."优游涵泳"以创新

朱熹说："学者当优游涵泳，不可躐等而进"，"须当涵泳，令胸中有所得耳"。近代学者杨树达也说："优游涵泳于故业之中，而新知忽涌焉。"许多学者在自己工作的单位中，工作负担重，各种杂事多，难有充分的时间来"优游涵泳"，这当然很不利于他们做出创新的工作。

威尔逊中心和全国人文学中心的建立，在很大程度上来说就是为学者创造一个能够"优游涵泳"的环境。研究员的研究工作与学术活动都是以"优游涵泳"为中心的。

在这两个中心，研究员可以自定研究主题，当然通常要与中心的研究体系相吻合，以确保取得卓越的研究成果。

每个研究员有自己独立的研究室。威尔逊中心还为每位研究员配备了研究助理。我的助理是欧泊林学院（Oberlin College）的学生Emily。研究助理负责帮助研究员去国会图书馆取书、打字等工作。

研究员平时都在自己的研究室里潜心研究、写作，偶尔也出来倒茶、倒咖啡，二三人站在过道里聊聊天，或讨论学术，或议论政治。

除了驻院研究员外，中心还经常邀请著名学者短期访问，做讲座，举办学术会议，进一步活跃学术气氛，让研究员们听取更多的见解。

这两个中心的学术活动很多。差不多每天中午都有一个午间讨论（noon discussion），下午有一次研讨会（seminar）。午间讨论是由一位或几位研究员就某问题做一个主题发言，然后与听众进行讨论。而研讨会则一般是由来访者做一个讲演或是举办国际会议。两者有共同的地方，即对外开放、自由讨论。这里学术活动的一个显著特点就是包罗万象，不同学科、不同职业、不同国度的人士在这里就共同感兴趣的问题发表见解，自由辩论。

午餐是大家聚谈的好机会。午餐通常是自助餐，大家端着盘子自由坐，每天都可能有不同的组合，今天和历史学家聊，明天和哲学家侃，后天随宗教学家神游……饭后则到树林里散步。王笛教授说：在全国人文学中心时，他经常想到孔子所说的"三人行，必有我师"，何况都是些有成就的学者，更有"谈笑有鸿儒，往来无白丁"的感慨。由于大家来自不同领域，知识结构、思维方法、观察问题的角度，都有很大差别，因此更能得到意想不到的启发。从相互交流中，大家相互学习、切磋，一起"创造一个知识对话的共同体"。

根据不同领域和研究兴趣，驻院研究员还自己组织读书小组，把自己在中心所写的论文或书的章节拿到小组上讨论，听取意见。

中心的生活丰富多彩，使得研究员能够在工作之余也享受生活。研究员和中心工作人员打成一片。中心提供早餐和午餐，每周公布菜谱。中心大厅还不时举行音乐会、画展、派对等。

5. 其 他

这两个中心都出版刊物，包括《年度报告》和《中心新闻》等，并且资助中心研究员的成果出版。到2016年为止，全国人文学中心资助的课题中，共有1206本专著出版。这些书都在中心的大厅永久展出，显示了中心的巨大实力和辉煌成就。

近年来，全国人文学中心在原来的学术项目（Scholarly Programs）之外，又增加了教育项目（Education Programs）和公共互动（Public Engagement），从而积极向社会大众提供最新的学术成果。

这两个中心都注重依托数字和网络技术，运用新型媒体宣传方式，拓宽推广渠道，提升宣传效果。2015年威尔逊中心重新设计的中心网站，不仅优化了信息发布方式，增强了研究成果展示的视觉呈现，同时兼容了移动设备，并与社交媒体进行渠道集成，最大限度地扩大了其内容的覆盖面，大大增加了网站的访问量。

三、他山之石

改革开放以后，我国大陆学术开始步入繁荣。许多大学和研究机构纷纷建立各自形式的研究中心（包括各种非实体性的研究所、研究院），力图营造良好的学术氛围，推进学术发展。这些中心对于我国学术的发展起了非常重要的作用，可谓功不可没。但是和上面谈到的两个中心相比，我们仍然可以看到彼此之间存在许多差异。

第一，我国大陆的大多数研究中心都是单学科或者邻近学科组成的，很少见到把人文学或社会科学各领域全覆盖的中心。这种专业化的研究中心，好处是可以推动本专业内学者的交流，但缺点也很明显，即未能推动本学科与其他学科学者的交流。

第二，许多研究中心是某个学术单位因为某种特定原因而设立的，因此一旦该单位领导或者中心学术带头人发生变化，中心的工作就会受到严重影响。在此情况下，中心往往无法做长远打算，只能走一步看一步，走到哪里算哪里。

第三，许多研究中心没有固定的经费来源，也没有甘于奉献的领导班子和稳定且尽职的工作人员，因此往往风光一时之后就进入休眠状态，以致许多单位不得不清理那些"僵尸"中心。

第四，许多研究中心的活动方式单一，大多限于开会、讲座、工作坊，活动规模和频次也没有定准，至于招收研究员进行驻院研究，则除了浙江大学高等研究院等个别单位之外，绝大多数研究中心都不具备这样的条件。

由于以上原因，许多研究中心旋兴旋衰，只能各领风骚三五年。

这里要说明：我对上面所做的比较，绝非出于崇洋媚外的心理。1978年3月18日，邓小平同志出席中共中央召开的全国科学大会开幕式。他在讲话中指出，"任何一个民族、一个国家，都需要学习别的民族、别的国家的长处，学习人家的先进科学技术。我们不仅因为今天科学技术落后，需要努力向外国学习，即使我们的科学技术赶上了世界先进水平，也还要学习人家的长处"。威尔逊中心和全国人文学中心是世界上办得比较好的跨学科研究中心，它们的长处，当然是我们应当学习的。办好一个学术中心，有许多共同的规律，人家比我们先走了一步，它们的经验对我们的工作具有重要意义。

从查尔斯河到箭头湖：MIT与经济史会议

应美国麻省理工学院"国际科技创意"计划（MIT International Science & Technology Initiative Program）之邀，我作为"杰出访问学人"（Distinguished Visiting Scholar）于1997年4月1日至8月20日访问该校，任该校人文社会科学学院（School of Humanities and Social Sciences）客座研究员。访问期间，我主要是在该院历史系做自己的课题"前近代社会中技术与经济的关系"，但同时也参加了该校以及邻近的哈佛大学的一些学术活动。此外，我还参加了一个在加州举行的"中国13、14世纪的历史转折"学术讨论会。现将访美的一些见闻感触写出，敬供我院有关人士参考。

一、MIT的中国研究

1993年归国之前，我曾在加州大学洛杉矶分校历史系、密歇根大学中国文化研究所、伍德罗·威尔逊国际学者中心和美国全国人文学中心任教或做研究员。不过这些都是文科研究机构。到理工科大学做客座研究员进行文科课题的研究，却还是第一次。虽然我知道麻省理工学院有像濮德培先生这样的中国史专家，但理工科大学里的文科研究特别是中国研究，想来终归有些不同于综合大学中的。那么，那将会是一个什么状况呢？

位于波士顿风景如画的查尔斯河畔的麻省理工学院（MIT），是美国最有名的理工科大学，向以高科技研究闻名于世。不过这里特别要强调的是，尽管该校是一理工科大学，但它在文科研究的一些方面，也一直走在国际学术的前列，享有盛誉。例如该校的经济系，是美国最好的经济系之一，拥有数位诺贝尔经济学奖得主（其中包括我国学界所熟知的保罗·萨缪尔逊 [Paul Samuelsson]，其《经济学》早已被译为中文并成为我国大学经济学主要参考教材之一）。该校的斯隆管理学院，也在西方管理学院中名列前茅。该校的其他文科（如历史学、政治学、国际关系学等），虽然名气不如经济学和管理学那么大，但也成就斐然，在美国学界中拥有相当的地位。此外，为拓展国际联系，该校还建立了跨学科的国际研究中心，下设若干专门性的计划，如MIT-德国计划、MIT-日本计划等。为进一步拓展国际联系，近年来又建立了"MIT国际科技创意"计划，并选择中国作为该计划的第一个对象国。因此，尽管该校是一所世界级水平的理工科大学，但文科研究在该校也占有不容忽视的地位。

MIT的中国研究，虽然起步较哈佛大学等学校或机构晚一些，而且综合实力也逊于后者，但是在美国学界也有一席之地。老一辈的学者如裴鲁新（Lucian Pye，MIT的福特讲座教授）先生，幼年曾在中国生活过，有关于中国研究的论著多种，是美国著名的亚洲政治学权威；中年一代的学者如濮德培先生（MIT历史系主任），是我国史学界熟知的清代社会经济史专家，并在清代中亚军事史研究方面有突出的成就。近年来，该校政治系、经济系和历史系又聘了三位学成的中国留学生为助理教授和讲师，从而使得该校的中国研究队伍更加充实。更值得一提的是，除了这些专门研究中国的学者之外，该校不少学者对中国研究的兴趣也在日益增长。例如在与诺贝尔经济学奖得主、MIT经济系教授费朗哥·莫迪格里阿尼（Franco Modigliani）先生的一次会见中，他对我谈到了他关于中国储蓄问题的研究，尔后又通过校内邮政寄给我一份他于1996年9月撰写的论文《中国储蓄之谜与生命周期之假设》（The Chinese Saving Puzzle and the Life Cycle Hypothesis）。经济系讲座教授R. S. 埃科斯（R. S. Eckaus）先生近年对中国经济发展也有浓厚的兴趣，并对中国经济发展中的生态环境问题进行了专门的研究，于1997年4月撰写了一篇论文《中国农业中的气候、天气和生产性投入》（A Study of the Effects of Climate, Weather and Productivity Inputs in Chinese Agriculture）。这些学者原先都不研究中国，如今对中国兴趣日浓，可见该校的中国研究已走出了汉学家的书斋，进入了一个新的阶段。我于1997年5月7日在MIT"中国论坛"（The China Forum）做了一个题为《农民的大众文化：中国经济奇迹之根》（Peasants' Popular Culture as the Root of China's Economic

Miracles）的讲演。出乎我的意料，听众不仅有中国问题研究者，而且还有一些专业领域完全与中国无关的学者（例如MIT历史系的资深美国史教授阿瑟·卡尔丁［Arthur Cardin］先生等）和许多学理工科的研究生。他们提出了许多很有深度的问题，表明他们对中国研究具有浓厚的兴趣和相当的研究。在一般本科生中，"中国热"也在兴起。1993—1994学年申请修中文课的学生多达数百人，因条件限制，仅录取了250人，更多的申请者未能如愿。因此可见，麻省理工学院的中国研究已有相当的基础，并且正在迅速发展之中。

MIT的中国研究的一个特点，是多学科（特别是文理科）间的跨专业结合。高科技理工科大学大环境的熏陶，使该校的中国问题研究者具有较强的自然科学眼光，因而能够更多地采纳自然科学的研究方法与成果。例如，该校的"认识香港造就的中国经济"（Understanding China's Economy Made by Hong Kong）研究课题，主持者是核工程专家理查德·莱斯特（Richard Lester）和政治学家苏珊娜·伯格（Suzanne Berger）两位教授，可谓真正的文理科结合。前述埃科斯先生关于中国农业中的气候与生产性投入的研究，就利用了位于麻省伍兹霍尔（Woods Hole）的海洋生物实验室生态系统中心（The Ecosystem Center of the Marine Biological Laboratories）的研究成果。当然，该校的中国问题研究者也从纯人文学科（文、史、哲等）的学习中获益匪浅。我5月7日讲演时，听众纷纷提问，后来还有研究生通过电子邮件，继续向我提出问题和意见。所提的问题，有不少是出于比较文化学、西方历史乃至哲学的角度。可见他们的文科素养颇深，从而在中国问题研究中能够使用人文科学不同学科的知识和方法。这一点，在濮德培先生关于清代中亚军事史的研究中尤为显著。为了弄清清代国家在这一地区军事行动的极其复杂的社会、文化背景，他使用了大量汉文、蒙文、满文、俄文、拉丁文的第一手资料，对该地区及相关地区的民族、宗教、风俗、文化、社会组织、生活方式等状况进行了深入考察，并从自然地理、生态环境、军事技术、作战方式等不同方面进行探索。这种多学科知识的结合，使得他得以在这一高难度课题的研究方面取得重大成果。

    MIT的中国研究的又一特点，是与我国学术界有密切的双边交流关系。早在1995年7月，该校就与清华大学联合在北京召开了一次高规格的"可持续发展与环境"讨论会，参加者不仅有学者和政府官员（我国国家科委副主任邓楠等到会并在会上做了发言），而且还有许多大公司也派了代表与会（美方有ABB、Amoco、AT & T、Ford、CM、BM、Norsk、Hydro、Raytheon 9个大公司参加）。该校的斯隆管理学院，与清华、复旦两校的经济管理学院建立了长期的交流计划。斯隆管理学院一方面帮助清华、复旦两校的管理学院培训师资，力争使这两校的管理学院中青年教师能够用英语向学生讲授现代经济管理课程，另一方面也派遣美国学生到这两校学习汉语。特别要一提的是，在MIT与我国的学术交流方面，"MIT国际科技创意"计划起了重大的作用。该计划创立于1994年，因为中国研究是其主要内容，故又称为"MIT国际科技创意－中国"计划（MITSTI-CHINA Program）。由于该校目前还有一个中国研究中心，所以该计划是该校目前中国研究的主要协调机构。不过该计划雄心勃勃，设定的主要目标是创建一个达到世界水平的中国研究中心，以促进该校学者与中国科技专家和学者进行合作研究，推进该校与中国著名学术机构之间的学术和人员交流，并与美国其他研究机构分享中国研究的经验和成果。在主任苏珊娜·伯格（政治学系讲座教授）和行政副主任吴瑞珊（Debra Ulrich）女士、项目主管舒斯高（Scott Shurtleff）先生等人的努力经营下，他们做了大量的工作。在短短几年中，组织、派遣了数十名美国学生到我国高校和科研机构学习，邀请了一些不同专业的中国学者到该校访问或做客座研究（已应邀访问的学者有李慎之先生、吴敬琏先生、中国工程院院士吴澄先生和我），设立了"中国论坛"讲座、"中国电影系列"、"中国影像网络工程"（The China Video Internet Project）等计划，加深该校师生对中国学术界的了解。1997年香港回归之前，特别安排放映了中国影片《鸦片战争》，让大家更多地了解香港问题的由来。1997年5月中，中国社科院刘吉副院长一行访问哈佛，该计划得知后也热情邀请他们顺访MIT，并请刘副院长做一个学术报告。不巧刘副院长当日因哈佛有会未能到MIT，但其他同行学者都去了，与彼处学者相见交流。这种大力开展与我国学术界交流合作的方针，无疑对该校中国研究的迅速发展，起到了非常积极的作用。

二、挑战成说，批驳偏见

美国学坛向以标新立异著称，但实际上，其学术界中仍然有着许多牢不可破的成说。这些成说，又构成了主流观点的基础。在中国史研究中，这种成说的一个代表是所谓的"宋代革命"论和"明清停滞"论。按照这种成说，中国社会在宋代达到顶峰后就逐渐丧失了内在活力，在宋代以后的七百年中一直走下坡路，直到鸦片战争后，才因西方的"冲击"引起"回应"，这种没落的大趋势才得以扭转。很明显，这种说法实际上不仅是西方中心论的产物，也是对中国历史了解不够的结果。然而，在过去数十年中，这种说法却一直成为美国中国史研究中主流见解的柱石之一，直到近来方有学者对此提出挑战。我到加州参加的"中国13、14世纪的历史转折"讨论会，就是中年一代学者对上述成说展开批判的一个规模较大的会议。

依照上述成说，在宋代与明代之间，必定有一个"转折"，中国历史也由此自盛而衰，即从"宋代革命"转入"明清停滞"。而这个"转折"时期就是元代及其前后数十年，也就是宋末至明初（或13、14世纪）。因此，这种"转折"论成为以"宋代革命"论与"明清停滞"论为基础的旧中国史观的一个集中代表。然而这种"转折"论是否能够成立，却并未经过严密的论证。上述讨论会的主旨，就在于通过对这个时期中国历史的各个方面进行深入的研究，来对原有成说进行检验。

此次会议由美国学术团体联合会主办，于1997年6月5—11日在位于加州洛杉矶附近的箭头湖（Lake Arrowhead）的加州大学洛杉矶分校会议中心举行。参加会议的学者有20余人，基本上都是中年一代宋、元、明史学者，来自美国、日本、英国和中国（大陆、台湾）。其中美国学者占大多数，可以说美国中年一代宋、元、明史学者的主要人物，都出席了此会。围绕上述主题，各位学者从不同的角度（政治、军事、经济、社会、人口、农业、市镇、疾病、制度、科举、文化、宗教、思想乃至民族关系、中外关系等），进行了热烈的讨论。虽然在许多问题上依然争论不休，离达成共识距离尚远，但大多数学者都同意：原有的"转折点"之说站不住脚，其中所体现出的西方中心论更应摒弃；研究这段历史，应当从史实出发，而不应从"宋代革命"论、"明清停滞"论等成说出发；要把这段历史放在一个更大的时空范围中进行研究，而不应只着眼于该时期有限的史料记载（特别是因为中国是一个多民族的大国，所以应当从更广阔的历史角度来看待这段历史）；等等。这些看法，无疑对我国学者也有相当的借鉴意义。我觉得：这次会议表现了美国中年一代学者的研究新动向，即根据事实重新探讨中国历史的真相，从而挑战成说，提出新见。

提出新见是一件好事，但必须建立在对事实进行深入研究的基础之上，否则新见就有可能成为一种新的偏见。5月中旬哈佛大学费正清中国研究中心（Fairbank Center for China Studies）举行了一个学术讨论会，邀请近来成为热门话题的《文明的冲突与世界秩序的重建》（*The Clash of Civilization and the Remarking of World Order*）一书的作者、哈佛大学教授亨廷顿（Samuel Huntington）先生，做一题为《中国文明与西方文明的冲突》的讲演。讲演之日，该中心讲演厅内座无虚席，不少听众只好站在厅外。亨氏讲演的主要观点，与他在其《文明的冲突》中所表述者差不多，只是更加突出中国与西方两种文明的冲突而已。听众对其所言反应强烈，哈佛、MIT等校的汉学家和其他学者纷纷起来质疑亨氏观点，并提出严厉批评。有的学者尖锐地指出：亨氏对中国历史文化没有深入了解，因此他的观点并无根据。有的学者更直截了当地点明亨氏观点是"冷战思维"。由于批评凌厉，亨氏有时面现恼怒之情，答问也时有失态之处。这恐怕是这位当今大红大紫的政治学者所始料未及的吧。他确实提出了一些新见，但从所受到的批评来看，这些新见中肯定有一些属于偏见。以偏见为基础的新见，自然是成问题的。从这次会议也可以看出：由于中美学术交流的发展，美国中年一代的汉学家对中国历史、文化和现状的认识有明显的进步，因而他们对亨氏的批评是相当公允的。

三、几点建议

从此次访问所见，我觉得在以下一些方面，我们有可以借鉴彼邦学者的地方，兹提出来，以供有关方面参考：

第一，研究的多学科间跨专业结合。中国社会科学院是我国最高文科研究机构，研究素来以"高、精、深、专"见长。但是为了进一步提高我们的研究水平，当然有必要更加强调在研究中进行多学科间跨专业结合。为此，不仅需要加强各所之间的交流，而且需要加强与中国科学院及高校的非文科专业之间的交流。这一点，对于社科院的研究生培养工作尤为重要。我在MIT参加过濮德培先生的一堂讨论课，主题是"历史学的发展问题"。

参加这堂课的研究生读本科时主修的都是理工科，但是他们发言所表现出来的见解都颇有新意，对我们这些专业的历史学者很有启发。我觉得，为培养和造就新的一代高水平的学者，让我们的研究生多了解一些自然科学和社会科学其他学科的方法、观点和最新成就，无疑是十分必要的。

第二，学术会议会风的改进。从我在国内外参加过的一些学术会议来看，我感到我们在会风方面确有一些地方需要改进。以这次在加州参加的会议来说，从第一次发通知到会议召开，共历时四年之久。要求各位与会学者提交的论文题目，在第一次通知中就已确定。以后还不断有通知，要求报告论文写作进度并向每位学者通报各人写作的情况。为促进深入讨论，会议还特邀有关领域的专家如日本学者斯波义信（宋史专家）、旅美印度学者杜赞奇（Prasenjit Duara，中国政治、文化史专家）、美国学者王国斌（明清社会经济史及中西比较史专家）和中国学者姚大力（元史专家）做评论员，对每篇论文进行详细评论。由于大家都做了充分的准备，所以会议开得富有成果。这种开法，我觉得我们可以借鉴。

第三，建立本院海外学者联系中心，加强与我院在外学者的联系。近年来，随着我院与海外学术交流的加强，通过不同渠道到海外的我院学者不断增加。这是一件大好事，但是由于所通过的渠道不同，派出单位（各研究所）间相互通气也不够，因此在外学者之间往往相互缺乏联系。例如，仅我个人所知，在MIT和哈佛两校的我院访问学者就有王逸舟（世界经济研究所）、高旭东（工业经济研究所）、陈智超（历史研究所）等先生。不过大家原先都互不知道谁在那里，都是通过偶然的机会才碰上的。我院的在外学者，工作、学习都很努力，对各自研究领域中的外国研究最新进展了解比较深，与同专业的外国学者建立了比较多的联系，对所在地的生活环境也比较熟悉。同时，他们对我院的对外交流也都很热心。例如，得知刘吉副院长一行将访问哈佛的消息后，我院在哈佛和MIT的学者都很积极地为代表团联系有关机构和学者，以期这次访问能够获得最大的成功。现在在外学者人人都有电子邮件，联系起来十分方便、快捷，建议社科院科研局或外事局建立一个本院海外学者联系中心，通过电子邮件加强与在外学者的联系。这样做，不仅有利于这些学者相互之间的联系，而且也有利于他们与院里的联系。院里新派出的访问学者（特别是短期访问学者和学术代表团），更可以通过这个联系中心的组织协调，取得在外学者的帮助，从而避免许多不必要的麻烦，更圆满、顺利地完成学术交流任务。同时，在外学者也可以通过这个联系中心传递学术动态信息，使社科院学者在国内也能够及时了解国外同行在本专业领域中的最新研究成果，从而促进社科院科研的发展。

（原载中国社会科学院经济研究所科研组织处编：《1997年中国社会科学院经济研究所学术研讨会论文集》，1998年2月）

MIT 的写作课
——知识经济时代世界一流大学文科基础技能培养

 在今天的知识经济时代，既掌握高科技知识而又具有经济头脑的人，可谓是天之骄子。培养这样的人才，是众多大学努力追求的目标。在此方面，MIT可谓走在世界潮流之先。该校的高科技一向在国际上处于领先地位，同时又有世界一流的经济学系和管理学院。能够考入该校的都是美国青年中的精英，进校后又能够接受最好的高科技和经济管理两方面的教育，无怪乎毕业后大都表现不俗，成为美国高科技和知识经济的领头人。该校现有教师总数仅1000人，学生10000人（其中本科生4000人，研究生6000人）。按照我国现在的标准，该校规模并不算大，但是他们在各个领域所取得的成就，却令人咋舌。在科研方面，该校教师和毕业生中出了多位诺贝尔奖获得者和美国科学院院士。这对于一个以理工科闻名的世界一流大学来说，似乎还可以说是"理当如此"。但是该校师生的贡献远不止此。仅就其对经济发展所做出的贡献而言，该校在世界所有大学中恐怕也是独一无二。据一项1997年进行的调查，该校毕业生创办或者合办了4000家以上的公司，这些公司雇用了110万名以上的雇员，年销售额达到2320亿美元（接近于我国2000年国内生产总值的1/4）。如此辉煌的成就，着实令人羡慕不已。一个学校的"产品"就是其毕业生。MIT培养的人才如此成器，该校上下按理说该心满意足了。但是该校领导层却不这么想。该校校长查尔斯·维斯特（Charles M. Vest）教授在1998—1999学年的校长报告中说："对于MIT和我们的兄弟院校来说，未来是光明的，也是富于挑战性的。在新世纪中，我们有无限的机会对公众利益做出重大贡献。"为了做出更加重大的贡献，必须进一步改进学校的工作。为此，维斯特教授本人带头，走遍了全美国，就MIT的未来及如何对迅速变化的世界做出回应的问题，向众多校友和朋友广泛征求意见，并将有关结果整理成为书面文件。我们得到了该校1999年进行的一次关于校友对学校工作的评价的调查结果，令我们深受启发。

这份调查的主要内容，是请校友们从现在的角度出发，来对他们在MIT求学时所接受的能力培养情况进行评议，首先是看在最基本的五项能力方面，MIT给他们的培养对于他们现在的生活来说是否非常重要，其次是MIT给他们的培养是否对他们后来的事业发展做出了重要贡献。其结果大致如下：

（1）MIT的能力培养在现在生活中的重要性

A. 分析和解决问题的技巧：认为**关键**和**非常重要**者近占九成余（其中认为**关键**者占六成余）

B. 批判性思考的能力：认为**关键**和**非常重要**者占九成余（其中认为**关键**者占六成）

C. 终身学习的能力：认为**关键**和**非常重要**者占八成余（其中认为**关键**者占五成余）

D. 清楚而有效的写作能力：认为**关键**和**非常重要**者占八成余（其中认为**关键**者占四成半）

E. 独立工作的能力：认为**关键**和**非常重要**者占八成余（其中认为**关键**者占四成余）

（2）MIT的能力培养对自己事业发展所做出的贡献

A. 分析和解决问题的技巧：认为**关键**和**非常重要**者占九成余（其中认为**关键**者占六成半）

B. 批判性思考的能力：认为**关键**和**非常重要**者占八成（其中认为**关键**者占四成余）

C. 终身学习的能力：认为**关键**和**非常重要**者占六成半（其中认为**关键**者占三成余）

D. 清楚而有效的写作能力：认为**关键**和**非常重要**者占二成半（其中认为**关键**者仅占半成多）

E. 独立工作的能力：认为**关键**和**非常重要**者占六成余（其中认为**关键**者占二成半）

从这些调查结果可以看到：绝大多数校友认为在MIT求学时期所受的能力培养在他们现在的生活中都非常重要，可见该校的培养方针是正确的。但是从在MIT求学时期所受的能力培养对他们后来事业发展所做出的贡献来看，情况就出入颇大了。最令人吃惊的是在写作能力的方面。绝大多数校友都对在学期间所受的写作能力培养感到不满，认为母校的教育在此方面对自己事业的发展并未做出贡献。因此写作训练不够，成为该校能力培养中最为薄弱的环节。

人类自发明文字以来，写作可以说就是正规教育中最基本的内容之一。特别是在像MIT这样英才聚集的学校，一个青年人要能进入其大门，具有较好的写作能力应当说是起码的条件。进入学校以后，也有大量的写作机会（至少就研究生的情况而言是如此。例如，MIT学生通常每周都要写数份读书报告，作为在seminar上的发言稿，因此他们平时的写作机会远比我国大学的学生多）。由于基础好，使用多，因此学生的写作能力似乎应当不成问题。可是上述调查结果却告诉了我们相反的情况。世界顶尖大学培养出来的科技与经济精英们毕业后，到了事业有成之时，回顾母校对自己的能力培养，居然最不满意的是写作能力这种基本技能的培养方面！可见在高科技和知识经济时代，写作能力的培养依然非常重要。不论学了多少高科技、多少经济管理，如果不会清楚而有效地写作，都难以得心应手地大展宏图。MIT调查的结果，就充分说明了这个简单的道理。

"亡羊补牢，犹未晚也。"聪明人看到自己的不足后所做出的反应，是采取切实行动，来克服有关的缺陷，而非视而不见或者文过饰非。维斯特教授在校长报告中说："我们把优秀的学生吸引到了MIT。……当他们来到学校，我们的教师对他们有着一种不断增加的义务。"本着这种对学生负责的态度，MIT针对校友所反映的在学期间写作能力培养不足的问题，采取了一系列措施，建立了写作教育中心，为不同的对象（本科生、硕士生、博士生）提供不同形式和内容的写作课程，切实地改进学生的写作能力，使今后的毕业生不再为在学校没有得到充分的写作能力培养而遗憾。MIT的这种做法，显现出了一个世界顶尖大学在人才培养方面的务实传统和广阔胸怀，是很值得我们借鉴的。

（原载《中国教育报》2001年11月26日）

为读者提供最优良的服务
——美国图书馆印象记

　　"爱书吧，它是知识的源泉。"也许是中了高尔基这句名言的魔，我从小就与书结下了不解之缘。跑图书馆，便成了我日常生活的重要组成部分。新到一个地方，总是先跑图书馆。若有所得，便欣然忘食，不知身之何在。1988年应邀去美国加利福尼亚大学洛杉矶分校讲学，除了在本校图书馆"泡"了半年外，还利用旅游、开会的机会，参观了加利福尼亚大学伯克利分校、加利福尼亚理工学院、密歇根大学、哈佛大学、布朗迪斯大学、哥伦比亚大学、耶鲁大学等著名学府的图书馆，以及国会图书馆、帕萨迪纳市立图书馆等。我在美国七个多月的光阴，可以说大部分是在图书馆里度过的。如果有人问我：美国给你印象最深的东西是什么？我会欣然回答：图书馆，特别是它为读者提供的优质服务。这种服务，可以归纳为七个字："高效""周到"和"为公众"。这种服务的宗旨，则是使尽量多的读者，最有效、最充分地利用图书馆。

一

美国是一个讲求实效的国家，图书馆服务可谓讲求实效的典型。为了使读者最有效地利用时间，图书馆采取了各种措施，把读者花费在读书以外的时间缩减到尽可能少的程度。

电脑检索在美国图书馆已普遍使用。图书馆目录厅内通常都设有多部电脑终端机，读者可以自己动手，把所需书名输入，显示器上则迅速显出该书有关资料：作者、页数、版本以及编号等。根据这些资料，读者可以马上确定其是否为自己所需的书刊，并可以按照书刊编号立刻进库查找搜寻该书。如果读者记不住书刊全名，只要记得几个单词，电脑检索系统也会帮助你把含有这几个单词的书名都找出来，供你参考确认。同时，读者也可以提供作者姓氏或主题分类以用于电脑检索。电脑检索书目不仅可以大大节省查目时间，而且还可以大大扩充查目范围。例如，许多著名大学的图书馆电脑中，都储有一些其他大学图书馆的书目，因此你可以在西海岸的加利福尼亚大学洛杉矶分校图书馆，迅速查到远在东海岸的哈佛大学图书馆的书目，然后可请图书馆为你办理馆际借书，不久后便能读到所需书籍。除了电脑检索系统外，传统的卡片检索系统也在使用，特别是中、日、韩等东方文字书目检索中，卡片检索使用仍然很普遍，两个系统同时使用，可互补不足，相得益彰。这里还要补充的是：美国图书馆里的各种书刊索引编得相当好，而且备有其他国家重要图书馆的各种索引。根据这些索引提供的线索查找书，十分方便。

美国图书馆都可以进库找书，各书库入口处设有明显标志，指示读者各类书号的位置。库中备有小推车，供读者运送所取之书，读者把书拿到阅览室阅读，读毕把书留在阅览桌上即可，闭馆后图书馆工作人员会将书收去重新上架。阅览室设有复印机，读者可自己动手复印所需资料，从而为读者节省了许多抄笔记的时间。如果当天看不完所取之书，可以向工作人员说明，他们会为你保留到第二天（有时可以保留一个星期甚至更长）。这样，下次来读时不必再到架上找寻。当然，你所需的书有时可能会被借走，但这也不是大问题，工作人员会通过电脑迅速查出书在何人处，并立即向他发出通知，请他在指定日期以前还回。

读者要将书籍借出馆，手续也很简便。柜台工作人员把你的借书证号码、姓名、地址以及所借书籍名称、编号输入电脑，到规定日期你未来归还或续借，工作人员都会发函提醒你。归还时，只需把书投入指定窗口（这样的窗口在假日也开着），即算已了结手续。尔后，工作人员把投入窗口的书籍一一对号在读者名下注销，并迅速上架。

美国图书馆的高效率服务，固然有其物质基础（如电脑的广泛使用），但更重要的是有一支素质优良、责任心强的工作人员队伍。图书馆工作人员，通常先要获得某一学科硕士学位后，再得到一个图书馆学硕士学位，才有资格在图书馆工作。一些职位较高的工作人员，则更具有某一学科或图书馆学的博士学位。因此，他们不仅是图书馆技术性工作的能手，而且常常还是某一学科的专家。这样，他们不但能对图书馆工作进行科学管理，而且还能够根据不同层次、不同专业的读者的不同需要，提供指导与特别服务，从而使读者在最短时间内获得最大收益。我在美国期间，就从加大洛杉矶分校远东图书馆馆长郑炯文先生、耶鲁大学东亚图书馆副馆长马敬鹏先生、国会图书馆亚洲部专家居密博士等专家处受益匪浅。此外，由于图书馆人手有限，许多大学图书馆还雇用研究生，在课余或假期来馆做编目等工作。这些研究生有较多的专业知识，编出书目也较为准确，从而为读者提供的信息服务也是较为优良的。

美国图书馆工作人员的责任心很强。我从未见到过他们在工作时间聊天或漫不经心的情况，更未见到冷眼待人、训斥读者之类的事例。像我这样一个外国人，不熟悉美国图书馆情况，不会使用电脑检索系统，工作人员总是耐心为我讲解指导，毫无厌烦之色。像郑炯文、马敬鹏、居密等，还常常放下手中工作，带我下书库找书，不仅有求必应，而且还积极主动介绍情况，提出建议。

由于这种高效率的服务，在美国图书馆一天读的书，常常比我在国内图书馆几天甚至一周读的书还多。因此，在美国的七个月，是我读书生活中最有收获的时期。

二

美国图书馆的服务，还以周到著称。为了使读者更好地利用图书馆，图书馆或有关部门采取了许多措施，为读者解决各方面的问题。下面就举几个例子。

　　图书馆附近，通常设有快餐店或小饭馆，食品种类繁多，价格便宜，读者随时可去用餐。当你读书疲倦时，也可以去喝一杯茶或咖啡，休息休息。一些大学图书馆门外还备有微波炉，免费服务，读者可把自带的食品放入其中加热。这些快餐店或小饭馆环境都不错，读者可以边用餐边讨论各种学术问题，因而也成为一种读书活动的补充。我就常常在这些快餐店或小饭馆用餐，并与朋友们高谈阔论。

　　图书馆内的复印机，多是自动投币式的，不需工作人员帮助。考虑到读者身上一般不会带很多零币，图书馆特别在复印机旁安置自动换钞机，你把钞票放入，机器就会为你换成等值的零币。如果你要复印的东西较多，一次又一次地投币当然会感到不便，因此图书馆又特别安装了自动售卡机。你把钞票放入机器，可得到一张复印卡。把复印卡塞入复印机上的小孔，每复印一张，复印机就自动在卡上扣除印一页的钱数，直到卡上全部钱用完，复印机才自动停止工作。我在耶鲁大学图书馆复印了近500页资料，用的就是这种办法，十分方便。

　　美国的一些大学图书馆，考虑到一些外地读者因经济力量有限，不能来本馆读书，特别设立了一项读书奖金，以帮助他们解决部分旅费或住宿费。当然，不是每个申请者都可以得到这种奖金，但毕竟有不少读者（特别是经济收入不丰的年轻学者），由于这种奖金才有了去远处图书馆读书的机会。我虽是外国学者，也得到了密歇根与耶鲁大学图书馆授予的读书奖，虽然数额并不很大，但确实为我解决了不少问题。拿钱鼓励、帮助人来馆读书，这种做法深刻地体现了美国图书馆服务的周到。

有一次，我随李中清教授去帕萨迪纳市立图书馆为他的孩子还书，还了解到图书馆热心为儿童服务的情况。该馆是一个为全体市民服务的图书馆，为了鼓励和吸引学龄前儿童去读书，特别设立了一个儿童读书计划。根据该计划，该馆特别辟出一个很大的阅览室，放置了各种有趣的儿童读物，并派出有幼儿教育经验的工作人员，在那里辅导儿童读书。孩子们自己或在父母陪同下来到该室后，随意挑选自己喜爱的读物，带回家去。过些日子再来，向工作人员讲述书中内容。讲得好的，就会得到一份小小的奖品，以资鼓励。阅读有困难的，工作人员还会给予耐心的辅导。

三

美国图书馆不仅数量众多，星罗棋布，而且各种图书馆，大多对公众开放。公立图书馆自不必说，就是大学图书馆，也莫不如此（当然，有些图书馆还是要办一些手续的，但很简便）。不论任何人，都可以进馆读书，工作人员一视同仁，热情接待读者。记得在哈佛燕京图书馆，我在一无介绍信、二无工作证、三无熟人朋友、四无领导批准的"四无"情况下，安然步入其有名的善本室，并在书架上发现了我追求已久的《飘海录》万历抄本及韩国影印本，在复印机上自己动手复制了一部，带回国内，前后不过一两个小时。又如美国国会图书馆，本是为议员们查阅资料而设立的，但寻常百姓也可以进出。我也是在"四无"的情况下，在该馆书库里度过了两天，并在居密博士的热情帮助下，在该馆善本库里发现国内已失传的清代江南重要史籍《吴门岁华纪丽》抄本。美国图书馆的这种开放性，反映了图书馆服务力求以公众为对象。

美国人民对中国的了解，是一个由少到多的长期过程。早在一个多世纪以前的1876年，耶鲁大学图书馆就已着手收藏中文文献，哈佛大学图书馆也紧随其后，但都还只是开始。近几十年来，特别是近二十年来，随着美国与中国各方面关系的加强，美国人民希望更多地了解中国的情况。针对这种需要，许多图书馆积极罗致中文文献专家，大量购置中文书刊。典型的例子是加大洛杉矶分校远东图书馆。该馆于1948年建馆时，仅有一本中文书——上海电话簿，但至1988年建馆四十周年时，该馆所藏中文书籍已达14万册。另外，还有数千个中文缩微胶卷和数百种中文学术杂志。特别是，1989年以来随着加州经济实力的增长和中美关系的发展，加大洛杉矶分校的中国研究有了长足进展，已跻身为美国五大中国研究中心之一。为了更好地为本校中国研究学者和广大对中国有兴趣的师生及公众服务，加大洛杉矶分校当局积极罗致人才，1986年5月把有名的中文图书馆专家郑炯文先生从芝加哥大学"挖"了过来，担任远东图书馆馆长。郑先生来此就任后，雄心勃勃，积极争取有关方面的支持，力求在五年内，使该馆成为全美最重要的中文图书馆之一。与此同时，东部许多历史悠久的中文图书馆馆长们也不甘落后，都积极地致力于扩充自己图书馆的藏书。他们的共同努力，使得美国图书馆在满足社会对中国研究的需要方面，服务质量越来越优良。

由于图书馆服务的目的是为公众、为社会，因此美国的图书馆以读者众多、读者满意为荣。这一点，也成为衡量图书馆工作的主要标准。

访美归来，对比国内图书馆的服务状况，不禁感慨系之。我的感觉是，虽然国内图书馆的建筑在近年来颇有改观，设备颇有改善，藏书也增加了许多，但服务却没有什么改进，甚至还比不上五六十年代，借书手续越来越繁琐，效率却越来越低。我想，我国正在对外开放、引进国外先进管理，在图书馆服务方面，是否也应该汲取别人的先进经验以改进我们自己的服务呢？事实上，美国图书馆的物质技术条件固然比我国大多数图书馆强，但比起国内许多大图书馆，也好不到哪里去（例如美国东部许多有名的图书馆，建筑很古旧，书库里也书满为患；在大多数图书馆的东方馆里，手工检索卡片仍是主要的查目方法；等等），但两地的工作效率，则确实大为悬殊。因此借鉴人家经验，看来最重要的倒还不是盖房子、买设备（当然这也是需要的，但要依据财力而行），而首先是学习人家的管理方法与服务方式。否则，即使房子盖得阔气，设备装得先进，看上去似乎现代化了，但是一发问仍是三不知，取书一个小时一趟，中午关门休息，善本书不予阅览，看某些稀秘珍本则要"研究研究"而永无回音……如果这样服务，那么，现代化的房子与设备除了起到一种装饰作用外，还有什么意义呢？总之，学外国的先进东西，要实实在在地学到点上，用在点上，才是真正的办法，也才是我们对外开放的真正意义所在。

（原载《学习与思考》1989年第6、7期）

杂 谭

中 文 史 地

甪直古镇:
千年历史的浓缩,江南灵秀的表征

甪直是苏州三个著名的水镇(周庄、同里、甪直)之一,这三个地方都充分表现了江南水乡特色。

甪直距离苏州市区大约30华里,原名甫里(因地处界浦之内而得名),到了清代更名甪直,原因是附近有大直、小直等河,南北通六处,因此土名叫六直。由于六直之名不够文雅,所以改为甪直(甪、六同音)。

这一带在唐代以前还是一片荒野,到了唐代后期人烟渐稠,成为一个村子,因为著名文人陆龟蒙(号甫里先生)隐居于此,所以也出了名。但是一直到明代中期,这里仍是一个幽僻恬静的农村,史称"江乡隐僻,远于城郭,四周皆水,里人老死不见兵革","风俗古茂,男耕女织,酒市渔家"。到了明末,发展成为市镇。清代康熙时,已经十分繁盛,拥有居民万户(连上附近农村居民,有2万来户),成为一个巨镇,故后来有"神州水乡第一镇"之称。鸦片战争后，该镇逐渐走下坡路，失去了昔日的光辉。但是一直到抗战以前，还有居民7000多人，依水而居，手工业和商业颇为发达。

用直的特色，可以用"水、桥、市、人"四字来概括。

水：元明之际著名诗人高启（青丘子）的一首名作《甫里即事》四首，最贴切地表现了这里的水乡情调："长桥短桥杨柳，前浦后浦荷花。人看旗出酒市，鸥送船归钓家。"

由于河流环绕，水网密布，因此水上交通十分发达，康熙时，已形成东至嘉定、东南至青浦、南至嘉兴、西南至吴江、西至苏州、西北至官塘、北至常熟、东北至昆山的水上交通网。这里的航船，还一直航行到北京。

桥：由于水网密布，因此这里的桥梁也特别地多。在康熙时代，该镇已有大小桥梁54座，而到了光绪时代，更增加到65座。如此众多的桥梁，不仅形成了该镇的特有景观，而且发挥了重要的社会、经济和文化功能。许多桥梁，同时也是镇上居民从事商业、贸易活动的场所，以及进行社交、信息交流的地方。

市：今天我们在这里还可以看到镇上的狭窄的街道两旁店铺林立，商业兴旺，"西汇晓市"是用直八景之一。而在该镇极盛的康乾时代，镇上的商业还更为繁荣，史称"镇当苏松两郡数邑之交，商贾之走集，货物之流传，京省诸州备有焉"。也就是说，全国各地的商人和商品，这里都可以看到。因此小小的一镇，竟然也成了一个"生意兴隆通四海，财源茂盛达三江"的商业中心。

今天用直的店铺，很多还保留着过去的形式，例如前店后宅、大门敞开。早年在甪直任教的著名教育家叶圣陶先生名篇《多收了三五斗》中的"万盛米行"，就是这种传统老店的写照。

人：古话说"地灵人杰"，生活在秀美的水乡中的甪直人，得天地灵气，因此也格外聪慧。早在唐代后期，陆龟蒙就因为爱此地风土，所以卜居于此，成为这里第一位全国知名的文化人。以后名人不断涌现，元明之际的高启、清代后期的王韬，都是当时中国一流的文化人。特别要提的是王韬，他眼光远大，写了大量介绍西方的著作，积极向国人介绍外面广大的世界，因此被后人称为"近代中国放眼看世界的第一人"，在中国近代史上拥有十分重要的地位。

这里之所以会出这么多的文化名人，原因当然是这里文化教育的发达。史称这里"里中业商贾、务耕织之外，诵诗读书者正复不少，比岁科名相继，吟咏成风，胜于他镇"。事实确实如此。仅就这里历朝所出的进士而言，宋代有2人；明代最多，竟达38人之多，超过许多外省的县甚至府的进士人数；清代这里中进士的人数减少，但也有12人。明清科举之艰难，众所周知，特别是由于地区名额制度的限制，在江南中一个进士比全国任何地方都更困难。一个人中进士，不知后面有多少人苦读于寒窗之下而终生不能博得一第。因此即使是在明清时代，这里的人民受教育的普遍程度，在当时的世界上也可以说是很高的。

（本文原系中央电视台邀请为其
甪直古镇节目做主讲时的讲演稿）

恶虚文、求实情的雍正帝

　　阿谀拍马和隐瞒实情是中国过去官场中的两大恶性。两者都根深蒂固，而且又是相辅相成。其道理不难明白：阿谀拍马不仅可以讨好上司，还可以蒙混上司。倘若上司头脑不清醒（这是官僚们的通病），必定被这种阿谀拍马催哄得昏昏入睡，不再关心实情到底如何，吹捧者也因而得以蒙混过关，为所欲为，从而应了老子的名言："将欲取之，必先与之。"

　　最廉价的阿谀拍马，就是文字吹捧。吹捧者所付出的只不过是一些现成的陈词滥调，而所获好处大得难以算计，从"效益"而论，可谓一本万利。虽然历代有识之士未尝不知这种阿谀文字于国于民都有害无益，但因事关官场体制大事，无人能摆脱之。久而久之，大家也习惯了，于是成了定式。经两千年（或者还更久）的千锤百炼，这种八股化的阿谀文字在臣下呈皇帝的奏折中，在厚颜无耻方面达到登峰造极的地步。因此"天子圣明天纵，臣下诚惶诚恐"之类的谀词颂语，充满了自秦始皇到宣统帝的无数奏章，成为极端虚伪的套语，也就是雍正所说的"虚文"。这种虚文尽管都是一些废话、空话和谎话，但是由于一则听着动听，二则要依靠它们来表现天子的无上威势，因此就是少数明君如秦皇汉武、唐宗宋祖，也受之安然。由于此种恶习已成社会痼习，要改变之，又谈何容易！

雍正之为人，民间口碑向来不佳，被归为天性刻薄一类。电视剧《雍正王朝》为他翻案，放映后颇受好评，倒也并非因为有"孔壁藏书"一类的重大秘籍发现，使得我们忽然看到另外一个与过去面目全非的雍正。不过，不论对雍正其人持何看法，有一点可能是没有多大争议的，即此公是中国皇帝中为数不多的实干家之一。既是实干，就要讲实效。而要讲实效，就不能听凭官僚们用这种"假、大、空"的阿谀拍马文字来欺骗耍弄自己。因此雍正对通用了两千年的虚文，也表现出少有的清醒。在《雍正朱批谕旨》中，就有许多与此有关的批语，令人在读过无数充满阿谀拍马之词的奏章之后，顿时感到耳目一新，也觉得舒了一口闷气。用宫崎市定的话来说，雍正朱批"无比明晰，读起来颇令人感到胸中开阔。称之为天下第一痛快之书，恐怕也不为过"。读之有味，不敢自私，故从中选出若干，与广大读者分享。

在对江西布政使李兰奏折的朱批中，他明确地表达了他对臣下奏折中的阿谀虚文的厌恶。该折中有"皇上之洪福"的字样，本是最普通的套语，即使比起"吾皇万岁、万岁、万万岁""万寿无疆"等常见套语来，也还算不上最肉麻。但雍正在批示中却明白地警告李兰说:"朕深厌恶此种虚文!"他这样说,并非是假撇清、做样子以示清高,因为这种密奏是不公开的。正因如此,他对地方大员奏折中的虚文,也一一加以指斥。例如赵国麟奏折中称自己的意见是"一得之愚",雍正觉得是虚伪,批示道:"用愚字多矣!朕岂有肯畀愚人以藩司之职!"宜兆熊奏折中自称对皇帝如何忠心耿耿、知恩图报。雍正对于有关表忠输诚的马屁字句做了如下朱批:"(墨字)臣虽粉身碎骨(朱批:不必如此),(墨字)至死以报。(朱批:何用如是!)"蔡良奏折说他对宣传圣谕如何卖力,雍正的批评颇为风趣俏皮:"(墨字)臣每当官兵聚集之公所,必大声疾呼,委曲开导。(朱批:因欲众人听闻,大声是矣,疾呼似可不必。)"王士俊得到雍正赏赐的屯绢两匹、蜜荔枝一瓶后上折致谢,乘机大大拍了皇帝一个马屁,但却不料拍到了马脚上:"(墨字)赏臣花屯绢两匹、蜜荔枝一瓶……缝衣有耀,顶踵皆被龙光;怀核亲尝,肺腑长含玉液。(朱批:衣只被身,何及顶踵?核岂足尝,难入肺腑。概属套语,浮泛不切!)"沈廷正在奏折中拼命贬低自己,以便吹捧皇帝:"臣自知器小才庸。"雍正看着不顺眼,讥讽地批示说:"将己之态度一语写出如画。"宪德在奏折中自称"战栗惶慄",朱批改为"羞愧汗赧",令其对己的拍马行为感到羞惭。

雍正反对虚文,因为他深知这些虚文"概属套语,浮泛不切",完全无助于解决实际问题。因此对于那些以阿谀拍马的虚文来敷衍皇帝而不讲实话的官员,雍正在朱批中毫不留情地予以痛斥。例如他骂楼俨的奏折"殊属迂阔不通之至!"斥马觐伯的奏折"满口支吾,一派谎词!"说杨鹏的奏折"洵为大笑谈!果系年老昏聩乎?汝据实奏朕知之!"对于上此类奏折的官员,也在朱批中严厉责骂。例如骂宜兆熊:"庸愚之极""欺诳瞻徇、昏庸无识之督抚!"骂岳超龙:"汝辈不忠不诚,凡夫俗子之所欺诳也!"骂石礼哈:"不学无术,躁妄舛谬!"骂武格:"可谓蠢钝之极!"这些骂词已够厉害的了,但还有更厉害者。例如朱批中骂管承泽:"可谓良心丧尽,无耻之小人也!"骂魏经国:"如此负恩背理,老奸巨滑(猾),败坏国家法纪之人!"骂伊拉齐:"似汝忘本背恩,刚愎自用之辈!"骂杨名时:"大欺大伪,大巧大诈!"对沈廷正和黄国材,骂得更无以复加。骂沈廷正:"为木石之无知,洵非人类矣!"骂黄国材:"即禽兽不如之谓也!"受到这种恶骂的官员,很多也就因此而"下岗",销声匿迹了。

雍正之所以憎恶阿谀虚文,是因为他知道玩弄这种套语的官僚,大多未能履行其责,而妄图用拍马屁来掩盖其无能、失职或偷懒。因此在朱批中,他一再要求官员勤奋工作,认真履行职责。如未尽职,朱批就要责问。不奏报地方实情,自要追问。如问柏之蕃:"地方事宜,如民情吏治,年岁丰歉,何故未见陈奏一字?"问董象纬:"朕谕尔兄,居官惟务巧饰,自到广以来,未具一切实之奏。通省岂无一件可闻于朕之事?"知情不报,责备更严厉,如责噶尔泰:"江宁城内,正月以来连次被盗,兼有旗兵种种不法举动,朕悉于他处闻之。汝今何颜对朕!若云不闻不见,是乃无耳无目之木偶人也。如知而隐匿不奏,辜负朕恩,有过汝者乎!"官员只报琐事而不报大事,也不放过。如斥塞楞额:"尔身任封疆，当知大体，似此琐屑不应奏之事渎奏，必有应奏之事隐匿不奏闻者。"官员不认真做调查研究，奏报所奏缺乏根据，很难逃脱被责。如责法敏："尔甫经到任，尚未周知地方事宜，遂为此未见颜色之瞀沦耶！不过据一二属员之书生管见，即率尔道听途说，公然具折上奏，殊属孟浪妄谬之至！"官员奏报不实，要受严斥。如斥何世璂："此所奏分数（案指二麦收成），皆属太过。似此虚捏，何益之有！"官员要是想隐瞒情况，那么更难过关。如说阿克敦："汝于广东任内有数事欺隐，朕深为寒心！"奏报而不认真，同样也要受训斥。如训杨鲲："奏报如此怠缓，甚属不合。"

雍正要求官员上奏折要务实，为的是令其尽责。官员奏报失误后如能改正错误，此公倒也常常予以原宥，并不一棍子把人打死。如在朱批中对佟世麟说："分派营伍一事，如何情由，其据实陈奏。如知悔过，朕犹宽恕。"对杨馝说："似此认咎直陈，不事文饰，情尚可恕。但当奋兴砥砺，以期无忝此任。"更为可贵的是，如果雍正发现自己批示有误，也不讳言，坦然认错。如在朱批中对宜兆熊说："朕前谕误矣。"对杨鹏说："朕严行批谕，系出一时之见。随于各处访询，知尔所奏颇属有理。前谕责汝错矣。候另有旨。"这种因务实而做自我批评的情况，在专制君主中实为罕见。

雍正之恶"虚"求"实"，在中国帝王中属凤毛麟角。因此他的朱批，也别具一格。当然，由于各方面的局限，他在这方面做得还颇为有限。在各种公开场合，他仍然会心安理得地接受如潮而来的颂圣之词。在接受官员私下呈上的奏折时，也有被狡猾官员超级水平的阿谀文字弄昏头的例子。所以在那种环境中，即使精明强干如雍正，也难以真正摆脱这种千年恶习。不过即使如此，他这种恶"虚"求"实"的精神，在中国历史上也确实值得大书一笔。

（原载《北京日报》2000年3月6日
"理论周刊·文史版"，署名任远，原题《雍正厌恶虚文套语》）

黑色犹太人来到以色列

　　早在公元前几个世纪，犹太人就来到了东非的埃塞俄比亚，在以后的两千多年中，他们繁衍生息，与土著居民通婚，形成了一个黑色皮肤的犹太族群，在埃塞俄比亚被称为"法拉夏人"。他们主要居住在埃塞俄比亚西北部诸省，特别是塔纳湖一带的广大农村中，以务农、打铁、织布为生。1985年，以色列以拯救同胞为名，实施了代号为"摩西计划"的秘密行动，将7000多名埃塞俄比亚犹太人通过"空中通道"空运到了以色列。后来这个秘密泄露，激起了阿拉伯和非洲国家的强烈反对，"摩西计划"遂告中止。四年过去了，这些黑色皮肤的犹太人在以色列的境况如何呢？

　　初抵以色列时，他们身无分文，不懂希伯来语，没有商业技能。他们从原始落后的农业社会一步跨入现代工业化社会，周围的一切都是陌生的。他们要学会刷牙、用叉子吃饭，要去适应电灯、家用电器、货币、卫生间，如果说这些还比较容易的话，要他们理解民主、法制等时代思想那就如同登天了。对这些犹太人来说，最大的痛苦是为了适应以色列社会，他们必须在生活、习惯和思想上与在非洲的亲人分离。

对妇女而言，她们遇到的麻烦也许更多。传统的埃塞俄比亚妇女只是在家照料丈夫和孩子，现在她们的困境是既要维护清白的名声和民族传统，又要参与到新的现代化社会生活中去。相对而言，年轻人融入得快，许多人上了大学，并在追寻专业性职业。而妇女则为许多矛盾所困扰。这样，传统的埃塞俄比亚亲子关系变得愈来愈紧张。

这些黑色皮肤的犹太人还遇到了诸如民族特征、宗教信仰等问题。法拉夏人的肤色、体型都具有明显的埃塞俄比亚土著人特征。他们身材较高，皮肤棕色，鼻梁略高，嘴唇较厚，头发稍卷，表面看去就是非洲人。从宗教上说，他们是所谓"没有犹太教经典的犹太人"。由于地理隔绝，犹太教法典与诠释从未传入埃塞俄比亚犹太人手中。法拉夏人敬奉的是《旧约全书》，遵循传统的安息日礼仪和犹太教关于饮食的规定，并行割礼。由于外表和内在的许多差别，一些以色列犹太人怀疑法拉夏人是不是真正的犹太人，他们很难承认犹太人中也有黑人的事实，一些所谓正统犹太教极端分子不相信法拉夏人信仰真正的犹太教，想要这些黑犹太人更新其"与上帝之间的誓约"。当然这遭到了以色列政府的拒绝。

以色列当局为更好地安置这批移民，在一些小城镇建立了旨在帮助新移民适应以色列社会和学习希伯来语的接待中心，并为孩子们提供教育。

埃塞俄比亚犹太人迁往以色列后经历了古老的传统文化与现代文明之间的冲突与融合，取得了一些成功，他们中许多人安居下来，找到了自己生存的位置，同时又没有完全抛弃原有的文化传统，这也从另一个方面表现了以色列社会的开放性与同化能力。

以色列政府不惜一切代价，拯救那些在海外受苦受难的同胞的行动，使人十分感动。以色列政府对人民庄严承诺："即使世界都已经抛弃了我们，我们绝对不会抛弃自己人！"正是这种信念，使得这个英勇的小国能够坚强地生存下去。那些被以色列政府从苦难中拯救出来的同胞，也怀有同样的坚定信念。在以军打击恐怖分子的军事行动的图片中，我们可以看到了法拉夏战士的身影。他们回到了自己祖先的土地，不是沉溺于那些自己先前从未见过的现代化生活方式所带来的享受，而是为这个国家披坚执锐，英勇战斗。这也是他们用鲜血和生命，对祖国给自己关爱的回报。

附记：

本文于1989年发表后，法拉夏人的命运逐渐受到中国人的关注。新华社驻耶路撒冷记者刘洪于2003年发表了《伟大的拯救：新"摩西行动"接黑犹太人回家》一文，比较详细地介绍了此后以色列接埃塞俄比亚犹太人回家的行动。这篇文章写得不错，读者可以阅读。

（原载《世界知识》1989年第9期）

柏林的古迹保存

由于"好古癖"的驱使，这几年借外出讲学之机，在欧美跑了一些历史名城。虽然多是走马观花，倒也毕竟是亲履其地、亲睹其迹，感受自然与读书、看电影大不相同。予我印象最深的古迹中，有一座教堂——柏林记忆教堂。当年建造者们巧夺天工的技艺固然令人惊叹，但使它永垂不朽的，还有后人在保存和修复古迹方面所做的努力。

柏林街头，车水马龙，灯红酒绿。在最繁华的闹市中心，在成片现代建筑的海洋里，一座巨大的石建筑废墟矗然而立，这个废墟与周围的一切是如此地不协调，形成了强烈的反差。它，就是德国历史上赫赫有名的记忆教堂。从当年的摄影和现存的断垣残壁上，人们也可以遥想它当年的雄姿。它诞生于德意志国家走向统一和强盛的时代。和那个时代的许多建筑一样，它洋溢着一种充沛而又粗犷的力量。统治者把德国推到了霸权的顶峰，而后又堕入了苦难的深渊。第二次世界大战结束时，这座气度恢宏的教堂只剩下了今日所能见到的断垣残壁。它成了一个世纪以来德国乃至欧洲风云变幻的历史见证者。

战后，德国人民在重建家园时，没有因为追求"实惠"与"美观"而清除记忆教堂的废墟，也没有对它加以改建修复，而是让它原封不动地屹立在原地。游人漫步至此，不仅在感官上受到强烈触动，而且不由得浮想联翩，思绪万千。一个伟大民族的历史，其光辉与黑暗的篇章，都缓缓流过眼前。

我很欣赏柏林人民对古迹的处理方式，既不简单粗暴地铲除之，也不画蛇添足地修复之，而是原封不动地保留之（当然也做了内部加固）。不仅记忆教堂是如此，勃兰登堡门、国会大厦也都如此。较之其他任何一种处理方式，这无疑是最有深意、最有历史感，因而也最为成功的。

我国是伟大的文明古国，文物古迹丰富。但是在漫长的历史岁月中，屡经劫难，以致在今日的西安、洛阳，已经看不到多少汉唐盛世的遗迹；而那个令马可·波罗惊叹不已的南宋故都杭州，也只能从诗文中去寻觅其绚烂风貌。1949年以后，国家在保护古迹方面做了很大努力，抢救了一大批濒于毁坏的历史遗存。但是，保护古迹尚未成为全民的共识，在不少地方，许多古迹都被当作城市发展的障碍而横加铲除。近年来对此有所注意，但修复之风又起，以致不少古迹变成不伦不类、不土不洋、不古不今的杂烩之作。这些，都令人不胜感叹，叹息再三。为了我们的祖先，为了我们的后代，为了我们伟大的中华文明世代相传，我们有责任、有义务把民族历史文化的遗存妥善保护，传之无穷。在这方面，柏林人民的经验，不是值得我们借鉴吗？

（原载《联谊报》1990年11月30日，
原题《柏林所见使我想起古迹的保存》）

亡国庸君能成为孩子们心中的"世界名人"吗？

近来国内少儿读物市场上"国货"不敌"洋货"，已引起各界人士的关注。虽然造成这种情况的原因颇为复杂，但有一点不容否认的是，现今国产少儿读物中，粗制滥造者比比皆是，严重影响了"国货"声誉，使得许多家长不敢问津。

一

向少年儿童推荐什么内容的读物，是一件十分严肃的工作，特别需要慎重为之。众所周知，少年儿童一方面求知欲旺盛，另一方面则思想尚未成熟，因此特别容易受其所读之书影响（无论是好的还是坏的影响）。我们常常有这样的经验：少年时代读过的某些书，其影响甚至会伴随我们的一生。在这些书中，人物传记的地位又尤为特殊。"见贤思齐焉"，孩子心目中的英雄人物，往往会成为他们塑造性格的楷模。即使是反面人物的传记，如果引导得当，读之也可以使孩子从另外一种角度受到教育，有助于他们学会如何区分真假善恶，在复杂的社会中选择正确的道路。因此，多向孩子们介绍一些不同方面的重要历史人物，是当今少年儿童德育和智育的一个重要内容。而在此方面，少儿出版社负有特殊的责任。然而，令人遗憾的是，在今天某些出版社向孩子们推出的"精品"中，却问题百出。浙江少年儿童出版社出版的《世界名人传记》，就是一个例子。

该书以"政治家"卷为首卷，此卷共收古今人物19位，即大流士一世、伯里克利、秦始皇、李世民（不知编者为何不依照秦始皇的例子称其为唐太宗）、成吉思汗、彼得一世、华盛顿、杰弗逊、路易十六、拿破仑、林肯、威廉二世、孙中山、尼古拉二世、甘地、列宁、丘吉尔、罗斯福和毛泽东。这一名单，确实令人叫绝，恐怕在全世界，也没有哪位历史学家的想象力如此之丰富，竟然能够把这样一些人物凑到一起，作为古今世界政治家之最著名者，"全面、系统地"介绍给少儿读者，并展现其"真实风采"。

从大流士一世到毛泽东，两千五百年中，世界历史风云变幻，重要政治人物辈出不穷，代代有之，要选出一个19人的名人名单，确非易事。见仁见智，每个学者都可能提出一个与他人有异的名单。但可以肯定的一点是：不论选者所依据的标准如何，必须是对历史起过重大影响的人，才能入选这个名单。否则，如果阿猫阿狗都能榜上有名，那就不叫《世界名人传记》了。然而，此卷所提出的19位人物，是否都真的是世界数千年历史中最重要的政治人物呢？这一卷书，是否真的是一个对世界古今政治名人的"全面、系统"介绍呢？

二

编者挑选"世界著名政治家"，到底凭的是什么标准？凭政绩？凭血统？凭个性？凭影响？凭对历史所起的推动或阻碍作用？我们读完此书后，仍然如在云里雾中。就早期的人物而论，为什么选中波斯王大流士一世，而不选阿卡德王萨尔贡（世界历史上第一个帝国的缔造者）或者巴比伦王汉谟拉比（世界第一部成文法的制定者）？从近代的人物来说，为什么英国、法国大革命领袖（包括克伦威尔、罗伯斯庇尔）都名落孙山，而美国独立运动的领袖同时却选上两位（华盛顿、杰弗逊）？至于在现代人物的取舍中，为什么斯大林不能与丘吉尔、罗斯福同分秋色？……这些问题，都颇令人难解。不过最惊世骇俗的，莫过于将法王路易十六、德皇威廉二世与俄皇尼古拉二世三个人，与秦始皇、彼得大帝、华盛顿、拿破仑、列宁、毛泽东这些公认的世界政治名人一同选为"世界著名政治家"，这实在令全世界历史学家跌破眼镜。

左思右想，也实在想不出任何理由，可以将路易十六等三人列入"世界著名政治家"之群，因为他们根本就算不上政治家。他们之所以受到该书编者青睐而授予"世界名人"尊号的唯一理由，可能只是他们都是帝王，特别是亡国之君。不过，即使在古今世界帝王乃至亡国之君中，他们也不是最有名气或最有特色的，更不用说他们绝非其生活时代的代表人物了。

首先，若是说起在当政时期的德政治绩，这三人完全是乏善可陈。就世界古今帝王的范围内来说，且不说他们与那些众所周知的英主明君有天渊之别；即使是将这三人与他们祖辈中某些虽非特别雄才大略但尚有可称道之处的人物相比，他们也实在庸碌得很。例如路易十六较之路易十四、威廉二世较之威廉一世、尼古拉二世较之叶卡捷琳娜女皇，显然从能力到政绩都差远了。将这三人与其同时代的某些他国帝王相比，情况亦然。例如，路易十六肯定远逊于中国的乾隆皇帝，而威廉二世和尼古拉二世则大不如日本的明治天皇。因此，要说这三人在能力和政绩方面的共同特点，我看只有一点：平庸。其次，要说他们对其所处时代的代表性，他们更不是合适的人选。在世界史上，法国革命的代表者被公认为是罗伯斯庇尔、丹东、马拉等；俄国革命的象征是列宁、托洛茨基等；而在德国之由帝国变为共和国这一历史转折中起了重大作用的人物，则是艾伯特、兴登堡、李卜克内西等。因此，这三个亡国之君在这些伟大历史事件中所扮演的，充其量也只是配角而已。复次，从君主政体灭亡之代表者的角度来看，这三个人也并不最有代表性。例如，中国宣统皇帝的下台，不仅宣告了世界上历史最久的帝国体制的结束，而且他后来的经历，还为世人提供了一个世界历史上独一无二的人民改造皇帝的例子。因此，较之这三人，宣统皇帝应当更有资格当选"世界政治名人"。另一位也差不多同时代的亡国之君——奥斯曼帝国末代苏丹穆罕默德六世——之被废黜，意义也不下于路易十六等的倒台，因为路易十六等人的倒台仅代表君主政体在一个国家的完结，而末代苏丹的下台，则标志着君主政体在众多伊斯兰国家的消灭。从此意义上而言，他也比路易十六等更有资格入选"世界政治名人"。再次，就算从"恶人恶绩"的角度来看，这三人也还算不上最著者。较之后来的希特勒、墨索里尼、东条英机等人，他们自然不及；就是较之其同时有"血腥苏丹"之称的奥斯曼帝国苏丹哈米德二世，他们在为恶方面也似乎还逊一筹：如果要以作恶的程度作标准来评选的话，希特勒等人应当更有资格当选"世界政治名人"。最后，即使是在近代世界史上的亡国之君中，这三人也没有什么特色。例如，虽然在革命的反对者和亡国之君中，英王查理一世是近代欧洲史上第一个被革命群众处死的帝王，比路易十六被处死还早一个半世纪，但查理一世在遭到国人的反对时，尚有勇气、胆识逃离伦敦，招集保王党人，组织军队与国会军血战数年，最后兵败被俘，也还能顽抗到底，决不屈服，保持尊严，视死如归。因此之故，虽然国破身亡，但在生前死后，倒也不乏崇拜者。直到近两个世纪后的19世纪20年代，著名史家麦考莱还在思索：像查理一世这样一个身材矮小、相貌不扬的坏人，何以能颇得人心？与此相对照，路易十六等三人，平时骄奢淫逸，一旦事起不测，或者乖乖束手就擒，任人宰割；或者拍拍屁股，一溜烟逃到外国去做寓公；总之连垂死挣扎的本事和气魄都没有。西方人素有同情"失败英雄"的传统，但是路易十六等三人死后，却不论在其祖国，还是在其他国家，并未见有人崇敬、怀念之。如果他们还活在人们的记忆里，就只是因为他们最后的结局颇不同于一般君王：尽管帝王不得善终者在世界历史上并不罕见，但被他们一向蔑视的人民群众斩首、驱逐、枪决的事例，毕竟不多。不过，仅仅因为其非凡的结局而得以超越克伦威尔、加里波第、玻利瓦尔、基马尔（亦译作凯末尔）、斯大林、纳赛尔等大众所熟悉的政治人物，公然与彼得大帝、华盛顿、拿破仑、列宁、毛泽东等重要政治人物一同荣获入选"世界著名政治家"，则恐怕是连这三个亡国之君的崇拜者（假如有的话），也是万万未曾想过的。因此，我们不能不惊叹《世界名人传记》编者超越常人的想象力。

三

如果让孩子们按照此书提供的知识，"全面、系统地"了解古今世界政治名人，结果会如何呢？恐怕也不用多说了。不幸真的相信了此书《出版说明》的家长和老师，到头来会发现孩子们心目中的世界最著名的政治家，竟然会是路易十六之类的亡国庸君，却不是克伦威尔等自己自幼熟知的名人。倘若如此，世界历史倒真是无聊透了：六分之一的"最著名政治家"都不过是些亡国庸君，还有什么好读的呢？更为严重的是，倘若孩子们真的相信了这卷书向他们介绍的一切，日后他们长大有幸成为国家要人，代表我国出使法、德、俄等国，在与主人会谈时，将路易十

六、威廉二世、尼古拉二世等作为人家国家历史上最著名的政治家而大加称赞，对方断不会觉得你对该国历史无知（否则你就不会那么熟悉这些在该国历史上并不重要的人物了），倒可能会怀疑你心存侮辱之意。正如一个有自尊心的中国人，听到外国政界要人一本正经地告诉他宣统皇帝是中国历史上最重要的政治家之一，肯定不会认为是恭维，而是感到冒犯。让孩子们读书，本为获取知识，但是像这种误人子弟的知识，不要也罢。

　　总之，此套读物给人的总印象是：莫名其妙，荒唐可笑。将这样的读物推荐给我们的孩子，不知出版者在收到良好的"经济效益"之时，是否心中也会略感不安？倘若中国出版的少儿读物尽如此书，那么"国货"的前途就颇堪担忧了。在今天这样一个竞争激烈的读物市场上，随着进一步的开放，"洋货"和"港台货"正源源而来，"国货"的一统天下已不复存在。由于选择读物的余地越来越大，如果一个读者被某些出版社用劣质"国货"愚弄过一两次，他很可能就从此而丧失对"国货"的信赖，从而转向"洋货"和"港台货"。长此以往，倒霉的将不仅仅是制造劣质产品的那些出版社而已。

（原载《少年儿童研究》1998年
第1期，重刊于《学术界》2001年第1期）

光启随笔书目

（按出版时间排序）

光启随笔书目

光启随笔书目